경희대학교 인문학연구원 여성문화총서

여성문화의 새로운 시각 7

김진영, 연점숙 편

월인

‖ 머리말 ‖

"낯설게하기"란 후기 형식주의 미학을 대표하는 쉬끌롭스끼가 주조한 개념으로 아무 생각없이 대하는 일상적인 균형에 파격을 줌으로써 새롭게 새물과 대상 (예술)을 바라보는 선언적 기법이다. 그러나 "낯설게하기"는 태생적 모순을 가지고 있다. '낯설게하기'가 아주 익숙해 질 때 더 이상 그것은 낯설어지지 않는 덤덤한 것이 될 수 밖에 없기 때문이다. 그러므로 우리에게 익숙한 일상의 풍경은 이방인에게는 낯선, 신기한 대상이 될 수 있다.

"왜 한국의 신문과 T.V.의 정치, 경제 뉴스에는 넥타이맨 남자들만 등장하나요?"

아주 오래전 우리나라의 한 대학에 교환교수로 온 자신의 아빠를 따라 한국을 처음 방문했던 미국 십대 소녀의 질문은 나로 하여금 '낯설게하기'의 기법으로 신문과 뉴스 그리고 거리의 자동차를 보게 만들었다. 과연 1980년대 후반의 정치, 경제를 주도하며 뉴스에 등장하는 사람들은 넥타이를 맨 정장차림의 남성들 일색이었다. 20여년이 훌쩍 지나 21세기가 되어도 우리의 풍경은 별로 변한 것 같지 않고 "낯설게 하기"를 촉발했던 그 질문은 20세기 전반의 한 질문과 울림을 같이 한다.

"왜 여성은 가난한가요?"

버지니아 울프가 서구의 남성중심적 문명을 비판하며 던졌던 이 화두는 후기자본주의를 사는 오늘의 여성들과 아직 무관한 것이 아니다. 역사적으로 그리고 범지구적으로 여성은 늘 가난했다. UN의 한 보고서에 따르면 "여성은 성인인구 절반이며 공식적인 노동인구 3분의 1에 해당하나 전 노동시간 3분의 2를 여성이 떠맡고 있으며, 이 세계 임금의 10%만을 받고 있으며 또 이 세계전체 자산의 1%만을 여성이 소유하고 있다"고 한다. 울프는 이러한 여성의 가난을 해결할 방법으로 여성의 공적 교육과 전문적 직업교육의 필요성을 그녀의 대표적 저서인 『혼자만의 방』과 『3기니』에서 역설했다. 그녀가 이러한 주장을 펼쳤을 당시 식민지의 가난했던 조선여성들의 후예인 오늘의 한국 여성들은 OECD 국가의 당당한 일원으로 높은 교육수준을 자랑하게 되었다. 그러니 한국여성은 더 이상 가난과는 무관해야 하지 않을까?

> "우리대학에 남학생보다 여학생이 점점 많아져서 대학발전에 심각한 문제가 되고 있습니다."

사석에서 들은 한 남자교수님의 걱정이다. 여학생들은 졸업하면 대개가 사라져서 대학발전기금 조성에 도움이 못 되고 그리고 성공한 동문으로서의 역할을 별로 하지 못하기 때문이란다. 그래서 신입생 선발시 여학생들이 비교적 약한 수학성적 반영률을 높여서라도 이 문제를 해결하는 것이 좋을 것이라는 기발한 대안도 제시되었다. 이러한 음험한 현실을 아랑곳하지 않고 이 시대의 많은 여자대학생들이 성형미형소비자, 패션소비자로서의 면모로 캠퍼스를 누빈다면 '유리천장'은 깨어지지 힘들 것이다. 낯선 용어였던 '슈어홀릭'이라는 단어의 등장과 함께 자주 눈에 띄는 캠퍼스에서의 하이힐을 "낯설게하기" 기법으로 바라보는 것이 어떨까.

『여성문화의 새로운 시각』이 벌써 7권 째를 내게 되었다. 이 총서에 수록된 논문들은 모두 여성과 젠더문제를 기존의 남성중심적 문화가 당연시 했던 것들을 '낯설게' 바라보는 것에서 출발했다는 공통점을 가지고 있다. 현장에서 운동하는 것 못지 않게 누군가 꼼꼼히 텍스트를 비판적으로 읽고 이론을 공부하여 여성과 남성이 어울려 살고 있는 삶을 새롭게 조망하는 것 역시 의미있는 작업일 것이다. 양성이 보다 자유롭고 행복할 수 있는 진정한 젠더균형화(gender mainstreaming)는 비판적 안목으로 이 문제를 바라보는 것에서 출발할 것이기 때문이다.

귀한 원고를 주신 선생님들에게 감사드리며 또한 아무런 기금도 후원도 없이 이 총서를 만드는 궂은 일에 항상 도움 주시는 김진영 교수님과 서유석 선생님의 노고, 그리고 도서출판 월인에 깊이 감사드리는 바이다.

2010년 2월

여성연구실장 연점숙

차례

제1부 서양 고전 속의 여성문화

제2부 여성문화의 동시대성

제3부 동양 고전 속의 여성문화

제1부

서양 고전 속의 여성문화

와일드와 비어즐리의 <살로메>에 담긴 19세기 말 신여성 이미지

권 오 숙*

Ⅰ. 서론

마태복음 14장 6-11절에 실린 살로메 이야기는 불과 6줄짜리 짧은 에피소드이다. 기원 후 30년 경에 벌어졌던 유대의 왕 헤로데의 세례 요한 참수 사건을 성경에서는 단 6절에 담고 있는 것이다.

> 그 무렵에 마침 헤로데의 생일이 돌아와서 잔치가 벌어졌는데 헤로디아의 딸이 잔치 손님들 앞에서 춤을 추어 헤로데를 매우 기쁘게 해주었다. 그래서 헤로데는 소녀에게 무엇이든지 청하는 대로 주겠다고 맹세하며 약속하였다. 그러자 소녀는 제 어미가 시키는대로 "세레자 요한의 머리를 쟁반에 담아서 이리로 가져다 주십시오." 라고 청하였다. 왕은 마음이 몹시 괴로웠지만 이미 맹세한 바도 있고 또 손님들이 보는 앞이어서 소녀의 청대로 해주라는 명령을 내리고 사람을 보내어 감옥에 있는 요한의 목을 베어오게 하였다. 그리고 그 머리를 쟁반에 담아다가 소녀에게 건네자 소녀는 그것을 제 어미에게 갖다 주었다. (마태복음 14장 6-11절)

성경에 따르면 헤로데 왕은 정치적으로 실각한 형 빌립보의 아내 헤로디

---

* 한국외국어대학교

〈그림 1〉 모로. 살로메. 1874-6

〈그림 2〉 모로. 헤로디아 앞에서 춤추는 살로메. 1874-6

〈그림 3〉 모로. 현현. 1876

아와 결혼한다. 그런데 예언자 요한이 그들의 근친상간적 결혼을 심히 비난했다. 빌립보와 헤로디아 사이에는 살로메라는 딸이 있었는데 헤로데의 생일잔치에서 이 의붓녀 살로메가 춤을 추어 잔치의 흥을 돋구어주었다. 그러자 헤로데는 그녀에게 원하는 것을 모두 들어주겠다는 약속을 했고 이에 살로메는 헤로디아가 시키는 대로 요한의 머리를 요구했다.

이 성경 속 이야기는 후대 예술가들에게 끊임없는 영감을 주어 많은 예술작품의 소재가 되었다. 세례 요한의 참수 사건 자체가 극적이기도 하지만 자신이 제공한 즐거움의 댓가로 사람의 목을 요구한 여성 살로메가 끊임없이 예술가들의 상상력을 자극했기 때문이다. 많은 작품 속에서 살로메는 흔히 아름답지만 그 아름다움에 탐닉하다 보면 파멸을 불러오는 위험한 여성으로 재현되어 왔다. 살로메는 여성의 아름다움과 매력을 남성의 타락과 파멸의 근원으로 본 남성들의 집단적 공포감을 잘 담아낼 수 있는 문화 기호였던 것이다.

19세기에 들어서면서 이런 살로메의 이야기가 종교적 성격을 잃고 세속화되기 시작한다. 특히 상징주의 화가 귀스타브 모로(Gustav Moreau)의 살로메 연작인 <살로메>, <헤로데 앞에서 춤을 추는 살로메>와 <현현顯顯>이 그 대표적 예이다. 남성을 파멸시키는 사악한 여성의 이미지를 즐겨 그린 모로의 살로메는 대단히 환상적이고 이국적인 배경 속에서 남성들과 팽팽한 대결을 벌이거나 그들을 전적으로 압도하고 있다. 많은 사람들이 살로메 하면 곧 모로를 떠올릴 만큼 그의 작품들은 폭발적 인기를 누렸다.

거부할 수 없는 아름다움과 악마적 매력으로 가득한 모로의 그림 속 여인 살로메는 19세기 말 데카당스 예술을 주도했던 오스카 와일드(Oscar Wilde)에게 매력적인 소재를 제공했다. 와일드는 1892년에 불어로 단막 시극 <살로메>를 썼다. 죽음과 피, 비정상적인 성적 욕망, 그로테스크한 상징 등으로 넘쳐나는 이 극은 그야말로 세기 말의 병적 감수성의 진수라고 할 수 있다. 이것을 그의 남색 상대였던 알프레드 더글라스 경(Lord Afred Douglas)이 1894년에 영어로 번역하여 오브리 비어즐리(Aubrey Beardsely)의 일러스트레이션과 함께 출간했다.

와일드의 <살로메>에서는 살로메가 어머니의 복수의 수단으로서가 아니라 자신의 키스를 거부한 요한에 대한 복수심과 그의 육체를 소유하고자 하는 욕망에 사로잡혀 그의 목을 원하는 것으로 설정되어 있다. 이렇게 살로메를 욕망의 화신으로 설정함으로써 와일드는 당대에 불고 있던 신여성(New Woman) 운동과 연루되게 된다. 본 논문은 와일드와 비어즐리의 <살로메>를 통해 볼 수 있는 당대 신여성의 이미지와 그런 신여성에 대한 사회적 두려움, 그리고 와일드와 비어즐리의 신여성에 대한 입장을 논해보고자 한다.

II. 와일드의 〈살로메〉

와일드는 19세기 말 '예술을 위한 예술'(art for art's sake)을 표방한 유미주의(혹은 탐미주의) 운동의 선도적 역할을 한 극작가이자 소설가이다. 데카당스 예술을 이끈 선도자답게 그의 삶은 한 마디로 반사회적이었다. 온갖 사회의 규범과 윤리에 온 몸으로 맞선 그는 1895년 더글라스 경과의 남색(男色) 사건으로 기소되어 2년 동안 수감되었다. 와일드의 수감 사건은 부르주아 계층이 지배권을 획득하면서 영국 사회의 성윤리 혹은 성도덕이 얼마나 엄격해졌는가를 보여주는 것이다.

와일드는 빅토리아 시대의 이런 통속적인 도덕과 양식을 자신의 날카롭고 재치있는 언어로 조롱하고 공격했다. 그의 작품 속에서 자주 볼 수 있는 관능적이고 퇴폐적인 색채는 추함, 악, 병폐 등에서 시적인 아름다움을 찾고자 했던 탐미주의 예술가로서의 면모도 볼 수 있지만 점잖빼는 영국 사회에 대한 반항아로서의 면모라고도 볼 수 있다.

19세기 말의 퇴폐적인 감성의 진수라고 할 수 있는 이 극에는 여러 가지 금지된, 그래서 위험한 욕망이 등장한다. 이미 헤로데와 헤로디아의 결혼도 근친상간이라는 금지된 욕망의 결과이고, 의붓딸인 살로메에 대한 헤로데 왕의 근친상간적 욕망, 성자 요한(본 극에서는 이오캐넌으로 표기됨)을 향한 살로메의 금지된 욕망, 시리아 젊은이를 향한 헤로디아 시종의 동성애적 욕망 등. 앞에서도 언급했듯이 와일드가 활동했던 빅토리아 시대는 중산층의 엄격한 성윤리가 강조되던 시대였다. 그래서 이 극이 처음 발표되었을 때 극 속에 담긴 남색, 시체 에로증, 근친상간 등 퇴폐적, 혹은 병적 에로티시즘은 많은 이들에게 충격을 주었다.[1] 시대의 반항아였던 와일드는 억압적 시대 사상에 대한 반발로 이 극 속에 이런 퇴폐적 에로티시즘을 담아낸 것이다.

샐리 레저(Sally Ledger)는 이 시기에 영국 사회의 화두는 "불안(instability)"[2] 이였는데 그 중에서도 "젠더는 가장 동요가 심한(the most destabilizing) 범주"였다고 주장했다. 또한 일레인 쇼왈터(Elaine Showalter)는 세기말 문화에 대한

1) 실제로 이 극은 성서의 내용을 모독했다는 이유로 공연이 금지되었다가 1896년에야 루브르 극장에서 초연되었다. 이 극이 공연 금지 처분을 받자 와일드는 프랑스로 귀화하여 그곳에서 살겠다고 선언하면서 "예술적 판단에 있어 이토록 편협함을 보이는 나라의 시민으로 불리는 것을 용납할 수 없다. 나는 영국인이 아니다. 나는 전혀 다른 아일랜드인이다."라고 말했다고 한다(Raby xii).

2) 하우저(Arnold Hauser) 또한 그의 유명한 저서 <문학과 예술의 사회사>(Sozialgesschichte Der Kunst Und Literatur)에서 이 시기의 영국의 혼란상을 다음과 같이 설명하고 있다.

> "1880년대 새로운 사회주의 운동이 대두되면서 개인의 자유를 위한 사움이 시작되고, 자유를 위한 투쟁이라는 성격이 모든 정신적 발전과 진보적인 문학과 젊은 세대의 생활양식에 부각되기에 이르렀다는 사실이다. 이 시대의 정신적 태도의 어느 면모를 보나 전통과 인습, 청교도주의와 속물주의, 더러운 공리주의와 감상적인 낭만주의 등에 대한 싸움의 성격을 띠지 않은 것은 거의 없다. 젊은 세대는 인생 그 자체를 소유하고 즐기기 위해 낡은 세대와 싸운다." (240)

저서에서 이런 혼란 상태를 "sexual anarchy"라는 용어로 표현했다(노애경 77-78에서 재인용). 이렇듯 이 시기는 여성의 사회적 입지와 법적 권리를 신장하려는 신여성 운동이 일어난 시기이다. 그리고 많은 신여성 운동 작가들은 성적으로 아주 대담하고 자유로운 여주인공들을 창조해냈다. 이것이 신여성 운동이 "성적 퇴폐"가 주요 특징으로 여겨지는 데카당스 예술과 연결되는 지점이다. 신여성 운동이나 데카당스 예술은 모두 기존 문화에 대단히 위협적인 문화 애너키즘으로 여겨졌다.

와일드의 <살로메>에서는 성의 주체권을 두고 남녀가 심한 권력 투쟁을 벌일 뿐만 아니라 남성과 여성의 역할이 전도되어 있다. 살로메는 요한, 헤로데로 대표되는 남성들과 성 대결을 벌여 결국 그들을 파멸하거나 압도한다. 그녀는 헤로데 왕이 금지한 요한과의 면담을 위해 젊은 호위대장 나라보스의 자신에 대한 애정을 이용하고 자신의 애정을 거부한 요한에 대한 복수를 위해 헤로데 왕의 자신을 향한 욕망을 이용한다. 그녀는 치명적인 성적 매력으로 헤로데의 권력을 무력하게 만들 뿐만 아니라 성의 표현에 있어서도 거침없고 솔직 담대하다.

> 살로메 오, 내가 당신을 얼마나 사랑했는데. 나는 아직도 당신을 사랑해요, 요한. 나는 당신만을 사랑해요. 나는 당신의 아름다움 때문에 목말라요. 나는 당신의 몸을 갈망해요. 술도 사과도 나의 욕망을 잠재우지 못해요. 이제 나는 어쩌면 좋죠, 요한? 대 홍수도 거대한 바닷물도 나의 격정을 식힐 수 없어요.

재미있게도 와일드는 같은 해에 출간된 자신의 다른 희곡인 『중요하지 않은 여인』(*A Woman of No Importance*)에서 캐롤라인 판티프렉트(Caroline Pontefract)의 입을 통해 이 문제에 대해 언급하고 있다.

> 캐롤라인 영국에서 젊은 숙녀가 이성인 어떤 사람에 대해 그렇게 열정적으로 말하는 것은 옳지 않아요. 영국 여성은 결혼할 때까지 그들이 느끼는 것들에 대한 표현을 감추어야 하지요. 결혼을 한 다음엔 그래도 되지만. (100)

캐롤라인의 이 대사는 아마도 영국에서 통속적으로 수용되고 있던 여성관에 대한 와일드의 비아냥거림이었을 것이다. 그리고 살로메를 통해 바로 그런 여성관에서 맘껏 일탈하는 여성을 창조해 낸 것으로 볼 수 있다.

이때 우리가 주목해야 할 점은 살로메가 성의 문제에 있어 흔히 남성들이 여성들에게 투사했던 것과 같은 욕망의 소유자라는 것이다. 흔히 남성들이 탐하는 순결한 여성에 대한 찬미와 욕망을 살로메가 요한에게서 느낀다. 전통적으로 여성에게 요구되는 미덕인 순결함을 요한의 매력으로 느낌으로써 살로메는 그동안 남성의 위치로만 여겨지던 바라보고 욕망하는 위치를 차지한다. 반면 살로메에 의해 묘사되는 요한은 가는 몸매, 하얀 피부, 빨간 입술, 풍성한 머리카락 등 그동안 매력적인 여성들의 묘사에서 그려지던 육체의 소유자가 된다.[3)]

하지만 이 극의 초반에서 살로메에게 성적 매력을 느끼는 남성들, 즉 나라보스와 헤로데 왕의 묘사에 의하면 살로메는 대단히 순수한 소녀의 매력을 지닌 존재였음을 알 수 있다. 또한 살로메의 다음 대사를 통해서도 와일드는 요한으로 인해 성적 욕망에 사로잡히기 이전의 살로메는 지극히 순수하고 청순한 존재였음을 강조한다.

살로메 나는 순결한 처녀인데 당신은 나로부터 나의 순결함을 앗아갔어요.
나는 청순한 여자였는데 당신이 나의 혈관에 불을 질렀어요.

이런 청순한 처녀였던 살로메는 요한에 대한 욕망에 빠지게 되면서 성적 대상에 집착하고 탐닉하는 모습을 감추고 않고 자신의 욕망을 과시하는 여성으로 변모한다. 와일드는 순진무구한 처녀가 불같은 성적 욕망에 사로잡힘으로써 얼마나 무서운 존재로 변할 수 있는 지를 통해 에로티시즘이 지닌 엄청난 효과를 잘 전달하고 있다.

살로메는 또한 헤로데 왕이 자신에 대한 성적 탐욕을 만족시키기 위해 제안했던 사과, 와인 등을 이용하여 요한에 대한 자신의 성적 갈망을 드러낸다.

---

3) 요한을 이렇듯 여성스럽고 아름다운 신체의 소유자로 설정한데에는 그의 동성애적 기질의 탓도 있을 것이다.

헤로데 살로메. 나와 술 한 잔 하자꾸나. 아주 훌륭한 술이 여기 있다. 시저께서 직접 보내신게다. 너의 작고 빨간 입술을 이 술에 한 번 담가보렴. 그럼 내가 나머지 술은 다 마셔 버릴테니.

헤로데 살로메. 이리 와서 함께 과일을 먹자꾸나. 과일에 너의 작은 이빨 자국이 난 것을 보고 싶다. 이 과일을 조금만 베어 먹으렴. 그럼 나머지는 내가 먹으마.

그런데 살로메는 "술도 사과도 나의 욕망을 잠재우지 못해요. 이제 나는 어쩌면 좋죠, 요한?"이라는 말로 자신의 갈증을 표현한다. 이렇듯 이 극에서는 여성과 남성이 성 권력에서 치열히 대립하고 있으며 살로메는 그 대립에서 늘 상대 남성들을 압도하는 존재가 된다.

이런 살로메는 전형적인 신여성 이미지를 담고 있다. 그래서 와일드가 신여성 운동을 주도한 것은 아닐지라도 간접적으로 그런 운동에 이바지한 바가 없지 않다고 할 수 있다. 제인 마커스(Jane Marcus)는 '살로메가 신여성이다'라고 단언하는 논문을 발표하기도 했다.

하지만 와일드가 확실한 정치적 입장에서 살로메를 진보적인 신여성으로 그려낸 페미니스트라고 볼 수는 없다. 그가 당대의 엄격한 가치관이나 성도덕에 반항한 것은 사실이나 그건 어디까지나 개인적 관심사와 관계된 것이지 민주주의 혹은 사회주의 정치관 때문은 아니었기 때문이다.

> 1880년대 영국 문학 및 예술에서의 자유주의적 경향은 비정치적 개인주의의 성격을 띠었다. 이들 젊은이들은 철저히 반부르즈와적이지만 결코 민주주의자들은 아니며 사회주의자는 더구나 아니다. 그들의 감각주의와 쾌락주의, 인생을 향락하고 인생에 도취하며 자신의 생활을 하나의 예술품으로 만들고 이러한 생활의 순간순간을 잊을 수 없고 대체될 수 없는 체험으로 만들고자 하는 그들의 프로그램은 심지어 반사회적, 몰도덕적인 성격을 띠는 일조차 흔했다. (하우저 241)

실제로 극의 마지막 순간에 헤로데 왕이 살로메를 괴물로 칭하며 병사들에게 그녀를 죽이라고 명령을 내릴 때 지금까지 신여성의 자유로운 섹슈얼리티를 옹호하는 듯한 와일드의 입장이 반전된다. 와일드는 텍스트 안에서도 요한과 헤로데 왕이 남성간의 연대를 유지하도록 설정하고 있다. 우선 요한은 헤로데 왕과 헤로디아의 근친상간적 결혼에 대해 유독 헤로디아만 비난한다. 그리고 헤로데 왕은 그를 처단하라는 헤로디아의 끈질긴 요구로부터 계속 요한을 옹호하며 지켜준다. 살로메가 자신의 춤의 댓가로 요한의 목을 요구했을 때도 헤로데 왕은 자신의 온갖 진귀한 보물을 다 제시하며 그의 목숨만은 구명하려고 노력한다.[4] 작품 속에서 이렇게 남성들간의 연대를 유지하던 작가는 헤로데 왕으로 하여금 살로메를 괴물로 치부하게 하고 처형을 시키게 함으로써 위험한 신여성의 성적 방종을 통제하는 것이다.

또한 요한으로부터 자신의 욕망이 차단당한 뒤의 살로메를 대단히 괴기스럽고 악마적으로 묘사한다. 그녀는 자신에 대한 헤로데의 욕망을 춤이라는 상징적인 행동으로 만족시켜주고 그 댓가로 요한의 목을 요구한다. 그리고는 잘려진 요한의 목을 들고 못다 이룬 성욕을 충족하려 한다.[5]

살로메 당신은 내가 당신의 입에 키스하게 해주지 않았죠, 요한. 그러나 지금 난 할 거예요. 잘 익은 과일을 깨물어 먹듯이 내 이로 깨물을 거예요. 그래요, 요한, 난 당신의 입에 키스할 거예요. 내가 그랬죠? 아닌가요? 내가 그렇게 한다고 말했잖아요. 아! 이제 당신의 입술에 키스할 거예요.

이런 살로메의 모습에는 '아름답지만 무자비한 파괴적 힘을 지닌 여성'이라는 세기말 유행했던 팜므 파탈(famme fatale)의 이미지가 담겨 있다. 여

---

4) 성경에서는 요한에 대한 헤로데 왕의 입장이 다소 상반된 내용으로 기록되어 있다. 마태복음 14장 5절에서는 헤로데 왕이 요한을 처형하고 싶어 했으나 그를 예언자로 믿는 백성들의 소요가 두려워 실행에 옮기지 못했다고 묘사되어 있다. 반면 마가복음 6장 20절에서는 헤로데 왕이 요한을 성스런 사람으로 보고 두려워할 뿐 아니라 그의 말을 즐겨 경청했다고 기록되어 있다.

5) 『에로티즘』의 저자인 조르주 바타이유(Georges Bataille)에 의하면 성욕과 살해욕, 고통과 쾌락, 사랑과 죽음이라는 지극히 상반된 두 감정들이 서로 깊은 관계를 갖고 있다고 주장했고 사랑하는 사람을 포기하기 보다는 차라리 죽이고 싶어하는 에로티즘의 심리를 다음과 같이 주장했다.

"사랑하는 사람의 소유와 죽음을 동의어로 생각할 수는 없다. 그러나 그렇다고 하더라도 사랑하는 사람의 추구와 죽음이 무관하지는 않다. 사랑에 빠진 어떤 사람은 상대방을 소유하지 못할 경우 상대방을 죽일 생각까지 하는 경우가 있다. 잃는 것보다는 죽이고 싶은 것이다." (20)

자의 성적 매력의 위험성을 다룬 작품은 이전에도 있었지만 19세기 후반에 들어 남성들의 거세 공포[6]와 성적 쾌락과 팜므파탈에 대한 두려움이 극대화된다. 이는 당시 유행했던 매독으로 인해 갖게 된 여성과 죽음의 연관성 탓도 있겠지만 당시 본격화되던 신여성 운동 탓으로도 볼 수 있다. 모든 면에서 독립과 주도권을 주장하던 신여성에게서 성적으로도 성욕과 성감을 지배하던 남성들의 주도권에 대한 위협을 느꼈을 것이다. 와일드도 살로메에 그런 동시대 남성들의 두려움을 담고 있다.

> 남자의 목숨을 빼앗는 잔혹한 여인 살로메는 19세기에 들어와 정욕의 화신인 팜므 파탈의 이미지로 나타난다. 세기말 예술가들은 쾌락과 고통, 사랑과 죽음이라는 파격적인 주제에 병적으로 집착했고 이 주제에 맞추어 새로운 유형의 여인, 팜므 파탈을 창조했다. ……이는 남성 명사인 색마(seducer)는 19세기 이전부터 사용되었지만 색녀(seductress)는 19세기에 들어서야 나타났다는 사실에서도 확인된다. (이명옥 14-5)

살로메의 팜므파탈로서의 면모는 우선 자신을 사모하다 자살하는 젊은 호위대장이나 자신의 욕망의 희생물인 요한의 죽음에 대해서 일말의 도덕적 인식이나 책임감을 느끼지 않고 오로지 자신의 욕망에만 매달리는 냉혹성에 있다. 그밖에도 자신을 사모하다 죽은 자의 피 위에서 추는 춤, 자신을 거부하는 남성의 육체를 소유하기 위해 그를 살해하는 사디즘적 행동, 죽은 요한의 입술에 입을 맞추는 행위 등에 살로메의 잔혹하고 기괴한 악마적 속성이 담겨져 있다.[7] 결국 당대 사회적 관습과 가치관에 항거했던 와일드도 성

---

6) 남성들은 늘 거세, 특히 여성에 의한 거세에 대한 두려움이라는 성심리를 지녀왔다. 이런 거세에 대한 두려움은 많은 예술작품에서 직접적인 표현보다는 상징적인 전이를 통해 다루어져 왔는데 성기 대신 머리가 잘리는 것도 이런 전이 가운데 하나이다. 살로메 이야기 뿐만 아니라 유디트 이야기에서도 볼 수 있는 상대 남성의 잘려진 목은 거세에 대한 상징이 된다.

7) 하우저는 당시 영국의 데까당스 문학의 잔혹하고 충격적인 요소를 다음과 같이 해석했다. "이 시대의 영국 문학을 프랑스 문학과 대조해볼 때 가장 눈에 띄는 특징은 역설이라든가 기괴하고 사람을 놀라게 하며 고의적으로 충격을 연출하는 표현방법에 대한 집착이며, 오늘날 돌이켜볼 때 그 경박하고 진리에는 무관한 자기만족적 태도가 너무나 불쾌감을 주는, 자신의 재가를 과시하려는 집착이다. 이러한 역설 취향은 단순한 반항 심리에 지나지 않으며 그 본래의 근원은 '부르즈와를 놀래키려는' 기도에 있음이 분명하다."(242)

욕 주체로서의 여성에 대해서는 다른 남성들과 마찬가지로 두려움과 공포를 지녔다고 볼 수 있다.

하지만 그런 와일드의 모호한 정치적 입장과는 상관없이 이 극을 문학적 차원에서 평해볼 때 사랑하는 사람의 목숨을 빼앗고 자신의 목숨마저 잃는 사랑의 파멸적 힘을 괴기스러우면서도 시적 아름다움을 지니게 극화한 극이라고 볼 수 있다. 당시 살로메 역을 하기로 되어 있었던 여배우 사라 베른하트(Sarah Bernhardt)는 이 극에 대해 "각 단어는 수정 쟁반 위에 떨어지는 진주 같아요. 너무 빨리 떨어지지도 않고 대단히 멋진 모습으로 떨어지는" 이라고 소감을 말했다고 한다. 1931년에 캠브리지의 페스티벌 씨어터 공연을 연출한 테렌스 그레이(Terence Gray)도 이 극의 뛰어난 점은 그 언어 구사에 있으며 자신은 이 극의 인물이 아니라 음악성과 율동성 때문에 연출했다고 말했다(Raby Xiii-Xiv에서 재인용). 또한 1896년 3월 1일 자 *La Pulme*지에 실린 Lugne-Poe가 연출한 파리 공연에 대한 한 리뷰에서도 "살로메는 시가 지닌 모든 속성들을 다 갖추고 있다. 그 산문극은 시처럼 흐르고 음악적이며 이미지와 은유로 가득하다"는 유사한 주장을 볼 수 있다. 와일드조차도 '극 속의 반복되는 소절은 음악에서처럼 반복되는 동기와 결부된 것이다'는 등 종종 <살로메>를 음악 용어들로 설명하곤 했다고 한다.

이 극의 각 등장인물은 비슷한 대사를 계속 반복한다. 나라보스는 "공주님이 오늘따라 몹시 아름답군."이라는 대사를 반복한다. 살로메는 거의 비슷한 패턴으로 요한의 각 신체 부위에 대한 아름다움을 찬미하고 그것을 만지거나 키스하게 해달라는 말을 반복한다. 헤로데는 살로메에게 춤을 추워달라는 부탁과 그러면 원하는 것은 무엇이든 주겠다는 말을 반복한다. 또한 헤로디아는 헤로데 왕에게 살로메를 너무 많이 바라본다고, 그만 좀 바라보라고 반복적으로 말한다. 이런 등장인물들의 반복적인 대사 속에는 그들의 집착 관념이 담겨져 있다. 나라보스의 살로메에 대한 사랑, 살로메의 요한에 대한 집착, 헤로데 왕의 살로메에 대한 탐욕, 그리고 그것에 대한 헤로디아의 두려움이 바로 그들의 집착 관념인 것이다. 이렇게 의도적으로 반복적인 대사는 인위적인 유미주의적 속성으로 볼 수 있다. 이런 극적 장치 외에도 이 극 속에는 아름다운 것에 대한 거의 모든 등장인물들의 집착을 통해 유미주의 예술관을 담아내고 있다. 시리아 젊은이와 헤로데의 아름다운 살로메에 대한 탐닉, 살로메의 순결한 요한에 대한 탐닉, 헤로데의 온갖 진귀하고 아름다운 물건들에 대한 탐닉 등이 그 예이다.

이렇듯 이 극에 담긴 에로티시즘은 충격적 성욕이기는 하지만 어디에서도 노골적인 성적 표현이나 묘사는 찾아볼 수 없다. 와일드는 집착과 탐닉을 나타내는 반복적인 대사와 상징적인 신비감을 통해 은밀하게 등장인물들의 비정상적인 성심리를 보여주고 있다. 그래서 <살로메>의 또다른 문학적 가치로 작품 전체를 가득 채우고 있는 상징적 이미지들을 들 수 있다. 그 중에서도 가장 중요한 상징은 바로 "달"이다. 많은 사람들 눈에 이 달은 살로메의 이미지와 상응하는 존재로 그들은 이 달에서 살로메를 읽는다. 젊은 시리아인에게 이 달은 "호박 눈을 한 작은 공주"이고, 헤로디아의 시종의 눈에는 "희생물을 찾는 죽은 여자"처럼 보이고 헤로데의 눈에는 "짝을 찾아 헤매는 미친 여자"와 같이 보인다. 모두가 다 각자의 위치에서 바라보는 살로메의 모습임과 동시에 앞으로 살로메에게서 구현될 모습이기도 하다. 게다가 이 달은 핏빛을 띠고 있다. 이미 서양의 전통적인 이분법에서 비이성, 어두움, 불길함의 상징인 달을 보다 괴기적으로 살로메를 나타내는 이미지로 사용함으로써 그녀의 속성을 비정상, 파멸, 죽음 등의 그로테스크한 점들과 연결시키고 있다.

III. 비어즐리의 〈살로메〉

회화에서 살로메가 등장한 것은 6세기 이후부터로 복음서에 그려진 삽화의 형태로 등장하기 시작했다. 이때의 화가들은 대체로 두 장면을 그렸는데 하나는 요한의 참수 장면이고 다른 하나는 살로메가 쟁반에 담긴 요한의 목을 바라보거나 들어 올리는 장면이다. 그러다가 르네상스 회화에서부터 살로메가 춤추는 장면들이 그려지기 시작한다. 그러다 살로메는 19세기에 이르러 새롭게 등장한 위험하고 관능적인 여성의 대표적 이미지로 다시 조망되기 시작하면서 전통적이고 전형적인 도상에서 벗어나 다양하게 발전되어

간다. 그 가운데 하나가 바로 오브리 비어즐리(Aubrey Vincent Beardsley, 1872-1897)의 관능적이고 그로테스크한 일러스트레이션이다.

비어즐리는 19세기 말 데카당스를 대표하는 화가이다. 그는 25세의 젊은 나이에 폐결핵으로 사망할 때까지 약 5년간 작품 활동을 하였다. 비록 이렇게 짧은 기간 동안 화가로 활동했지만 그의 그림 속에는 19세기 말의 지적, 예술적 특징과 이념이 잘 담겨 있다. 비어즐리는 <스튜디오 *The Studio*>, <옐로우 북 *The Yellow Book*>, <사보이 *The Savoy*> 등 당시 대단히 급진적이고 심미주의적 성향을 지닌 잡지들에 작품을 많이 발표했다. 아주 독창적인 세계를 개척했던 비어즐리는 당대의 많은 디자이너와 공예가, 화가들에게 영향을 주었다. 입체감의 묘사나 세부적인 표현은 생략한 대담한 평면 구성, 강렬한 흑백의 대비, 날카롭고 깔끔하면서도 활기찬 선. 감각적인 장식 등이 아르누보 양식의 형성에 크게 기여했다.

일러스트레이션 분야에서도 비중있는 작품들을 많이 남기고 있는 비어즐리는 토마스 말러리 경(Lord Thomas Marlory)의 『아더 왕의 죽음 *Le Morte d`Arthur*』, 알렉산더 포프(Alexander Pope)의 <머리칼 강탈 *The Rape of the Lock*>, 아리스토파네스(Aristophanes)의 <리시스트라타 *Lisistrata*> 등의 삽화를 그렸다. 비어즐리의 삽화들은 텍스트의 내용에 얽매이지 않은 화가 자신의 상상력과 주관적 해석으로 유명하다. 조형면에 있어서도 다양한 율동적인 선과 면을 이용하여 전혀 새롭고 세련된 느낌의 일러스트레이션을 제시했다. 비어즐리의 파격적인 그림들은 빅토리아 시대의 보수적인 대중들로부터 심한 비난을 받았다. 그것은 너무나 장식적인 기법이나 양식의 새로움 때문이기도 했지만 그보다는 주제의 퇴폐성 때문이었다.

1893년에 프랑스에서 와일드가 쓴 불어판 <살로메>가 출판된 뒤 비어즐리는 이 작품을 소재로 한 그림들을 그려 <스튜디오>지에 기고했다. 이 그림들을 보고 비어즐리에게 관심을 갖게 된 와일드는 "일곱 베일의 춤에 대한 진술을 완전하게 이해하고 있으며 이 보이지 않는 춤을 정확하게 볼 줄 아는 나 이상의 유일한 예술가 오브리 비어즐리에게"란 글을 적어 <살로메> 한 권을 비어즐리에게 보냈다고 한다. 이를 계기로 1894년에 출간된 영역본의 삽화를 그가 그리게 되었다.

일본 목판화의 영향을 보여주는 검은 평면과 흰 여백, 인물의 대담한 배치와 구성. 길게 늘여진 신체의 왜곡과 그것이 불러일으키는 우아한 느낌, 우아한 선을 이용한 아라베스크 장식 등 비어즐리 특유의 양식들이 <살로메> 일러스트레이션에 고스란히 담겨있다. 비어즐리는 이 삽화들에서 사실적인 묘사보다는 생략과 압축을 통한 상징적 묘사를 추구했으며 장식적인 요소를 강조했다. 그리고 극단적인 인체 왜곡 등에서 탐미주의 예술가들이 추구하는 인위적 예술성 등을 엿볼 수 있다. 하우저는 그의 이런 인위성을 "그의 스타일의 가장 본질적인 요소는 프랑스의 거장들이 그처럼 애써 피하고자 했던 순전히 장식적, 공예품적인 필법이다"라고 평했다(245).

와일드의 <살로메>처럼 비어즐리의 <살로메> 삽화 또한 악마적이고 일탈적인 성적 요소들로 인해 센세이션을 불러 일으켰다. 그의 삽화는 와일드의 텍스트를 능가하는 관능성과 악마성을 보여준다. 비어즐리는 이 삽화에서도 단순히 와일드의 극의 줄거리를 도해하는데 연연하지 않고 자신의 독자적이고 주관적인 해석과 구성을 추구했다.

그런데 비어즐리가 재현한 살로메는 전형적인 살로메의 도상과는 좀 차이가 난다. 많은 19세기 화가들이 여성을 대단히 위협적이고 도발적으로 그리고 있기는 하지만 비어즐리의 그림 속 여성들은 더욱더 악마적으로 재현되어 그 강렬함이 가히 충격적이다. 살로메의 도상은 오랜 역사를 지니고 있으며 전통적으로 살로메는 대단히 매력적이고 아름답지만 냉담한 여성으로 그려져 왔다. 그러나 비어즐리는 그녀에게서 이런 미적 요소는 제거하고 가학자로써의 잔인함과 강인함, 그리고 그녀의 에로티즘만을 내뿜는 여성으로 재현하고 있다. 그의 삽화에서 대체로 살로메의 의상은 길고 치렁치렁하며 가슴과 배꼽이 드러나 있는데 이것은 살로메의 아름다움보다는 그녀의 사악함과 관능미에 초점을 두고 있기 때문이다.

비어즐리의 <살로메> 삽화에서 살로메는 남성 상대역들을 압도하도록 그려져 있다. 우선 요한을 만나기 위해 자신을 사모하는 나라보스에게 조르고 있는 살로메를 그린 <공작새 스커트>(The Peacock Skirt)에서 인물의 배치와 구도는 왼쪽의 살로메의 머리와 스커트가 오른쪽의 나라보스 쪽으로 넘어와서 그를 감싸고 있는 듯하다. 이는 심리적으로 나라보스가 완전히 살로메에

〈그림 4〉 공작새 스커트

〈그림 5〉 요한과 살로메

게 압도당한 상황을 형상화하고 있다고 볼 수 있다. 그 어떤 작품보다 비어즐리의 장식 취미를 잘 보여주는 이 그림에서 살로메는 화려한 공작 무늬 스커트를 입고 머리를 공작 깃털로 화려하게 장식하고 있는 반면 나라보스의 의상은 초라할 뿐이다. 이 또한 나라보스를 압도하는 살로메의 파워를 상징적으로 보여주는 것이다.[8]

<요한과 살로메>(John and Salome)에서도 정도는 앞의 그림보다 덜하지만 남성은 여성의 기운에 밀리는 듯하다. 이 작품은 살로메가 요한을 유혹하는 장면인데 요한에게 고개를 내민 살로메와 그녀를 피해 약간 뒤로 물러난 요한의 화면 구도나 포즈로 보았을 때 요한이 살로메에게 밀리는 듯한 구성이다. 이런 설정도 와일드의 텍스트에서 약간 벗어난 느낌을 주는데 와일드는 비록 요한이 살로메의 욕망의 희생물이 되지만 그 누구에게도 당당하게 자신의 목소리를 내는 선지사로서의 힘을 보여주고 있다. 살로메의 애원에 냉

8) 비어즐리의 삽화에는 공작 무늬 패턴이나 공작의 깃털 머리 장식이 자주 등장한다. 와일드의 텍스트에서도 아름다운 공작새는 헤로데가 진기히 여기는 보물 가운데 하나로 등장하는데 19세기에 공작은 대단히 심미주의적인 탐닉의 소재 가운데 하나였고 공작 문양은 대단히 애호받던 장식 문양 가운데 하나였다. 비어즐리는 공작 깃털로 장식한 머리, 공작 깃털 문양의 드레스뿐만 아니라 실제 공작을 살로메와 함께 그림으로써 탐미주의 화가 특유의 인위성과 장식 효과에 대한 자신의 탐닉을 담아내고 있다.

〈그림 6〉 헤로데의 눈길

〈그림 7〉 배꼽춤

정히 거절하여 감히 범접할 수 없는 상대로 남는 성자의 카리스마가 비어즐리의 그림에서는 전달되지 않고 있다. 살로메 옆에 그려진 장미 넝쿨은 살로메가 요한에게 느끼는 성적 욕망을 암시한다.

<헤로데의 눈길>(The Eyes of Herod)에서도 남녀의 구도와 배치는 전적으로 여성 상위, 혹은 여성 중심적이다. 화면 오른쪽 구석에 앉아 있는 구도로 그려진 헤로데를 화면 중앙을 차지하며 서있는 살로메가 경멸하듯이, 혹은 비웃듯이 내려다보고 있다. 이렇듯 비어즐리는 살로메와 그녀와 성적으로 관계된 남성들간의 관계에서 단연 살로메가 그들을 압도하는 모양으로 재현하고 있다.

반면 살로메의 악마스러움과 사악함을 그린 그림들로는 <배춤>, <무희의 포상>(The Dancer's Reward), <절정>(The Climax)을 들 수 있다. <배춤>에서는 자신을 사모하다 자결한 시리아 젊은이의 피가 살로메의 춤과 함께 장미꽃송이로 피어 오르고 있다. 이 장미 꽃송이는 위험하고 파멸적인 욕정을 상징하면서 그녀의 춤은 잔인하고 불길한 것이 된다. 그녀의 춤에 반주를 하는 자를 괴물로 형성화함으로써 그 춤의 괴기스러움을 더하고 있다. 더구나 살로메의 성기 쪽을 향해 들려진 괴물의 악기는 자꾸만 남성 성기로 읽힌다.

〈그림 8〉 무희의 포상

〈그림 9〉 절정

<무희의 포상>에서 죽은 요한의 머리카락을 난폭하게 움켜쥐고 있는 살로메의 난폭한 몸짓과 사악한 표정은 너무나도 생생한 사디즘적 성도착을 그려내고 있다. 피가 쟁반 아래로 뚝뚝 떨어지고 있는 가운데 살로메는 요한의 머리채를 움켜쥐고 "아! 당신의 입에 키스했어요, 요한. 당신의 입에 키스 했어요. 당신 입술에선 쓴 맛이 나네요. 피의 맛이었나? 아니야, 아마 사랑의 맛이었을 거예요. 사랑은 쓴맛이라고 하잖아요. 하지만 그러면 어때요? 어떠냐구요? 난 당신의 입에 키스했어요, 요한 당신의 입에 키스했어요."라는 살로메의 대사 장면을 그린 듯한 <절정>(The Climax)은 살로메 연작 가운데 가장 유명한 작품으로 살로메의 욕망과 탐닉이 가장 괴기스럽게 재현된 그림이다. 피가 흘러내리는 요한의 목을 들고 승리감에 들떠 허공에 떠있는 살로메의 비정상적인 에로티즘을 괴기스럽게 담아내고 있다. 요한의 목에서 흘러내린 피에서 백합이 피어오르고 있다. 이건 목숨으로 지킨 요한의 순결을 암시하는 것이다. 결국 이 그림은 살로메의 승리감과 성적 쾌감의 절정이며 동시에 살로메의 사악함의 절정이 된다.

와일드의 텍스트에는 없는 독자적인 삽화인 <살로메의 화장>(The Toilet of Salome)이 두 번 그려졌다. 첫 번째 그려진 그림에서 살로메가 화장하는 옆

〈그림 10〉 살로메의 화장 1

〈그림 11〉 살로메의 화장 2

에 여자 시종과 남자 시종들이 배치되어 있다. 살로메의 시종들은 어린 아이든 어린 소년들이든 대체로 벗은 모습이고 이렇게 성적인 암시들이 덧붙여져 살로메에 성적 요소를 더해주는 효과를 준다. 게다가 이 그림은 화면 앞쪽에 앉아 있는 남자 시종이 서있는 또다른 남자 시종을 바라보며 자위를 하는 듯한 자세를 취하고 있어 출판업자에 의해 거부되었다. 그래서 이 그림에 대한 대체로 그려진 두 번째 그림에서는 화장을 해주는 시종을 제외한 주변인물이 모두 제고 되고 자잘한 중국풍의 소품들도 사라졌다. 그녀의 체형도, 자세도 심하게 왜곡되어 있는데 첫 번째 그림과 비교해보면 물건들에 대한 사실적 묘사는 사라지고 장식적 요소들이 강조됐음을 알 수 있다. 살로메의 어깨와 얼굴의 각도가 심히 왜곡되어 그녀는 해부학적으로 불가능할 정도로 고개를 많이 돌리고 있다.

인체를 이렇게 길게 왜곡시키는 변형은 라파엘 전파의 작품에서부터 시작되었는데 그 영향을 받은 비어즐리도 인체를 정상적인 비례에서 벗어나 과감하게 변형하고 있다. 특히 살로메의 경우는 9-12등신 정도까지 신체를 매우 가늘고 길게 변형하고 있으며 해부학적으로도 합리적이지 않은 불편한 포즈를 취하고 있다. 매너리즘화된 이런 긴 인체는 우아한 느낌을 준다. 비

〈그림 12〉 앉아 있는 살로메

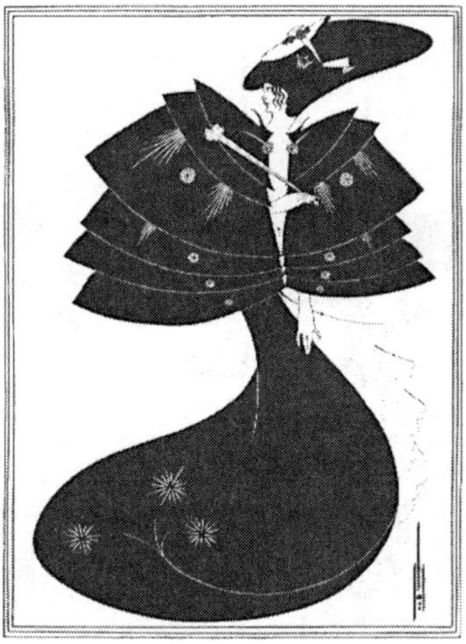
〈그림 13〉 검은 망토

어즐리의 이렇게 왜곡된 인체의 극단적인 표현에서 탐미주의가 추구했던 인위적인 면, 양식 자체에 대한 집착 등을 엿볼 수 있다.

비어즐리는 또한 광대, 난장이, 괴물 등 와일드의 극 속에는 등장하지 않는 존재들을 살로메와 헤로디아의 시종들로 삽입함으로써 괴기스러운 분위기와 일탈적 성의 주제를 강조한다. 게다가 많은 인물들이 성적 경계가 모호하여 양성적이거나 성별 구분이 모호한 이미지를 담고 있다. 이는 와일드의 작품에도 담겨져 있는 동성애의 주제를 상징적으로 표현한 것으로 여겨진다. 이런 보조적 존재들을 통해서도 악마주의적 감성을 지녔던 데카당스들이 정상보다는 비정상에 집착했음을 보여준다.

비어즐리는 등장인물의 심리나 특징을 나타내고 아울러 장식적 효과를 내기 위해 공작 깃털, 장미, 광대, 가면 등의 모티브들을 반복적으로 사용하고 있다. 예를 들어 <배춤>에서 살로메의 주위를 날아다니는 듯한 장미는 살로메를 사모하다 죽은 젊은 시리아인의 피에서 피어난 꽃으로 죽음, 파멸, 성적 매력, 욕망을 동시에 상징하는 모티브이다. 이런 모티브들은 모두 와일드의 작품과는 무관한 것들로 비어즐리의 독자적인 작품 해석과 주관적인 서술을 보여준다. 그럼으로써 비어즐리는 이전에는 텍스트의 내용을 도해하

〈그림 14〉

는 것에 머물렀던 일러스트레이션의 세계에 화가의 독자적 해석과 상상력이라는 새로운 영역을 개척했다.

또한 와일드의 희곡은 시간상으로 하루저녁 연회동안 벌어진 사건인데 비어즐리가 그린 살로메의 의상과 머리 장식등은 장면마다 변하고 있다. 그리고 등장인물의 외모, 의상, 소품 등 많은 점이 와일드의 텍스트와는 무관한 것이다. 예를 들어 와일드는 텍스트에서 살로메가 신발을 벗고 맨발로 일곱 베일의 춤을 춘다고 쓰고 있는데 그 장면에 해당하는 삽화인 <배춤>(The Stomach Dance)에서 살로메는 구두를 신고 있으며 춤의 이름도 일곱 베일의 춤이 아니라 배춤으로 바뀌어있다.

당시 영문판을 출간한 출판업자는 처음에 비어즐리가 그린 그림 중 3개의 삽화를 거부했다고 한다. 그것은 <살로메의 화장 1>과 <요한과 살로메>, 그리고 <앉아있는 살로메>였다(Colvin 49). <살로메의 화장 1>은 앞에서도 말했듯이 그림 속 시종들의 누드와 그 중 한명이 또 다른 소년을 바라보면서 자위 행위를 하는 듯한 자세 때문이었고 <요한과 살로메>는 살로메에게 압도당한 성자의 모습이 신성 모독 논란을 불러일으킬 여지가 있었기 때문이며 <앉아있는 살로메>(Salome on Settle)는 그 삽화를 본 사람들이 뒤돌아 앉아 있는 살로메의 의복이 열려있고 그녀가 들고 있는 막대가 딜도(dildo-음경 모양의 성구)라고 생각할 수 있기 때문이었다고 한다(Weintraub 77 참조). 그래서 <살로메의 화장 1> 대신 그려진 것이 <살로메의 화장 2>이고, <요한과 살로메> 대신 그려진 것이 <공작새 스커트> 이며, <앉아있는 살로메> 대신 그려진 것이 <검은 망토>(Black Cape)였다고 한다. 게다가 <표제지>에 나타난 인물의 남녀 양성(androgyne) 이미지도 논란을 일으켰다. 남녀 양성 이미지는 남성과 여성의 전통적 성 관계를 혼돈시키는 위험성을 내포하고 있기 때문이다. 나라보스와 헤로데의 시종이 함께 달을 바라보는 모습을 그린

〈그림 15〉 달 속의 여인

〈그림 16〉 메살리나

<달 속의 여인>(The Woman in the moon)에서 한 남자를 너무 여성스럽게 재현함으로써 와일드가 텍스트에서 담고 있는 동성애를 노골적으로 드러낸 것도 논란이 됐다. 나아가 <공작새 스커트>의 살로메의 전체 모습이 남근의 형상이라는 주장도 일각에서 일었다. 이렇게 온갖 에로티시즘과 성적 수수께끼를 많이 담아내고 있는 비어즐리의 <살로메>에 대해 린다 자틀린은 "보는 이들에게 사적이고 에로틱한 순간을 인식하도록 함으로써 영국의 얌전빼(prudishness)을 조롱한다"고 평했다.

하지만 그의 삽화는 성적 주체로서의 여성을 다루고 있으면서도 살로메를 다분히 포르노그래피적 이미지들로 재현해 살로메에 대한 그의 해석이 다소 모호해진다.[9] 또한 살로메를 너무 악마적이고 사악하기만한 존재로 재현함으로써 그에게서도 와일드와 마찬가지로 세기말 남성들의 팜므파탈에 대한 집단 의식적 두려움을 엿볼 수 있다. 이에 비해 헤로데를 제외한 요한, 나라보스, 헤로디아의 시종 등 남성 인물들은 헤로디아나 살로메에 비해 훨씬 아름답고 여성적으로 묘사된 것을 느낄 수 있다. 이 점 또한 와일드가 요

9) 페미니즘 이론에서 포르노그래피는 여성을 인간으로 보기보다 성적 대상으로 삼기 때문에 여성에게서 인간성을 제거하고 대상화하는 것으로 비판받고 있다.

한을 대단히 아름다운 여성적 육체를 지닌 존재로 설정한 것과 무관하지 않을 것이다. 어쨌든 비어즐리의 도상은 좀 더 복잡하고 다양했던 살로메의 이미지를 그녀의 악마성에 초점을 맞춰 단순화시켰다는 느낌을 지울 수 없다. 독특한 화면 구성과 유려한 선의 사용, 주관적인 작품 해석 등 일러스트레이션계에 새로운 유행을 불러 일으키고 새로운 영역을 개척했다는 범 미술사적 의미에서 비어즐리의 가치는 충분히 인정한다. 그러나 여성론적 관점에서 볼 때는 당대의 그 어떤 예술가들보다도 신여성을 악마적이고 괴기적인 이미지로 재현한 화가라고 느껴진다. 이는 <살로메> 삽화 뿐만 아니라 메살리나를 포함하여 그가 그린 많은 성적으로 방종한 여성 삽화들을 통해 볼 때 내릴 수 있는 결론이다.

IV. 결론

여성에 대한 두려움의 집합체인 팜므파탈 이미지가 19세기 이후 문화에서 넘쳐난다. 팜므파탈은 신여성 운동으로 모든 면에서 남성의 지배권을 위협하는 여성들에 대한 공포로 남성들이 만들어낸 집단적인 심리적 산물이라고 한다. 그 중에서도 플로베르, 위스망스, 모로, 와일드, 말라르메, 비어즐리, 슈트라우스에 이르기까지 수많은 예술가들의 작품을 낳은 살로메는 19세기 후반기를 지배한 하나의 시대적 영감이었다고 말할 수 있다.

와일드와 비어즐리는 당시 대중 예술과 문학에서 자신의 성을 주체적으로 통제하는 여성으로 재현되던 신여성의 이미지를 <살로메>에 담아내고 있다. 그들의 <살로메>는 성에 관한 많은 견해를 야기시켰으며 암시적이고 수수께끼같은 성적 표현으로 센세이션을 일으켰다.

<살로메>에서는 1890년대의 영국 사회적 배경 속에서 쟁점이 되고 있던 성도덕 관습에 맞서려는 두 예술가의 의도가 드러난다. 그들은 사회가 금기시하는 에로티시즘과 성도착에 대한 충격적 묘사를 통해 빅토리아 시대의 성도덕을 조롱하고 있다.

하지만 와일드와 비어즐리가 살로메를 통해서 구현한 주제는 역시 여성

의 아름다움 안에 구현되어 있는 악과 죽음의 힘이다. 결국 와일드와 비어즐리의 <살로메>는 자주적이고 주체적인 여성 해방 이미지로도 볼 수 있지만 신여성에 대한 남성들의 두려움의 결과인 팜므파탈 이미지를 조장할 뿐만 아니라 포르노그래피적 성격으로 격하시켰다고도 볼 수 있다. 따라서 그들이 창조한 살로메는 대단히 양가적 가치를 지니고 있다. 마치 헤로데 왕이 살로메의 성적 매력에 사로잡혀 선지자 요한의 목까지 내주지만 결국에는 그 파괴적 힘에 두려움을 느껴 그녀를 처형하는 것처럼 와일드와 비어즐리 또한 그녀의 매력을 자신들의 미에 대한 집착을 담아낼 수 있는 소재로 즐기지만 결국 그 매력이 지닌 파괴적 악마성을 동료 남성들에게 알려주고 있다는 인상을 지울 수가 없다. 그렇다면 작품 속에서 볼 수 있는 강한 여성의 힘에 대항하기 위한 요한과 헤로데 왕의 연대는 와일드와 비어즐리의 연대로까지 이어지고 있다고 볼 수 있다.

참고문헌

노애경, 「Salome를 통해 본 오스카 와일드의 성적 전략」, 『현대 영미 드라마』, 17:3 (2004), 77-97.

바타이유, 조르주, 조한경 역, 『에로티즘』, 민음사,

와일드, 오스카, 권오숙 역, 『살로메』, 기린원, 1998.

유지윤, 「Aubrey Beardsley의 Salome 일러스트레이션에 관한 연구」, 홍익대 석사학위논문, 2001.

이명옥, 『팜므 파탈: 치명적 유혹, 매혹당한 영혼들』, 다빈치, 2006.

진중권, 『춤추는 죽음』 2, 세종서적, 2005.

하우저, 아르놀트, 백낙청 · 염무웅 역, 『문학과 예술의 사회사 4』, 창비, 2005.

Beardsley, Aubrey & Wilde, Oscar. *Salome*. Dover, 1967. New York: Dover, 1967.

Ellman, Richard, ed. *The Artist as Critic: Critical Writings of Oscar Wilde*, Chicago: U of Chicago P., 1982.

Gagnier, Regnier. "Wilde and the Victoians", *The Cambridge Companion to Oscar Wilde*, Peter Rabey ed, Cambridge:Cambridge UP, 1997, 18-33.

Raby, Peter. "Introduction", *The Importance of Being Earnest and Other Plays*, London: Oxford, 1995, vii-xxv.

Wilde, Oscar. *The Importance of Being Earnest and Other Plays*, London: Oxford, 1995.

Zatlin, Linda Gertner, *Aubrey Beardsley and Victorian Sexual Politics*, Oxford: Clarendon, 1990.

셰익스피어의 클레오파트라와 엘리자베스 여왕 비교

도 해 자*

셰익스피어는 당대의 유명한 엘리자베스 숭배(cult of Elizabeth)와 신격화 시도들에서 거리를 두고, 여왕에 대한 열렬한 찬사를 표시하지 않은 드문 작가 중의 하나이다. 셰익스피어의 사극들은 장미전쟁을 마무리하고 국가의 통합을 이룬 튜더왕조를 찬양하고 그 정통성 확립에 기여했다는 평가를 받기도 하지만, 다른 작가들처럼 당시 군주인 엘리자베스 여왕의 업적을 기리거나 찬양하는 작품은 쓰지 않았다.[1] 여왕 사후에도 많은 작가들이 여왕을 기리는 추모시를 쓰고, 신격화 작업이 계속되었지만 셰익스피어는 그런 조류에서 비켜나 있었다. 오히려 그는 여왕을 비판적으로, 때로는 풍자적으로 묘사하는 경우가 있지만, 기존의 셰익스피어 연구에서 여왕에 대한 작가의 비판적 묘사에 대한 연구는 드문 실정이다. 그래서 본 글은 『안토니와 클레오파트라』(*Antony and Cleopatra*)를 통해 여왕에 대한 셰익스피어의 부정적

* 한국외국어대학교

1) 예외적으로, 『헨리 8세』(*Henry VIII*)의 아기 공주 엘리자베스의 세례식 장면에서, 그녀가 후세의 군주들에게 귀감이 되고, 학문숭상과 미덕추구에서 어느 여왕과도 비할 바 없을 것이며, 불사조같이 죽어도 다시 소생하여 후계자에게 그 복을 물려 줄 것이라는 등의 찬양이 쏟아진다(5.4.14-54). 그러나 이 작품은 엘리자베스가 사망한 지 거의 10년 후에 씌어졌고, 작가성(authorship)에 대해서도 논란이 많다. 이 작품은 셰익스피어와 플레처(John Fletcher)의 공동집필이라는 것이 일반적 견해이고, 때로는 보먼트(Francis Beaumont)와 플레처가 공동집필한 것이라는 추측도 제기된다(Greenblatt 3127).

재현을 살펴보고자 한다. 셰익스피어의 클레오파트라에는 엘리자베스 여왕을 부정적으로 투영시킨 듯 보이는 면들이 많기 때문이다.

『안토니와 클레오파트라』에서 클레오파트라가 비너스, 운명의 여신, 페어리 여왕2)으로 불리는 것에 주목할 필요가 있는데, 엘리자베스 여왕 역시 이들 이름으로 불리어지거나, 이들의 모습으로 재현되기도 했기 때문이다. 본 글은 먼저 비너스 여신에 비유되는 클레오파트라와 엘리자베스 여왕을 비교한다. 다음으로 비너스 여신에 비유될 때의 여성성과는 대조적인 두 사람의 남성적 면모를 살펴볼 것이다. 세 번째로, 운명의 여신으로서의 클레오파트라와 엘리자베스 여왕의 모습을 비교한다. 마지막으로, 엘리자베스 여왕처럼 클레오파트라도 페어리 여왕으로 지칭되는데, 페어리 여왕에 대한 언급이 있는 셰익스피어의 전성기 희극을 간단히 다룰 것이다. 이를 통해 셰익스피어의 엘리자베스 비판은 일관성을 지니며, 희극에서도 여왕 신격화 작업에 대해 비판과 풍자를 가하고 있음을 알게 될 것이다. 그리고 헤럴드 블룸(Harold Bloom)의 '영향의 불안'(anxiety of influence) 이론을 바탕으로, 셰익스피어가 여왕 찬양이라는 당대의 조류와 거리를 둔 의도를 살펴보고자 한다.

I

이집트 여왕 클레오파트라와 영국 여왕 엘리자베스 1세는 얼핏 보면 둘 다 여왕이라는 점 외엔 전혀 연관성이 없어 보인다. 그러나 클레오파트라에 대한 묘사에는 셰익스피어가 엘리자베스 여왕을 투영시킨 듯 보이는 부분들이 많다. 먼저, 클레오파트라와 엘리자베스 여왕은 모두 사랑의 여신 비너스에 비유된다. 『안토니와 클레오파트라』에서 안토니에 대해서는 여러 차례 직접적으로 군신 마스(Mars)로 불리며("Have glowed like plated Mars", "And speak as loud as Mars", "The other way's a Mars", 1.1.4, 2.2.6, 2.5.119), 클레오

2) 에드먼드 스펜서(Edmund Spenser)의 『페어리 여왕』(*The Faerie Queene*)에서 페어리는 종족의 일종이기 때문에 '요정여왕'이나 '선녀여왕' 대신에 '페어리 여왕'이라는 표현을 사용한다.

파트라는 "비너스가 마스와 한 일을 생각한다."(think/ What Venus did with Mars, 1.5.19-20)는 환관 마디언(Mardian)의 대사와 아래의 장면에서 비너스에 비유된다.

> 여왕께서 탄 배는 광택을 낸 왕좌처럼
> 물위에서 반짝였소. 선미는 금으로,
> 돛은 자주색이었고, 향기로워서
> 바람도 그것들에 반할 지경이었소. 노는 은으로 되어 있었고
> . . . .
> . . . . . 여왕은
> 상상력이 자연을 능가하는 것을 보듯,
> 금실로 된 휘장에
> 비너스보다 아름다운 모습으로 기대어 있었소.
> 여왕의 양 옆에는 예쁜 보조개를 가진 소년들이
> 큐피드처럼 미소 지으며 서 있었소.

> The barge she sat in, like a burnished throne
> Burnt on the water. The poop was beaten gold;
> Purple the sails, and so perfumed that
> The wins were lovesick with them. The oars were silver
> . . . .
> . . . she did lie
> In her pavilion-cloth-of-gold of-tissue-
> Overpicturing that Venus where we see
> The fancy outwork nature. On each side her
> Stood pretty dimpled boys, like smiling Cupids. (2.2.201-12)

엘리자베스 여왕이 웨스트민스터와 런던을 오갈 때 종종 이용하던 왕의 배(royal barge)의 모습을 떠올리는(Rinehart 86) 이 장면은 안토니와 클레오파트라가 처음 만난 시드너스(Cydnus) 강가의 클레오파트라의 배를 묘사하고 있다. 비너스처럼 자신을 꾸민 클레오파트라는 큐피드 같은 소년들을 양옆에 세워둠으로써 비너스로서의 모습을 강화시키고 있는데, 이것은 엘리자베

스 여왕이 소년 극단들을 적극 후원하여 자신의 정치적 권위를 강화하기 위한 선전도구로서 이용했던 것과 유사하다.[3] 셰익스피어 작품의 주요 출전인 플루타르크(Plutarch)는 이 장면에 대한 묘사에서 클레오파트라가 "비너스 여신처럼 옷을 입었으며", "비너스 여신이 왔다는 소문이 사람들 사이에 돌았다"고 설명하지만(apparelled and attired like the goddesse Venus, there went a rumor in the peoples mouthes, that the goddesse Venus was come, 274),[4] 셰익스피어는 플루타르크의 설명을 약간 바꾸어 클레오파트라가 비너스를 능가한다고 말한다. 그러나 큐피드의 언급에서 클레오파트라를 비너스 여신에 비유하는 것은 분명해보이며, 대부분의 비평가들 또한 여기서 클레오파트라가 비너스의 역할을 한다고 말한다(Rinehart 85, Bevington 1332).

클레오파트라가 사랑의 여신 비너스에 비유된다면, 엘리자베스 여왕은 달의 여신이자 처녀성과 사냥의 수호신인 다이아나(Diana), 피비(Phoebe), 혹은 씬시아(Cynthia)로 숭배 받았다. 여왕즉위 초반기부터 엘리자베스 여왕을 위해, 공연된 가면극(masque)에서 다이아나는 여왕의 처녀성을 나타내기 위해 사용되기도 했지만, 이런 이미지의 사용이 활발해진 것은 엘리자베스 여왕의 결혼과 임신이 확실히 불가능해진, 통치 말기인 1590대 무렵부터였다. 여왕을 다이아나와 씬시아로 묘사하는 것은 1590년에 출간된 에드먼드 스펜서(Edmond Spenser)의 『페어리 여왕』, 1592년에 무렵에 출간된 월터 롤리(Walter Ralegh)의 『씬시아에게로 가는 바다』(*The Ocean to Scinthia*), 1594년에 출간된 조지 채프만(George Chapman)의 『밤의 그림자』(*The Shadow of Night*), 1600년에 출간된 벤 존슨(Ben Jonson)의 『씬시아의 축연』(*Cynthia's Revels*) 등에서 절정을 이룬다(Hackett 174).

---

3) 진 맥카시(Jeanne MacCarthy)는 여왕의 전폭적 후원을 받은 소년극단이 어떻게 경쟁적으로 여왕을 찬양하고 그녀의 권위를 강화시켜주었는지 설명한다. 엘리자베스 여왕은 성인 극단을 후원하는 것에는 소극적인 대신, 소년극단을 전폭적으로 후원하여 소년극단을 당시의 문화적 주류로 부상하는 결과를 만들었다. 셰익스피어는 『햄릿』(*Hamlet*)에서 "그러나 작은 매 새끼 같은 어린이 배우들이 나타나 시비조로 고함치고 열렬한 박수갈채를 받습니다. 이런 것은 대유행이 되었습니다."(2.2.339-41)라며 이런 당시 상황을 말해준다(425-462).

4) 이하 플루타르크에 대한 인용은 현대의 영역본보다는 셰익스피어가 작품을 쓸 때 참고했다고 알려진 토마스 노스(Thomas North)의 1579년 영역본 『플루트라크가 쓴 그리스와 로마의 위인전기』(*Plutarch's Lives of the Noble Grecians and Romans*)를 따른다.

그러나 결혼과 임신의 가능성이 있었던 이전에는 다른 양상이었다. 비너스로 그려지는 클레오파트라와 다이아나, 씬시아로 그려지는 엘리자베스는 관련이 없어 보이지만, 더 이전 시기의 엘리자베스 여왕에 대한 묘사를 보면 그 연관성이 드러난다. 헬렌 해켓(Helen Hackett)의 연구에 따르면, 1570년대 중반까지 국민들에게 엘리자베스는 영원한 처녀성의 의미에서가 아니라, 결혼을 준비하는, 혹은 결혼할 적령기가 된 여왕으로 여겨졌다. 1570년대 중반 이후부터는 결혼과 영원한 처녀성 사이에서 여왕을 어떻게 그려야할지 불확실성 때문에, 1569년에 그려진 초상화 '엘리자베스와 세 여신들'(Queen Elizabeth and the Three Goddesses)에서의 이미지가 인용된다.[5] 1578년에 노리치(Norwich)에서의 여왕을 위한 가면극에서 엘리자베스는 여러 여신들의 대조적인 자질들을 부여받는다. 여기서 극중의 비너스는 엘리자베스를 또 다른 비너스로 선언하며, 팰라스(Pallas)와 다이아나도 각각 엘리자베스를 자신과 동일화한다. 1579년에 스펜서는 『목자의 달력』(*Shepheardes Calendar*) 4월 부분에서 엘리자베스 여왕을 칭송하기 위한 엘리자(Eliza)라는 인물에 처녀성과 다산성을 완전히 결합시키는데, 이는 사랑과 처녀성의 결합에 대한 고전적 전례인 '처녀자리 비너스'(Venus Virgo)라고 할 수 있다. 필립 시드니(Philip Sidney)는 『새로운 아카디아』(New Arcadia)에서 종종 엘리자베스 여왕과 동일시되는 고린도의 헬렌 여왕(Queen Helen of Corinth)의 묘사에서, 그녀의 궁전은 사랑과 정결이 결합한 곳이고 그녀 자신은 비너스의 옷을 입은 다이아나처럼 보인다고 설명한다(Hackett 72-123).

이렇게 엘리자베스 말기의 불모의 처녀성과 대조적으로, 결혼과 임신의 가능성이 있었던 시기의 엘리자베스에 대한 묘사에는 왕조의 후계자를 생산하는 다산의 의미로 사랑의 여신 비너스의 속성이 있었다. 『안토니와 클레오파트라』에서 클레오파트라는 엘리자베스 여왕처럼 비너스에 비유되고, 작

5) 제작자가 알려지지 않은 이 그림은 왕의 보주(orb)를 든 엘리자베스가 나아가자 앞에 있던 팰라스(Pallas, Athena), 주노(Juno, Hera), 비너스가 그녀에게 압도되는 장면을 묘사한다. 이 그림은 세 명의 여신들(더 일반적으로는 다이아나, 주노, 비너스)이 정결, 위엄, 아름다움의 덕을 한 몸에 지니고 있는 엘리자베스 여왕에게 그들이 가지려 경쟁하던 황금사과를 양도하는 것을 의미한다. 이것은 '남성적' 권위와 '여성적' 아름다움과 정결을 결합한 것이 필요한 여성 통치자로서의 엘리자베스에게 특히 적절했다(Hackett 88).

가들이 엘리자베스 여왕을 비너스에 비유할 때 바라던 다산과 풍요의 상징으로 그려진다. 플루타르크 원전에서는 안토니의 부인들 풀비아(Fulvia)와 옥타비아(Octavia)가 각각 자식을 낳았지만,6) 이와 달리 셰익스피어는 안토니의 두 부인들이 낳은 자녀들에 대해 전혀 언급을 하지 않음으로써, 냉정한 남성적 정치가 지배하는 로마의 불모성을 강조하는 한편, 여성이 지배하는 이집트의 알렉산드리아는 "나일강의 범람"(the flow o'th' Nile, 2.7.17)과 "햇볕의 작용"(the operation of your sun, 2.7.27)으로 대변되는 풍요로운 곳이며, 그 중심에 여러 명의 아들을 낳은 클레오파트라가 있다.

그렇다고 이렇게 엘리자베스 여왕을 클레오파트라-비너스에 비유할 때 셰익스피어가 여왕에 대한 긍정적 재현을 의도했다는 의미는 아니다. 대부분의 르네상스시대 사람들은 비너스와 마스가 그들의 불륜현장을 불칸(Vulcan)에게 들켜 망신당한 신화 이야기에 익숙했을 것이다. 셰익스피어는 비너스를 클레오파트라에, 안토니를 마스에 비유함으로써, 신화속의 부적절한 관계를 상기시키고, 그들의 사랑을 무절제한 성적 탐닉으로 그린다. 클레오파트라는 끊임없이 요부나 갈보(gypsy, strumpet, whore, royal wench, kite), 나아가 시저(Caesar)와 폼피(Pompey)를 거쳐 안토니에 이르기까지 "세 번 변심한 갈보"(triple-turned whore, 4.12.13)로 언급되며, 클레오파트라가 낳은 자식들은 "그 후로 그들 사이의 욕정이 만들어낸 모든 사생아들"(all the unlawful issue that their lust/ Since then hath made between them, 3.6.7-8)이라고 불린다.

주변 사람들에게 비춰지는 클레오파트라와 안토니의 부적절한 관계와 사랑, 클레오파트라를 사랑의 여신 비너스에 비유할 때의 부정적 특성들은 엘리자베스의 즉위 이전 어린 시절부터 통치 말기까지 이어진 부정적 담론, 엘리자베스 여왕과 남성 신하들과의 관계에 대한 무성했던 소문들과 일맥상통한다. 마크 셸(Marc Shell)에 따르면, 간통과 근친상간 혐의로 처형당한 어머니 앤 볼린(Ann Boleyn) 때문에 딸인 엘리자베스 역시 그 피를 물

6) 플루타르크에서는 아래와 같이 풀비아와 옥타비아가 낳은 자녀들이 언급된다.
"Antonius also leaving his wife Octavia and little children begotten of her, and his other children which he had by Fulvia: he went directlie into Asia" (283)
"two daughters of Octavia and Antonius" (317)

려받은 갈보이며, 사생아라고 주장되었다. 헨리 8세는 공개적으로 엘리자베스가 사생아이며, 그녀의 아버지는 그녀의 외숙부인 로치프드 경(Lord Rochford)라고 주장했고, 1536년 의회는 엘리자베스를 사생아로 선언했다. 헨리 8세와 앤이 결혼한 지 9개월이 안 되서 엘리자베스가 태어났기 때문에 이런 주장을 뒷받침해주는 듯 보였다(9-10). 헨리 8세가 사망하자 동생 에드워드가 왕위에 오르고, 엘리자베스는 헨리의 마지막 부인 캐서린 파(Katherine Parr)와 함께 살았다. 그런데 캐서린은 헨리가 사망하자 몇 달 후에 곧바로 토마스 시머(Thomas Seymour)와 결혼했다. 캐서린이 살아있을 동안에도 시머는 엘리자베스와 미심쩍을 정도로 친밀한 관계를 유지해서 사람들의 입방아에 올랐고, 캐서린은 결국 엘리자베스를 집에서 내보냈다. 캐서린이 사망하자 시머는 엘리자베스를 결혼상대로 추구했다고 하며, 두 사람의 관계는 결국 엘리자베스가 시머의 사생아를 출생했다는 소문으로 이어진다(Cavanagh 10-17).

엘리자베스가 왕위에 즉위한 후에도 남성 구혼자들과의 스캔들은 끊이지 않았다. 그녀가 가장 총애하던 로버트 더들리(Robert Dudley)와의 관계에서 그 절정을 이루는데, 1560년에 더들리의 부인이 계단 바닥에서 목이 부러진 채 죽어 있는 것이 발견되자 국내뿐만 아니라 유럽궁정에는 결혼을 위해 엘리자베스와 더들리가 그녀를 살해했다는 주장이 들끓었다. 엘리자베스가 더들리의 아이들을 여러 명 낳았는데, 일부는 살아있고 일부는 살해되었다는 소문도 끊이지 않았다. 이런 스캔들과 소문들은 어머니 앤 볼린처럼, 엘리자베스도 성적으로 방탕한 갈보라는 꼬리표를 붙게 하였고, 1589년에 토마스 웬던(Thomas Wendon)은 한 목사가 교회에서 공개적으로 여왕은 완전히 갈보라고 말하는 것을 들었다고 주장했다(Levin 86-90). 이렇듯, 동정녀 마리아, 여판관 데보라(Deborah), 다이아나, 글로리아나로 불렸던 엘리자베스 숭배와 신격화 이면에 팽팽히 자리한 부정적 담론들에서, 그녀는 클레오파트라처럼 갈보라고 불렸고, 클레오파트라의 '사생아들'처럼, 그녀도 사생아들을 낳았다고 거론되었다. 셰익스피어는 클레오파트라-엘리자베스의 부정적 여성성을 비너스 비유에 담고 있는 것이다.

II

엘리자베스 여왕의 타고난 몸(body natural)이 주는, 여성혐오 담론에 노출되기 쉬운, 취약한 여성성이 비너스로서의 클레오파트라에 녹아있다면, 엘리자베스의 정치적 몸(body politic)이 상징하는 남성성은 이집트 군주인 클레오파트라의 남성적 모습에 녹아있다. 콘스탄스 조던(Constance Jordan)은 엘리자베스 여왕이 "국가와 결혼했다"(wedded to her realm)는 표현에서나 다른 연설들에서 자신을 부인보다는 남편으로, 군주로서 여성보다는 남성으로 생각하는 것을 즐겼다고 추론한다. 엘리자베스는 남성성이 군주의 권력의 중요한 특성이라는 것을 깨닫고, 자신은 상징적 의미에서 남성이라는 것을 알릴 필요가 있다고 깨달았기 때문이다(159-61).

셰익스피어의 클레오파트라 역시 두 개의 몸을 가진 양성성을 구현한다. 비너스처럼 남성들을 사로잡는 매력을 지닌 여성이지만, 동시에 군주로서의 역할을 할 때는 남성성을 가정한다. 옥타비우스 시저(Octavius Caesar)가 안토니를 비난할 때, 안토니보다 "클레오파트라가 오히려 더 남성답고, 프톨레미의 여왕은 안토니보다 여성답지 않다"(is not more manlike/Than Cleopatra, nor the queen of Ptolemy/ More womanly than he, 1.4.5-7)고 말한다. 또한 클레오파트라는 안토니가 "필리파이 전투에서 사용했던 검을 차보기도 했다"(wore his sword Philippan, 2.5.23). 클레오파트라의 군주로서의 남성성이 잘 드러나는 부분은 악티엄(Actium) 해전에의 참전이다. 전쟁의 결과는 정반대이기는 하지만, 1588년에 스페인의 무적함대가 침입했을 때, 엘리자베스 여왕도 직접 틸버리(Tilbury)에 들렀다.

클레오파트라의 악티엄 해전에의 참전논리는 엘리자베스 여왕의 틸버리 연설과 유사한 면이 있다. 틸버리에서 스페인의 함대가 도착하기를 기다리던 자신의 병사들에게 엘리자베스는 다음과 같은 연설을 했다.

> 나의 안전을 염려한 몇 몇 신하들은 나의 무장한 군인들에게 나 자신을 노출시켜 배반의 위험에 처할 수 있으니 조심하라고 설득했소. …… 나는 기분풀이로 쉬기 위해 온 것이 아니라, 단호한 결의로, 전장의 한 가운데서, 전장의 열기 속에서, 제군들

과 함께 살고 죽기위해 왔소. 나는 왕의 심장과 배를 가지고 있소 …… 나도 직접 무기를 들것이고, 나 자신이 제군들의 장군이 될 것이고, 여러분의 전공 하나하나에 대한 심판관이자 포상자가 될 것이오.

We have persuaded by some that are careful of our safety, to take heed how we commit our selves to armed multitudes, for fear of treachery …… I am come amongst you, as you see, not for my recreation and disport, but being resolved, in the midst and heat of the battle, to live or die amongst you all …… I have the heart and stomach of a king …… I myself will take up arms, I myself will be your general, judge, and rewarder of every one of your virtues in the field. ("Speech to the Troops at Tilbury", *Norton Anthology* 29)

위에서 엘리자베스는 "나는 왕의 심장과 배를 가졌소", "나도 직접 무기를 들 것이고, 나 자신이 제군들의 장군이 될 것이고, 제군들의 전공 하나하나에 대한 심판관이자 포상자가 될 것이오"라고 말했다. 셰익스피어의 클레오파트라도 유사하게 "나는 전쟁비용을 부담하고 있고, 내 나라의 통치자로, 남자의 능력으로, 그곳에 참전할 것이오. 반대하지 마시오. 나는 뒤에 물러서 있지 않을 것이오"(A charge we bear i'th'war,/ And as the president of my kingdom will/ Appear there for a man. Speak not against it./ I will not stay behind, 3.7.16-19)라고 한다. 엘리자베스가 참전한 군인들에게 대가를 보상하듯, 클레오파트라도 전쟁 비용을 대고 있다. 엘리자베스가 여성적 '여왕'이 아니라 남성적 '왕'으로 참전했듯, 클레오파트라는 이집트의 왕으로, "남자의 능력으로" 참전했다.[7] 플루타르크는 클레오파트라가 악티엄 해전에 참전하기를 고집하는 이유에 대해 안토니의 새 부인 옥타비아(Octavia)가 와서 안토니와 시저를 화해시킬 것을 걱정해서라고 설명하지만, 셰익스피어는 그런 설명을 빼버리고 클레오파트라의 군주로서의 참전 자격을 주장하게 만든다. 이는 엘리자베스 여왕의 연설을 염두에 두었을 가능성을 열어준다.

엘리자베스 여왕의 신하들이 그녀가 참전하는 것에 대해 걱정했듯, 셰익

7) 클레오파트라의 대사 "for a man"에 대해, 노튼판 셰익스피어 전집 편집자인 스티븐 그린블랏(Stephen Greenblatt)은 "as if I were a man"(2683)으로, 데이비드 베빙턴(David Bevington)은 자신의 편집에서 "in the capacity of man"(1360)으로 해석한다.

스피어의 작품에서도 이노바버스(Enobarbus)는 클레오파트라의 "전투참여에 대해 반대하고, 부적절하다고 말한다"(hast forspoke my being in these wars,/ And say'st it is not fit, 3.7.3-4). 위에서 엘리자베스의 신하들의 걱정은 무장한 군인들에게 노출되어 혹시나 있을 수 있는 배반, 여왕의 안전에 대한 것이다. 그러나 당시 신하들의 걱정에는 어쩌면 가장 남성적인 영역인 전쟁에서마저 여성의 지휘를 받는 것에 대한 남성 신하들의 불안감이 담겨있을지도 모른다. 그리고 셰익스피어는 있을 법한 남성 신하들의 불안감을 이노바버스의 다음 대사에서 잘 그리고 있다.

> 여왕께서 출전하시면 틀림없이 안토니 장군님을 혼란스럽게 하여
> 완전히 발휘되어야할 장군님의 용기와, 지력과, 시간을
> 빼앗아 갈 것입니다. 장군님은 벌써
> 경솔하다고 비난받고 있으며, 로마에서는
> 이 전쟁을 지휘하는 것이
> 환관 포티너스와 시녀들이라는 소문이 떠돕니다.

> Your presence needs must puzzle Antony,
> Take from his heart, take from his brain, from's time
> What should not then be spared. He is already
> Traduced for levity, and 'tis said in Rome
> That Photinus, an eunuch, and your maids
> Manage this war. (3.7. 10-16)

셰익스피어는 로마 사극을 쓸 때 "플루타르크만큼 많이 참고한 작가가 없고, 플루타르크만큼 적게 수정한 작가도 없다"(MacCallum 93)고 평가받을 만큼 아주 충실하게 원전인 플루타르크의 서술을 따르는 편이다. 그러나 위의 인용 부분에 있어서는 그렇지 않은데, 플루타르크는 "티티어스와 플란커스는 그들이 할 수 있는 모든 것을 다해 클레오파트라가 전쟁에 참전하는 것을 막으려 했기 때문에 그녀의 미움을 받고 있었다"(Titius and Plancus for the great injuries Cleopatra did them, because they hindered all they could, that she should not come to this warre, 293)고 전할 뿐, 그들이 반대한 이유에 대한 언

급은 없고, 위에서처럼 환관과 시녀들이 전쟁을 이끈다는 소문이 로마에 돌고 있다는 언급은 더더욱 없다. 따라서 창작으로 보이는 이 부분을 통해 셰익스피어는 여성이 전쟁에 참여하여 병사들을 지휘하는 것의 부자연스러움과 남성들의 불안을 그리고 있는 듯 보인다. 그런 불안감을 영국 남성들은 엘리자베스 여왕의 전례에서 경험했고, 셰익스피어는 이노바버스의 발언과 "우리는 여자들의 부하라네"(We are women's men, 3.7.71)라는 캐니디어스(Canidius)의 자조 섞인 한탄에서 그런 전례를 비판적으로 그리고 있다.

III

엘리자베스 여왕에 대한 부정적 재현은 클레오파트라의 운명의 여신(Fortune)으로서의 속성에도 들어있다. 운명의 여신의 특성에 대해 셰익스피어는 대체로 고전적 설명을 그대로 따르고 있다. "나를 이끄는 눈먼 운명의 여신"(blind Fortune leading me, *The Merchant of Venice* 2.1.36), "그녀의 은총은 조금도 공평치가 못하다"(her benefits are mightily misplaced, *As You Like It* 1.2.33-34) 등에서 나타나는 운명의 여신은 눈이 멀고, 여성이며, 행운을 아무렇게나 분배하는 특성을 지닌다. 『헨리 5세』(*Henry V*)의 아래 인용은 셰익스피어가 여러 작품에서 그리는 운명의 여신의 전형적 이미지를 정리해서 보여준다.

피스톨 그리고 운명의 여신의 날뛰는 변덕스런 바퀴,
쉼 없이 굴러가는 돌 위에 서 있는 저 눈먼 여신—
플루엘런 실례지만 이보게, 기수 피스톨. 운명의 여신은 머플러로 그녀의 눈을 가려서 장님으로 그려지네. 운명의 여신이 장님이라는 것은, 그건 말이지, 이것의 표상이야. 즉, 그녀는 마음을 돌리고, 지조가 없으며, 변덕스럽고, 변화한다는 것을 의미하지. 보게, 그녀의 발은 돌고, 돌고 또 도는, 둥근 돌 위에 고정되어 있어.

Pistol And giddy Fortune's furious fickle wheel,

That goddess blind that stands upon the rolling restless stone—

Fluellen By your patience, Ensign Pistol: Fortune is painted blind, with a muffler afore her eyes, to signify to you that Fortune is blind. And she is painted also with a wheel, to signify to you—which is the moral of it—that she is turning and inconstant and mutability and variation. And her foot, look you, is fixed upon a spherical stone, which rolls and rolls and rolls. (3.6.24-31)

위의 인용은 동료 바돌프(Bardolph)가 군율을 어기고 물건을 훔쳐 교수형을 당할 위험에 처하자, 바돌프가 플루엘런 대위에게 선처를 부탁하려고 그에게 가혹한 운명 이야기를 꺼내는 장면이다. 여기서도 운명의 여신은 장님이고, 그녀는 변덕과 변화, 지조 없음의 상징으로 그려진다. 이런 운명의 여신의 특성들은 모두 가부장적 전통에서 여성에게 부여되는 부정적 이미지들인데, 『안토니와 클레오파트라』에서 클레오파트라에 부정적 운명의 여신의 모습이 투영된다.

작품에서 클레오파트라는 운명의 여신이라고 직접 지칭되기 보다는, 안토니가 그녀를 운명의 여신과 동일시한다. 존 로우(John Roe)는 안토니가 클레오파트라를 운명의 구현체로 인식한다는 베빙턴의 말에 동의하며, 안토니는 전쟁에서 승리했을 때는 클레오파트라가 행운을 베풀어준 것처럼 여기며, 전쟁에서 패배했을 때는 클레오파트라가 불운을 던져준 것으로 간주하고 있음을 보여준다(178-79). 안토니가 시저와의 최후의 전투에서 패배한 후 절망과 분노를 표출하는 아래 인용에서 이런 면모가 잘 드러난다.

세 번 변심한 갈보년! 바로 네가
풋내기 [옥타비우스 시저] 한테 나를 팔아먹었고, 내 마음은
오직 너하고만 싸우는구나. 모두 꺼지라고 해.
나의 요부한테 복수만하면
소원이 없어. 모두 꺼지라고 해. 꺼져!
오, 태양이여, 이제 네가 떠오르는 것을 다시는 못 보겠구나.
운명의 여신과 안토니는 여기서 작별이다. 여기서
우리는 이별의 악수를 하는구나.

Triple-turned whore! 'Tis thou
Hast sold me to this novice and my heart
Makes only wars on thee. Bid them all fly;
For when I am revenged upon my charm,
I have done all. Bid them all fly. Begone!
O sun, thy uprise shall I see no more.
Fortune and Antony part here, even here
Do we shake hands. (4.12. 13-20)

클레오파트라는 악티엄 해전에서 전투가 한창일 때 두려워 도망가기는 했지만, 이 최후의 전투에서의 패배는 사실 클레오파트라와 아무런 상관이 없다. 셰익스피어는 이 전투와 관련하여 클레오파트라가 안토니를 배신했다는 설명을 전혀 제공하지 않는다. 따라서 전투패배에 대해 운명의 여신으로서의 클레오파트라가 불운을 준 탓으로 여기기 때문에, 그녀가 자신을 배신하고 전쟁에서 패배하게 함으로써 시저에게 그를 팔아먹었다고 생각하는 것이다. 모든 것이 끝나버린 안토니는 "운명의 여신과 안토니는 여기서 작별이다"고 말하며 이제 운명의 여신 클레오파트라와의 이별을 예감한다.

안토니의 부하 스케이러스(Scarus)는 "안토니께서는 용감하다가도 낙심하시는구나. 격렬히 날뛰는 운명이 그가 가진 것과 가지지 않은 것에 대한 희망과 두려움을 동시에 주는 구나"(Antony/ Is valiant, and dejected, and by starts/ His fretted fortunes give him hope and fear/ Of what he has and has not, 4.12.6-9)라는 언급에서 운명의 여신을 구체적으로 클레오파트라에 위치시킨다(Roe 179). 클레오파트라에 의해 일희일비하고, 클레오파트라에 의해 좌지우지되는 안토니를 보며, 스케이러스는 안토니에게 있어 클레오파트가 변덕스런 운명의 여신이라고 간주하는 것이다. 클레오파트라 자신도 스스로 운명의 여신임을 암시하는 부분이 있다. 안토니가 먼저 죽고, 시저의 포로가 될 위험에 처하자 클레오파트라는 죽음을 택하기로 결심한다. "시저가 되면 뭘 하나. 시저는 운명의 여신이 아니라 그녀의 종이요, 그녀의 의지의 대행자에 불과하지 않는가. 다른 모든 행위들을 끝장내는 그 행동[자살]을 하는 것은 훌륭해"('Tis paltry to be Caesar/ Not being Fortune, he's but Fortune's knave, A minister of her will. And it is great/ To do that thing that ends all other deeds, 5.2.2-5)라는 말에서 클레오파트라는 시저의 승전의 장식물로 들러리가 되기보다는, 차라리 죽음을 택하여 오히려 그를 자신의 들러리로 만들려는 의도를 밝힌다. 시저의 온갖 회유노력에도 불구하고 클레오파트라는 자살에 성공하며, 시저는 클레오파트라를 안토니의 곁에 묻고 장례를 치러준다. 결국 시저는 "유명한 한 쌍"(a pair famous, 5.2.360)의 들러리가 된 셈인데, 클레오파트라는 운명의 여신이요, 시저는 운명의 여신의 대행자가 된 것이다.

『안토니와 클레오파트라』에서 클레오파트라가 운명의 여신으로 그려지듯, 엘리자베스 여왕 역시 당대인들에게 운명의 여신으로 비춰졌다. 신격화 전통에서 엘리자베스는 운명의 여신도 그녀를 건드리지 못하고 변화(mutability)를 이겨내는 불멸성을 획득한 것으로 찬양되지만(Hackett 123), 한편으로 그녀는 운명의 여신의 구현, 전형으로 여겨졌다. 엘리자베스의 신하들은 그녀의 권위에 복종해야 할 필요성을 받아들였지만, 참지 못하고 자기주장을 하고 싶은 순간들을 경험했다. 롤리는 「씬시아에게 가는 바다」("Ocean to Cynthia")에서 공로가 공평하게 보상받지 않는다고 불평했는데, 여왕의 보상이 공로보다는 일시적 기분에 의한 것임을 암시해준다. 다른 시에서는, 운명의 여신이 그의 사랑을 정복했는데, 그녀가 지혜의 눈으로 보았다면 그의 사랑은 영원히 지속되었을 것이지만 그녀는 눈이 멀었다고 불평했다. 그녀에게 바친 찬사 시에서 에섹스 백작(Earl of Essex)도 암시적으로 그녀가 그를 대하는 불공평한 태도에 대해 불평했다. 엘리자베스는 1593년에 자신의 번역 작품에서 운명의 여신 앞에 굴복할 것을 주창했고, 운명의 여신의 영향에 대해 한탄한 롤리의 시의 응답 시에서 "운명의 여신이 지배를 참을 것이라고 생각하지 말라"(never think that fortune can beare sway)고 경고한다(Norbrook 136-37).[8] 이렇게 궁정인들은 엘리자베스 여왕을 운명의 여신

8) 엘리자베스 여왕이 운명의 여신에 복종할 것을 권하는 것은 르네상스시대 영국인들과 작가들에게 상당한 반향을 일으켰던 마키아벨리(Machiavelli)의 권고와 대조적이다. 마키아벨리는 "운명이란 우리의 행동의 반만 주재할 뿐 대략 나머지 반은 우리의 통제에 달려있다 있다. …… 운명의 여신은 여성이고 만약 당신이 그 여성을 손아귀에 넣고 싶어 한다면 그녀를 거칠게 다루는 것이 필요하다. …… 운명의 여신은 여성이기 때문에 그녀는 항상 젊은 남성을

에 비유했고 여왕 자신도 암묵적으로 운명의 여신과 동일시한다.

롤리와 에쎅스가 여왕의 임의적인 보상에 대해 불평했는데, 클레오파트라 역시 임의적으로, 일시적 기분에 따라 신하를 벌하고 보상을 내린다. 클레오파트라는 전령이 좋은 소식을 전하면 황금을 많이 주겠노라고 하다가, 결국 안토니의 결혼소식을 알리자 화가 폭발하여 무고한 전령을 여러 차례 때리다가 칼까지 빼든다(2막 4장). 이후 전령을 다시 불러 옥타비아의 생김새를 물었을 때 전령이 부정적으로 묘사하자, 클레오파트라는 기뻐하며 상으로 돈을 주고, 그가 가장 적당한 인물인 것 같다며 다시 전령으로 기용한다(3막 3장). 키스 라인하트(Keith Rinehart)가 지적하듯, 전령을 여러 차례 때린 것은 엘리자베스가 시녀(maids of honor)들의 뺨을 때리고, 훨씬 더 중요한 사람들의 귀를 때렸던 것을 뚜렷이 연상시킨다. 그리고 클레오파트라가 시녀 차미언(Charmian)에게 "이시스 여신에 두고 맹세하건데, 너의 이를 부러뜨리고 말겠다"(By Isis, I will give thee bloody teeth, 1.5.70)고 하는 협박은 엘리자베스가 시녀를 거칠게 다루어 손가락을 부러뜨린 일화와 연결된다(85).

『안토니와 클레오파트라』와 비슷한 시기에 씌어진 『아테네의 타이먼』(*Timon of Athens*)도 셰익스피어가 운명의 여신을 묘사할 때 엘리자베스 여왕을 의식했을 가능성을 보여준다. "시원스레 높은 산위의 왕좌에 위치한 운명의 여신"(upon a high and pleasant hill/ Feigned Fortune to be throned, 1.1.68-69)에 대해 코펠라 칸(Coppélia Kahn)은 제임스 1세 왕을 나타낸다고 주장한다.[9] 이 작품이 집필된 시기는 1605년에서 1608년 무렵으로 제임스 왕 통치

좋아하는 것은 분명하다"(fortune is the arbiter of half our actions, but that it let us control roughly the other half …… fortune is a woman, and if you want to control her, it is necessary to treat her roughly …… Since fortune is a woman, she is always well disposed towards young men"(*The Prince* 85-87)고 말한다. 마키아벨리가 '남성' 군주의 적극적 운명개척을 독려하기위해 운명의 여신을 거칠게 다루어 통제할 것을 주장하는 것과는 달리, 엘리자베스 여왕은 운명의 여신에 복종할 것을 권고하는데, 이는 자신이 신하들에게 운명의 여신으로 비유되고 있음을 인식했기 때문일지도 모른다.

9) 칸은 산위의 왕좌에서 나오는 후함(bounty)의 근원은 제임스 1세 왕이며, 타이먼은 사망 시 어마어마한 부채를 남긴 솔즈베리 백작(Robert Cecil, Earl of Salisbury)을 암시한다고 주장한다. 스코틀랜드에서 온 제임스 왕은 정치적 기반 확보를 위해 신하들에게 과도하게 보상을 베풀었고, 왕의 부채는 전쟁 없는 평화로운 시기 5년 후에, 오랜 전쟁을 겪은 엘리자베스가 남긴 부채의 6배가 되었다. 재상 아버지를 이어받은 솔즈베리 백작 세실은 영국에서 가장 부유한 사람 중의 하나였지만, 씀씀이가 지나쳐 49세에 사망할 때 그의 부채는 어마어마했다.

기이지만, "하얀 손을 흔드는" "이 지고의 부인"(with her ivory wafts, this sovereign lady, 1.1.73-75)인 운명의 여신은 남성 제임스 왕보다는 엘리자베스 여왕에게 더 적합해 보인다. 또한 "운명의 여신이 변덕이 나서 마음을 바꾸어, 그녀가 최근 총애하던 사람을 차버렸다"(Fortune in her shift and change of mood/ Spurns down her late beloved, 1.1.89-90)는 부분은 롤리와 에쎅스 백작을 암시하는 듯 보인다. 그들은 각각 다른 시기에 누구보다 더 총애 받다가, 여왕이 어느 순간 '변덕이 나서' 총애하던 그들을 '차버려' 롤리는 감옥에 투옥되고, 에쎅스는 대역죄로 처형되었다. 따라서 『안토니와 클레오파트라』에서처럼 『아테네의 타이먼』에서의 운명의 여신은 엘리자베스 여왕을 나타내는 듯 보인다.

르네상스시기에 엘리자베스 여왕은 운명의 여신에 비유되었는데, 『안토니와 클레오파트라』에서 클레오파트라를 운명의 여신에 비유함으로써 클레오파트라와 엘리자베스 여왕은 유비관계를 이룬다. 신하들을 처벌하기도 하고, 신하들에게 총애와 보상을 베풀기도 하는 군주는 행운과 불운을 인간에게 내리는 운명의 여신과 자연스럽게 연결될 수 있을 것이다. 그러나 엘리자베스가 운명의 여신으로 비유될 때는 주로 장님이어서 운명을 마음대로 변덕스럽게 내리는 부정적 면과 연결된다. 클레오파트라가 안토니에게 미치는 영향에서 그녀는 "격렬히 날뛰는 운명"(His fretted fortunes, 4.12.8)으로 인식되었듯 말이다. 셰익스피어는 『안토니와 클레오파트라』에서 이런 부정적인 운명의 여신의 속성을 클레오파트라-엘리자베스에 투영시킴으로써 엘리자베스 여왕을 비판적으로 묘사하고 있다.

Ⅳ

엘리자베스 여왕에 대한 셰익스피어의 부정적 재현은 여왕에 대한 신격화 시도에 대한 비판과 연결된다. 『안토니와 클레오파트라』에서 안토니는 클레

채권자들은 런던의 상인과 투자가들뿐만 아니라 자신의 집 관리인들과 친구들, 법률가, 소상인, 과부까지 포함되었다고 한다(41-47).

오파트라를 다양한 이름으로 부르다가 마침내 "페어리 여왕"(great fairy, 4.8. 12)이라고 부른다. 물론 약간 변형된 어형이기는 하지만 문맥상 페어리 여왕의 의미와 유사하다. 1590년에 처음 출간된 『페어리 여왕』(*Faerie Queene*)에서 스펜서가 엘리자베스 여왕을 페어리 나라의 여왕 글로리아나(Glorina)로 비유하며 찬양한 이후, 페어리 여왕은 일반적으로 엘리자베스 여왕을 가리키게 되었다. 페어리 여왕 언급을 할 때 셰익스피어 역시 엘리자베스 여왕을 염두에 두었을 것이다. 그러나 셰익스피어는 그의 작품들에서 페어리 여왕에 대해 긍정적으로 그리지 않는다. 셰익스피어의 경력 말기 로맨스극으로 넘어가지 직전에 집필된 『안토니와 클레오파트라』에서 '페어리 여왕' 클레오파트라는, 앞에서 살펴보았듯, 엘리자베스 여왕에 대한 부정적 담론들을 담고 있다.

페어리 여왕이 언급된 전성기 희극에서도 페어리 여왕을 부정적으로, 때로는 풍자적으로 그리고 있다. 1597년 무렵 씌어진 『윈저의 즐거운 아낙네들』(*Merry Wives of Windsor*)에는 명백히 엘리자베스 여왕을 떠올리게 하는 "페어리 여왕"이 등장한다. 피터 에릭슨(Peter Erickson)은 이 작품에서 셰익스피어의 여왕 숭배를 읽어낸다. 돈을 노리고 그들에게 접근하는 폴스타프(Falstaff)를 혼내주기 위해 현명한 작전을 세우고 실행하는 윈저의 두 부인은 엘리자베스 여왕을 나타내고, 여성적 힘을 보여주어서, 이 작품은 엘리자베스 숭배에 기여한다는 것이다(116-40). 그러나 존슨의 『연금술사』(*Alchemist*)에서 사기꾼 써틀(Subtle) 일당이 페어리 여왕으로 변장하여 법원 서기 대퍼(Dapper)를 속이고 그의 돈을 갈취하는 이야기에서 보듯, 윈저의 부인들이 자신의 의도를 이루기 위해 마을 주민으로 하여금 페어리 여왕으로 변장하게 하는 것은 잘못 이용될 양면성을 보인다. 또한 숲속에서 흰 옷을 입고 페어리 여왕 역을 하는 퀴클리(Mistress Quickly)라는 인물에 주목해 볼 필요가 있다. 그녀는 엘리자베스처럼 나이든 '처녀'인데, 수다스럽고, 코믹하며, 중매쟁이 노릇을 하는, 엘리자베스 여왕의 소위 '정숙한 처녀성'과는 거리가 먼 인물이다. 따라서 이 작품에서 여왕 찬양을 읽어내기에는 무리가 있다.

『한 여름 밤의 꿈』(*A Midsummer Night's Dream*)에서도 페어리 여왕이 등장하는데, 이 작품에서의 페어리 여왕 역시 논란이 되는 인물이다. 일반적으로 페어리 왕 오베론(Oberon)이 팬지꽃(love-in-idleness)이 생겨난 유래를 설명하는 부분에서 “서쪽나라 옥좌에 앉아 계신 아름다운 처녀여신 베스타”, “큐피드의 맹렬한 화살도 달의 정결한 빛에 누그러지고”(fair vestal throned by the west, Cupid's fiery shaft/ Quenched in the chaste beams of the watr'y moon, 2.1.158-62.) 등의 언급은 엘리자베스 여왕에 대한 찬사로 여겨진다. 루이 몬트루즈(Louis Montrose)는 이 부분에서의 셰익스피어의 찬사는 엘리자베스에게 개인적으로나 정치적으로 해로운 성과 권력의 관계에 제재를 가하는 방식에서 처녀 여왕의 숭배를 재-신화화하고 있다고 주장한다(81-82). 여기서 셰익스피어는 당대의 많은 작가들처럼 엘리자베스의 처녀성을 찬양하는 듯 보인다.

그러나 『한 여름 밤의 꿈』 전체에서 이 한 부분만으로 셰익스피어가 엘리자베스 여왕 신화 만들기에 동참했다고 보기는 힘들다. 작품 전체에서 ‘페어리 여왕’이라는 단어가 여러 번 반복적으로 언급되는 것에 주목할 필요가 있다. 페어리 여왕 티타니아(Titania)는 자신이 아끼는 인도소년을 놓고 오베론과 다툼을 벌이다가, 오베론의 계략으로 당나귀에게 욕정을 느끼며 그와 사랑에 빠진다. 당나귀로 변해버린 보텀(Bottom)은 “그 바보 녀석들 중 가장 우둔한 녀석”(The shallowest thickskin of that barren sort, 3.2.13)이다. 페어리 여왕이 이런 당나귀와 우스꽝스런 사랑에 빠지는 설정은 작가의 숨은 의도인 듯 보인다. ‘fairy’라는 단어를 제외하고도, 정확히 ‘Faerie Queene’이라고 부르는 호칭은 작품 전체에서 네 번(2.1.8, 2.2.12, 3.1.80, 4.1.75) 언급된다. 반복적으로 그 호칭을 부름으로써 셰익스피어는 독자들에게 끊임없이 현실의 ‘페어리 여왕’ 엘리자베스를 떠올리게 한다. 소년 시동 때문에 남편과 다툼을 벌이다 당나귀와 우스운 사랑에 빠지고, 해독 즙을 먹고서 제정신으로 돌아와 결국 남편에게 복종하는 페어리 여왕은 분명 긍정적 인상을 주지는 않는다. 따라서 이 작품이 여왕 숭배에 기여한다기보다는, 페어리 여왕에 대한 부정적 묘사를 통해 셰익스피어는 엘리자베스 여왕을 비판하고 있다고 생각된다.

이렇게 셰익스피어는 후기 로마사극인 『안토니와 클레오파트라』 뿐만 아니라, 여왕 생존 시에 쓴 희극에서도 엘리자베스에 대한 비판적 관점을 보여준다. 그런 점에서 셰익스피어의 여왕 비판은 일관성을 지닌다. 페어리 여왕을 통한 엘리자베스 비판은 당대의 예술가들, 특히 스펜서의 엘리자베스에 대한 찬양을 비판적으로 보고, 페어리 여왕 에피소드를 통해 이를 패러디하고 있는 듯 보인다.[10] 영문학사에서 셰익스피어 이전의 가장 걸출한 작가라고 할 수 있는 스펜서에 대한 셰익스피어의 거리두기는 '영향의 불안'이라는 또 다른 측면을 암시해 준다. 블룸은 '영향의 불안' 이론을 통해 기성 시인이 새로 등단하는 신인에게 어떤 영향을 주는가에 대해 설명한다. 후발 시인이 선배 시인을 향한 태도는 양면적인데, 후발시인은 선배시인에 대해 존경의 마음과 동시에 독창적이어야 한다는 강박관념을 가지고 있다. 그래서 선배 시인을 시기하고 질투하여 그를 부정하기도 하지만, 후발 시인은 자신의 문학적 아버지와 경쟁하는 데에 성공하지 못하리라는 불안을 겪을 수밖에 없다는 것이다(5-45).

블룸은 '영향의 불안'에 대한 연구에서, 셰익스피어는 극문학에 있어 경쟁자가 될 만한 선배 작가가 없기 때문에 영향의 불안을 받지 않은 것으로 여기고, 이 논의에서 제외시키고 있다. 그러나 기본적으로 모든 작가는 기존 작가들의 문학적 성취를 뛰어넘으려는 욕구를 가지고 있으며, 기존의 문학과 자신의 문학과의 차별성을 시도한다. 스펜서가 자신의 로맨스 서사시를 쓰면서 영향 받은 이탈리아의 아리오스토(Ariosto)와 타소(Tasso)를 "능가"(overgo)하려고 노력했듯 말이다(Norbrook 99). 시, 산문, 연극, 역사 이야기 등 모든 장르의 다양한 출전을 광범위하게 끌어 온 셰익스피어 역시 자신이 참고한 다른 작가들에 대한 '영향의 불안'을 보이는데, 『트로일러스와 크레시다』(*Troilus and Cressida*)가 대표적 작품이라고 볼 수 있다. 이 작품에서 셰

10) 셰익스피어는 『아테네의 타이먼』의 등장인물인 시인과 화가를 통해서도 엘리자베스 여왕에 대한 찬양 경향을 비판한다. 이름은 없이 그냥 시인과 화가인 이들은 각각 시와 그림을 타이먼에게 바치고 후원을 받는 인물인데, 셰익스피어는 어쩌면 이들에게 스펜서와 화가 힐리어드(Nicholas Hilliard)를 투영시켰는지도 모른다. 이들은 각각 시와 그림으로 엘리자베스 여왕을 찬양하고 그녀의 신격화에 기여를 하여, 스펜서는 추밀원 직원(clerk of the Privy Council)의 급료에 맞먹는 상당한 금액인 연간 50파운드의 연금을, 힐리어드는 40파운드의 연금을 여왕으로부터 하사받는다(Frye 145-46). 『아테네의 타이먼』의 마지막에서 동굴까지 찾아와 황금을 얻어 보려고 하는 시인과 화가에게 타이먼이 욕을 하며 돌을 던져 내쫓게 함으로써, 셰익스피어는 이들을 단죄하고, 예술가들의 지나친 후원추구를 비판하고 있다.

익스피어는 호메로스(Homer)의 영웅 아킬레스를 비열한 인물로 바꾸고, 트로이 전쟁의 "모든 것은 갈보와 오쟁이 진 남편 사이의 일이다"(All the argument is a whore and a cuckold, 2.3.71)며 패러디를 통해 『일리아드』(*Iliad*)를 다시 쓴다. 또한 동시에 초서(Chaucer)의 장편 비극 시 『트로일러스와 크리세이드』(*Troilus and Criseyde*)를 희극적 문제극으로 바꿈으로써 초서와도 거리를 둔다.[11] 셰익스피어는 『한여름 밤의 꿈』의 극중극에서 오비디우스(Ovid)의 피라무스(Pyramus)와 시스비(Thisbe)의 비극적 사랑이야기를 익살희극(burlesque comedy)으로 바꾸기도 했다. 셰익스피어의 소네트에서 유명한 '검은 피부의 여인'(Dark Lady)으로 대변되는 페트라르카 전통에 대한 거리두기와 풍자는 유사한 측면에서 이해될 수도 있다.

셰익스피어는 이렇게 종종 기존 대가들의 작품을 변형시켜 패러디하고 풍자하며 다시 쓰는데, 이를 통해 그는 기존 문학과의 차별성을 시도하고 자신만의 독창성을 획득한다. 셰익스피어의 페어리 여왕 에피소드를 통한 엘리자베스 여왕 비판은 스펜서에 대한 거리두기와 차별화 시도의 일환으로 이해할 수 있다. 블룸은 자신이 영향 받은 선배 작가를 비난하고 부정함으로써 자기 작품의 독창성을 획득하려는 후발시인의 노력을 "악령화 혹은 반(反)숭고화"(daemonization or the counter-sublime, 100)라고 명명한다. 물론 셰익스피어의 스펜서와의 거리두기는 정도에 있어 블룸이 말하는 정도까지는 가지 않았지만, '영향의 불안'을 보여주는 예로 타당해 보인다. 유사하게, 『안토니와 클레오파트라』에서 클레오파트라의 비너스, 운명의 여신으로서의 면모를 통해 엘리자베스 여왕을 비판하는 것은 당대의 주류 전통, 즉, 여왕 숭배 작업에 대한 거리두기인 동시에, 그 중심에 있는 스펜서에 대한 거리두기와 스펜서에 대한 '영향의 불안'의 징후라고 해석할 수도 있다.

---

11) 리처드 힐만(Richard Hillman)은 『셰익스피어의 문제극』(*William Shakespeare: The Problem Plays*)에서 셰익스피어가 초서와 호메로스를 비트는 방식에 대해 자세히 논하고 있다(17-53).

V

이상에서, 셰익스피어의 『안토니와 클레오파트라』에서 클레오파트라에 투영된 엘리자베스 여왕의 부정적 모습을 살펴보았다. 클레오파트라는 비너스에 비유되고, 안토니를 처음 만날 때 그녀 스스로도 비너스 여신으로 보이게 꾸민다. 좀 더 젊은 시절의 엘리자베스 여왕도 후계자 생산을 위해 결혼을 바라던 사람들에 의해 사랑의 여신 비너스의 모습으로 그려지곤 했다. 그러나 비너스 여신은 신화 속의 부정적 측면을 피할 수 없는데, 안토니는 마스에, 클레오파트라는 비너스에 비유됨으로써, 그들은 신화처럼 육욕에 사로잡힌 모습으로, '부적절한' 사랑의 산물인 그들의 자식들은 사생아로 묘사된다. 엘리자베스도 즉위 이전부터 후기까지 궁정 신하들과의 '부적절한' 관계와 사생아 출산 소문이 무성했다.

비너스 여신으로서의 클레오파트라의 여성적 모습뿐만 아니라, 이집트 군주로서의 남성적 면모에도 엘리자베스 여왕의 모습이 투영된다. 전쟁의 결과는 정반대이지만, 스페인의 무적함대가 영국을 침입했을 때 틸버리 전투에 직접 참여했던 엘리자베스 여왕처럼, 클레오파트라는 악티엄 해전에 참전한다. 엘리자베스의 틸버리 연설은, 참전을 말리는 이노바버스와의 논쟁에서 클레오파트라의 참전논리와 유사한데, 두 사람 모두 군주로서의 남성적 몸을 상정한다. 가장 남성적 영역인 전쟁에 여성이 참여하여 지휘하는 것에 대한 남성들의 불안을 셰익스피어는 환관과 시녀가 이 전쟁을 이끈다는 소문에 대한 언급 속에 담고 있다.

클레오파트라는 안토니에게 행운과 불운을 부여하는 운명의 여신으로 여겨지고, 신하들에게도 변덕스럽게 운을 부여해, 운명의 여신의 속성을 보인다. 엘리자베스 여왕 역시 당대에 신하들의 운을 좌우하는 운명의 여신으로 비춰졌다. 셰익스피어가 운명의 여신을 그릴 때 엘리자베스 여왕을 염두에 두었다는 것은 비슷한 시기에 씌어진 『아테네의 타이먼』에서 운명의 여신에 대한 시인의 묘사에서도 드러난다. 셰익스피어가 그리는 운명의 여신은 대체로 가부장적 여성혐오전통에서 그리는 부정적 속성을 그대로 보여준다. 그녀는 눈이 멀어 행운과 불운을 분별력 있게 내리지 않고 기분

따라 무작위로 내려주며, 지조 없음과 변화와 변덕의 상징으로 그려진다. 엘리자베스 여왕이 클레오파트라에 투영될 때도 마찬가지의 부정적 면모를 담고 있다.

셰익스피어는 당대의 엘리자베스 신화 만들기에 적극 동참하지 않았고, 오히려 여왕에 대한 부정적 재현이 우세하다. 『안토니와 클레오파트라』에서도 클레오파트라에 엘리자베스 여왕에 대한 부정적 담론들을 담아내고 있다. 그리고 클레오파트라는 페어리 여왕이라고 불리는데, 셰익스피어는 희극에서도 페어리 여왕에 대한 에피소드를 다루며 엘리자베스에 대한 부정적 재현을 투영시킨다. 『안토니와 클레오파트라』에서 클레오파트라의 비너스, 운명의 여신으로서의 면모를 통해 엘리자베스 여왕을 비판하는 것은 당대의 주류 중심 경향, 즉, 여왕 신격화 작업에 대한 비판이고, 『페어리 여왕』을 통해 엘리자베스에 대한 신격화 작업에 기여한 스펜서에 대한 거리두기이며, 나아가 셰익스피어 이전의 가장 두드러진 문학적 대가인 스펜서에 대한 '영향의 불안'의 징후로 보여 진다.

참고문헌

Bloom, Harold. *The Anxiety of Influence: A Theory of Poetry*. Oxford: Oxford UP, 1973.

Cavanagh, Sheila. "The Bad Seed: Princess Elizabeth and the Seymour Incident." *Dissing Elizabeth: Negative Representations of Gloriana*. Ed. Julia M. Walker. Durham: Duke UP, 1998. 9-29.

Elizabeth Ⅰ. "Speech to the Troops at Tilbury." *The Norton Anthology of Literature by Women*. Eds. Sandra M. Gilbert and Susan Gubar. New York: Norton, 1996. 597.

Erickson, Peter. "The Order of Garter, the cult of Elizabeth, and class-gender tension in *The Merry Wives of Windsor*." *Shakespeare Reproduced*. Eds. Jean Howard and Marione O'Connor. New York: Routledge, 1990. 116-40.

Frye, Susan. *Elizabeth Ⅰ: The Competition for Representation*. Oxford: Oxford UP, 1993.

Hackett, Helen. *Virgin Mother, Maiden Queen: Elizabeth Ⅰ and the Cult of the Virgin Mary*. New York: St. Martin's, 1995.

Hillman, Richard. *William Shakespeare: The Problem Plays*. New York: Twayne, 1993.

Jordan, Constance. "Representing Political Androgyny." *The Renaissance Englishwoman in Print*. Eds. Anne Haselkorn and Betty Travitsky. Amherst: U of Massachusetts P, 1990. 157-76.

Kahn, Coppélia. "'Magic of bounty': Timon of Athens, Jacobean Patronage, and Maternal Power." *Shakespeare Quarterly* 38.1 (Spring 1987): 34-57.

Levin, Carole. "'We shall never have a merry world while the Queene lyveth': Gender, Monarchy, and the Power of Seditious Words." *Dissing Elizabeth: Negative Representations of Gloriana*. Ed. Julia M. Walker. Durham: Duke UP, 1998. 77-95.

MacCallum, M. W. *Shakespeare's Roman Plays*. London: Macmillan, 1910.

MacCarthy, Jeanne. "Elizabeth Ⅰ's 'picture in little': Boy Company Representations of a Queen's Authority." *Studies of Philology* 100.4 (Fall 2003): 425-462.

Machiavelli, Niccolò. *The Prince*. Eds. Quentin Skinner and Russell Price. Cambridge: Cambridge UP, 2004.

Montrose, Louis. "'Shaping Fantasies': Figurations of Gender and Power in Elizabethan Culture." *Representations* 1.2 (Spring 1983): 61-94.

Norbrook, David. *Poetry and Politics in the English Renaissance*. Oxford: Oxford UP, 2002.

North, Thomas. "Plutarch's Lives of Noble Grecians and Romans." *Narrative and Dramatic Sources of Shakespeare* Vol. 5. Ed. Geoffrey Bullough. New York: Columbia UP, 1964. 254-321.

Rinehart, Keith. "Shakespeare's Cleopatra and England's Elizabeth." *Shakespeare Quarterly* 23.1 (Winter 1972): 81-86.

Roe, John. *Shakespeare and Machiavelli*. Cambridge: D. S. Brewer, 2002.

Shakespeare, William. *Antony and Cleopatra: The Arden Shakespeare*. Ed. John Wilders. London: Thomson, 2003.

_________________. *The Complete Works of Shakespeare*. Ed. David Bevington. New York: Longman, 2007.

_________________. *The Complete Works of Shakespeare*. Eds. Stephen Greenblatt. et al. New York: Norton, 2008.

Shell, Marc. *Elizabeth's Glass*. Lincoln: U of Nebraska P, 1993.

성경에 나타난 여성의 이미지와 예수의 여성이해

박 인 수*

Ⅰ. 서론

그리스도인들은 성경이 거룩한 하나님의 말씀이고 우리의 삶을 온전하게 이끌어주며 이 세상을 이해하는 힘을 주는 원천이라고 생각한다. 이 속에는 인간에 대한 여러 가지 생각, 이미지들이 있으니 특히, 그 중에서도 성경 안에는 여성을 남성에게 예속되는 이차적인 존재로 규정하는 본문들이 있기 때문에 그러한 본문들로 인하여 교회와 사회에서 여성들이 실제로 차별과 억압을 당하며 살고 있다.

그러므로 유구한 역사의 줄기를 타고 내려오는 성경을 대하는 오늘날의 여성들은 갈등 속에서 혼돈하며 방황하기도 하고 도도히 흐르는 역사의 줄기를 박차고 나와 새 움을 트기 위해 산고의 고통을 치루고 있는 듯한 처절한 고통 속에 있는 여성들이 있기도 한다. 혹은 자기만의 신앙을 유지하고 그런 성경역사의 줄기 속에 순응하며 흘러가는 여성들도 있다.

---

* 목원대학교

이렇게 막막한 사막에서 샘을 찾듯이 구약과 신약이라는 성경을 통해 나타난 여성들의 이미지와 예수가 생각하는 여성의 이미지를 탐색하려는 것이 이 글의 목적이다. 또한 지금까지 전통신학에서 이루어진 남성 중심적 사고를 탈피하여 갖가지 성적, 계급적, 종교적 차별을 비판하여 남녀 모두를 차별적 사고에서 해방시키기 위해 성경을 새롭게 연구하는 것이 여성 신학적 연구[1])이므로 여러 여성 신학적 입장에서 성경을 재해석하는 작업으로 여성에 대한 올바른 관점을 살펴보도록 한다.

II. 본론

1. 구약의 여성 이미지

구약성경에서는 다양한 삶 속에서 다양한 모습의 여성들이 있음을 보여준다. 그 예를 들어 이스라엘의 조상 사라와 배두인의 조상 하갈, 라헬과 레아, 미리암, 드보라, 입다의 딸, '동족'과 '복수'에 희생된 삼손의 부인 딤나의 여인, 공동체 의식으로 서로 신실한 룻과 나오미, 한나, 다말, 사울의 후궁 리스바, 여예언자 훌다, 와스디, 에스더 등 다양한 계층, 다양한 삶의 여인들이 구약성경에서 보여지고 있다.

그러나 이런 다양한 삶의 여성들이 있었음에도 구약성경에서 여성의 위치가 매우 낮게 평가되어 있는 것은 널리 잘 알려진 사실이다. 구약성경에서 여성은 인류의 원죄를 유발시킨 죄인이며, 제의에는 참석할 자격조차 없고 인구조사 때는 사람으로 세어지지도 못하는 열등하고 부정한, 또 이방종교에 쉽게 물드는 존재로 묘사되고 있는 것이다.[2])

대전 카톨릭 대학 교수이며 신부인 유홍식은 제관계 문헌(창1:26-27), 야훼

1) 한국여성학회, 「성경과 여성신학」, 『여성신학사상』 제2집, 대한기독교서회, 1995, 6면.
2) 위의 책, 276면.

스트계 문헌(창2:4-25)에 서술한 남자와 여자의 관계에 대하여 네가지로 종합하여 말하였다. 첫째, 남자와 여자로서의 인간은 창조된 모든 피조물의 정점이다. 둘째, 인간-남자와 인간-여자의 동등한 존엄성은 하나님과의 관계에 근원을 두고 있다. 남자와 여자가 하나님의 모습을 동등하게 닮아 하나님과의 관계를 맺고 있는 것이다. 셋째, 인간-남자와 인간-여자는 둘 다 고유한 방법으로 인간 존재의 충만함을 표현하고 있다. 넷째, 인간이 하나님의 모습을 닮은 것은 인간-남자와 인간-여자로서만이 아니라 모든 인간 안에서 다른 이와의 관계 안에서도 닮았다는 것이다. 여성으로 인해 세상에 죄가 들어왔다고 하는 구약성경의 창조 기원에 관한 서술이 여성에게는 치명적이라고 까지 말할 수 있다. 그러나 창세기 1:26-27에서 "우리의 모습을 닮은 사람을 만들자"(창1:26), "남자와 여자로 지어내셨다."(창1:27)에서 인간은 히브리어로 'Adam'이다. 'Adam'은 'Adamah(땅)'에서 파생된 말이다. 아담은 일반적으로 인간을 말하지 남자를 말하는 것이 아니다. 일반적으로 아담을 말할 때 하나님 창조사업의 열매로서의 인간을 뜻하고 남자, 여자의 성구별도 포함하고 있다. 남자와 여자를 구별하여 하나님께서 창조하시고 보시기에 좋았다고 하였다. 바로 이 아담(남자, 여자)이 하나님의 모습을 닮았으므로 남자와 여자는 그 존엄성에 있어서 동등한 것이다.

이와 같이 단적으로 보여진 창조설화가 구약성경 전반 아니 구약, 신약성경 전반에 비쳐지는 여성의 이미지로 굳어졌다고 해도 과언을 아닐 것이다.

구약성경에서 여자는 히브리 종족의 생존을 이어가기 위한 보조적인 존재로 보았다. 따라서 여자의 최대의 가치는 아이를 출산하는 것이고 그 중에서도 아들을 많이 낳는 것이었다. 창세기 16장에 보면 사라가 아이를 낳지 못하므로 몸종 하갈을 아브라함의 소실로 들여보내며, 창세기 29-30장까지를 보면 야곱의 두 아내, 레아와 라헬은 서로 아들을 낳아 바치기 경쟁을 하는데, 각각 자기의 몸종을 야곱의 소실로 들여보내 누가 아들을 더 많이 "야곱에게 낳아주나" 하는 경쟁까지 벌인다. 또한 남자 중심의 혈통을 이어가는 것을 중요시하여 형이 아들이 없이 죽으면 동생이 형수와 결혼해서 형의 대를 이어주어야 했다(신25장).

유대인의 혈통을 이어가는 순수성을 지키기 위해서 이방인들과의 결혼을 금했고(신7:1-4), 비유대계 여인과 결혼해서 낳은 아이는 그 어미와 함께 모두 외국으로 쫓아 버렸다(에9-10).[3]

여자는 남자의 소유물이었다(출20:14). 여자는 일생동안 미성년자 취급을 받아 어려서는 아버지에게 속하고, 결혼해서는 남편에게, 남편이 죽으면 아들에게 속한다. 따라서 여자는 이혼을 제기할 수도 없고, 증인이 될 수도 없고, 재산을 상속받을 수도 없었고, 특별한 경우는 예외로 정했다(민30:1-27; 27:1-11, 36:1-12).

여자는 부정하다고(월경, 출산 등) 규정되었으며 그 부정한 죄가 벗겨질 때까지 근신해야 하고, 근신기간이 지나면 번제와 속죄제를 드리고서야 깨끗해질 수 있는 것으로 되어 있다(레12; 15:1-30). 여자는 악의 근원이요, 인간사회의 불행과 비참함은 여자들이 죄를 지어 그 대가로 받는 저주라고 했다. 따라서 여자들이 고통을 받는 것은 당연하다고 생각했다(호1-3장; 창3장).[4]

구약성경에 나타나는 여성은 이렇게 죄의 근원(창3:12, 16)으로 소유물, 재산목록을 나타냈다.

또한 창세기 기자들에게서처럼 잠언의 기자는 한 남자의 열망을 남자 자신에게서보다는 오히려 남자를 유혹하는 음녀, 이방계집, 미련한 계집, 다투며 성내는 여인에게 있는 것으로 가르친다. 유덕한 여자, 아름다운 여인, 슬기로운 아내, 어진 여인, 지혜로운 여인, 현숙한 여인, 덕행 있는 여자는 "그

3) 이우정, 「교회역사 속에서의 여성사의 흐름」, 『기독교교육』 제255호, 1992, 24면.
4) 위의 책, 24면.

지아비의 면류관"(잠12:4)으로 구체적으로는 밤잠을 안 자면서까지 가족을 위하여 일하는 모습에서 찾아볼 수가 있으며(잠31:11-24), 이러한 여자는 "오직 여호와를 경외하는 여자"(잠31:30)로 남편에 대한 항의나 남편과의 다툼은 그 이유나 방법을 불문하고 터부시 되었으며, 다투는 여인과 함께 사는 것보다는 광야나 움막에서 혼자 사는 것이 더 낫다는 가르침을 통해서(잠21:9) 그런 경우에 아내를 버리는 것을 정당화시키고 있다. 왜냐하면 다투거나 성내는 여인은 "비오는 날에 이어 떨어지는 물방울"처럼(잠19:13; 27:15) 아무런 가치가 없고 오히려 창문이나 처마 밑을 젖게 하는 번거로운 것이기 때문이다.

이는 여성, 아내의 인권이 철저하게 유린된 남성 위주의 가부장적인 사고의 전형적인 모습이다.[5] 여성의 완전하고 신성한 목적은 아내와 어머니가 되는 것으로 잠언의 마지막 장에서는 다음과 같이 말하고 있다.[6]

현숙한 아내는 남편에게 선을 행하고 악을 행치 아니하며 양털과 삼으로 부지런히 옷감을 짜고 먼데서 양식을 구해오며 새벽에 일어나 식구들의 음식을 장만하며…… 허리를 졸라매면서 일하며 밤에도 등불을 끄지 아니하고 집안 사람들이 좋은 옷을 입어 추위가 와도 근심이 없도록 한다. ……남편이 칭찬하기를 덕행하는 여자가 많으나 그대는 여러 여자보다 뛰어나다.

어머니로서의 여성은 상대적으로 높이 평가되고 있다. 어미의 법을 떠나서는 안 되고, 어미를 업신여기는 자는 미련하고 부끄러움을 끼치며 능욕을 부르는 자이며, 어미를 저주하는 자식을 얻지 못하게 되며, 어미 순종하기를 싫어하는 자의 눈은 골짜기의 까마귀에 쪼이고 독수리 새끼에게 먹히게 된다. 더욱이 딸이 어미를, 며느리가 시어머니를 대적하는 것은 말세의 저주받은 징조이다(미7:6).

---

5) 이성희, 「구약 성경 속에 나타난 여성상」, 『기독교사상』 제344호, 1987, 138-140면.
6) 여성을 위한 모임 지음, 『일곱가지 여성 콤플렉스』, 현암사, 1992, 24면.

아내로서의 여성의 위치는 매우 낮으나 어머니로서의(특히 아들을 생산한) 여성의 위치에 대한 평가가 이와 같이 상대적으로 높은 것은 부모와 자식 간의 위계질서를 절대시하는 가부장적인 제도의 특징이다.

구약 성경에는 이와 같이 여성을 온전히 비인간화시킨 이미지가 지배적으로 나타나고 있다. 따라서 일부 급진적인 여성운동가들은 구약성경이 여성문제에 장애가 될 뿐이라고 주장하기도 한다. 나오미 골드버그, 캐롤 크리스트, 메리 데일릿, 쥬딧 플라스코 등이 그들이다.

그러나 구약성경이 여성 억압적 사고를 담고 있기는 하지만 여성해방적 시각도 함께 지니고 있다고 보는 사람들도 있다. 이들은 구약성경에 머무르면서 여성문제를 다루려고 한다. 가령 로즈마리 류터, 레티러셀, 필르스트리블, 엘리자베스 피오렌자 등을 꼽을 수 있다. 그 중에서 대표적으로 꼽히는 사람으로는 로즈마리 류터를 들 수 있는데, 그녀는 성경의 중심된 전통으로 예언자적 해방지향 전통을 들고 있다.

류터에 의하면 예언자적 해방 전통이야말로 여성해방의 전거가 된다는 것이다. 즉 여성신학은 예언자적 해방 규범을 여성을 위해 적용하는 것이며 그 해방 규범 속에서 하나님이 임재 하셔서 억압받는 여성을 포함해서 해방시킬 것을 목표로 하고 있다고 류터는 주장한다.

2. 신약의 여성 이미지

일반적으로 이스라엘 민족은 창조이야기의 기억을 간직하고 있으면서도 '타락' 이후의 역사에서는 그 시대적, 사회적 조건에 따라 가부장제도를 유지하면서 여성을 종속시켰다. 옛시대에 이르기까지 여성들이 여성이라는 이유만으로 문화적으로 또한 심리적으로 얼마나 억압을 받았는지 알 수 있는 것은 유대 남성들의 이혼의 사유만 봐도 알 수 있었다. 그들은 아내가 요리를 망치면 이혼할 수 있다고 가르쳤고, 랍비 아카바는 남자가 자기 아내보다 더 예쁜 여자를 발견하면 그의 아내와 이혼할 수 있다고 가르쳤다.[7] 남성중심의 엄격한 가부장제 유대사회의 남성들은 자신이 이방인으로 태어나지 않은 것과 종이 아닌 자유인의 것, 또한 여성이 아닌 남성으로 태어난 것에 대한 감사기도를 매일 드렸다.

그러나 신약 성경의 '교회'는 결코 그러한 잘난 유대 남자들이나 당시 사회에서 지식이 많고 의인이라 간주되었던 율법학자와 바리새파 사람들에 의해 세워진 것이 아니었다. 예수가 이룩한 교회에는 가난하고 힘없는 자들, 죄인으로 멸시 당하던 비천한 여인들에 의해 시작된 공동체였다. 그의 '교회'는 그가 선포한 '하나님 나라'와 그 나라에 초대받은 하나님의 자녀들, 그리고 예수의 부름에 응답하여 예수와 동행하여 복음을 선포한 제자들에게서 찾아볼 수 있다.

예수의 삶에서 교회란 가난한 자와 같이 먹고 나누는 식탁, 이것이 교회였다. 종교적 · 사회적 · 경제적 차별로 함께 살 수 없었던 사람들과 사랑으로 더불어 사는 공동체, 생활 공동체였다. 예수는 억압당하고 고통 당하는 사람들이 차별 없는 하나님의 자녀와 하나님의 백성임을 선언한다(마5:1-12). 그리고 하나님의 모든 자녀들은 하나님 나라 잔치에 부른다(마22:1-4; 눅14:15-24). 그러나 의인들을 자처하던 이스라엘의 율법학자나 바리새파 사람들은 그 잔치의 부름을 외면했다. 그 잔치에 참여한 것은 도리어 이스라엘 사람들로부터 멸시를 받던 갈릴리의 가난한 어부와 세리, 창녀들이었으며, 가난하고 병들고 보잘 것 없는 자들, 죄인으로 차별 받던 여인들이었다.

사실상 신약성경의 증언을 주목해보면 예수 탄생의 사건에서부터 예수의 활동, 그리고 예수의 십자가 처형과 부활사건에서 드러난 여인들의 행동은 놀랍기 그지없다. 복음서 기자들은 갈릴리의 비천한 여인이었던 마리아가 하나님 나라에 대한 놀라운 인식과 용감한 행동, 그리고 엘리사벳과 연대가

7) Virginia R. Mollenkott, 김옥화 역, 『남녀관계에 대하여 성경은 무엇을 말하고 있는가?』, 문맥, 1981, 9면.

없었더라면 예수 탄생의 역사는 처음부터 일어날 수 없었음을 말해준다.[8] 실제로 예수의 복음을 올바로 믿고 섬기며 따른 제자들은 예수의 남자 제자들이 아니라 갈릴리의 비천한 여인들이었다.

예수의 제자는 결코 남성들로만 구성된 열두 명에 국한된 것은 아니다. 실제 열둘이라는 숫자는 초대 교회가 자신들을 종말적인 참 이스라엘 공동체로, 이스라엘 열두 지파를 대표하는 자들로 내세운 데서 생긴 상징적인 것이다.

로핑크는 예수의 제자단을 분명히 여인들도 함께 속해 있었던 것으로 말하며 제자단과 열두 제자단을 동일시한 것은 마태가 처음으로 체계화한 것이라고 말한다.[9] 또한 누가복음에 의하면 예수의 초기 활동에서부터 막달라 마리아, 요안나와 같이 병고에 시달리다가 예수로부터 고침을 받은 여인들이 예수를 섬기고 따른 것으로 나타난다. 그 여인들은 갈릴리에서 예루살렘에 이르기까지 예수의 복음 선포에 동행하고 있다(눅8:1-3).

예수의 남자 제자들은 예수가 십자가를 지려는 의도를 제대로 인식하고 못하고 그 길을 막으려 하였고, 한시도 깨어 기도하지 못하고 잠을 잤으며(막14:32-42), 대제사장들과 바리새인들이 흉계를 꾸며 예수를 죽이려 하던 상황에서 어느 이름 없는 여인은 십자가를 향하는 예수가 메시아임을 인식하고 그의 머리에 기름을 붓고, 예수의 장례를 예비한다(막14:1-9). 또한 베드로를 비롯한 모든 제자들이 예수를 배반하며 부인하고 도망쳤으나 갈릴리로부터 예수를 따른 여인들은 예수의 처형을 끝까지 지켜보고 무덤을 찾아가서 부활한 주를 만나고, 부활의 첫 증인이 되어 선포하였다.

성경의 기자들이 가부장제적 사회에 살아가던 남성들이었지만 예수 사후

8) 최영실, 「새 역사 탄생을 위해 산고를 겪은 여인들」, 『기독교 사상』 제443호, 1995, 179-191면.
9) Lohfink, 정한교 역, 『예수는 어떤 공동체를 원했나』, 왜관: 분도출판사, 1987, 61-62면.

초대교회 안에서 부활 사건을 증언하며 사도와 예언자, 교사, 제자, 교회의 지도자로 활동하던 여인들의 활동을 기록하지 않을 수는 없었다. 초대 교회 당시 실제로 베드로와 바울만이 아니라 많은 여인들이 그리스도의 부활을 증언하는 사도로, 예언자로, 교사로 활동한 사실을 알 수 있다.

그러나 이러한 초대교회 여성들의 복음 사역은 왜곡된 성경 번역과 해석으로 축소되어 왔고, 제도화된 교회 전통에서 간과되어 왔다. 본래 초대 교회에서의 사도직은 오늘날과 같이 관료화된 교회의 직제가 아니었으며, 안수나 성례에 의해 임명받는 것이 아니었다. 또 사도는 열두 명에 국한되지 않았으며, 그들이 죽으면 다른 사람을 다시 임명해야 하는 직책 수행자들도 아니었다. 사도의 수를 '열둘'로 제한하고 가룟 유다 대신 맛디아를 선발한 것(행1:15-26)에 관한 보도는 제3세대에 이르러 교회의 전통의 필요성 때문에 생겨난 전설이다.[10)]

사도행전의 저자 누가는 예수가 부활한 후 사도들에게 여러 차례 나타나고, 사도들에게 예루살렘을 떠나지 말고 성령을 받은 후 예루살렘과 온 유대와 사마리아와 땅끝까지 자신의 증인이 되라고 명한 다음 승천한 사실을 기록하고 있다(행1:1-11). 그리고 예수의 승천을 지켜 본 사도들은 예루살렘으로 돌아와 그들이 묵고 있던 다락방에서 여인들과 예수의 어머니 마리아, 예수의 동생들과 함께 마음을 모아 기도하였음을 언급했으며(행1:12-14), 오순절 마가의 다락방에 모인 남녀 무리들이 똑같이 성령을 받게 된 사실을 보도한다(행2:1-13).

누가복음의 기록에 의하면(눅23:49-24:53) 오순절에 성령을 받은 여인들은 분명히 갈릴리로부터 예수를 따르며 섬기다가 예수의 부활을 목격하고 이를 제자들에게 증언했던 '갈릴리의 여인들'이다. 누가복음 기자는 요엘서를 인용하여 이 여인들이 남자들과 똑같이 종말적 사건인 성령을 받고, 하나님의

---

10) Rudolp Bultmann, 허혁 역, *Theologie des Neuen Testments*, 『신약성경 신학』, 성광문화사, 1987, 56-57면.

말씀을 증언하는 사도로 택함 받았다는 사실을 확증한다.

그럼에도 불구하고 남자들은 초대교회에 아무리 여인들이 남자들과 동일하게 성령을 받았을지라도 복음사역에 있어서 남자 제자들은 복음을 선포하고 여인들은 그 남자 사역자를 돕는 보조자로 일하였을 것이라는 추측을 한다. 그러나 누가복음은 이미 예수가 탄생하기 전에 예수의 탄생을 예언한 '안나'라는 여성 예언자가 있었음을 기록하고 있다. 또한 사도행전 21:9에 전도자 빌립의 네 딸은 모두 하나님의 뜻과 말씀을 대언하는 '예언자'로 활동했음을 알려준다.

복음서에 나타난 예수는 평범함을 넘어서 당시 사회에서 차별받던 무리들과 이방인 또한 여성들에게 관심을 가졌는데 그것은 당시에 엄격한 율법과 제사장 중심의 유대교에 대한 비판적 행동으로 나타났다. 예수의 이러한 비판적 언행은 당시 사회에서 가장 비천했던 여성들로 하여금 예수를 따르고 섬기는 제자가 될 수 있는 동기를 제공하였다.

신약 성경의 절반을 차지하는 글을 쓴 바울은 차별 없는 그리스도의 복음을 선포했지만 다른 한편으로는 교회 안에서 여성들이 침묵할 것을 명하면서 여성을 차별하는 근거를 주었다는 오해를 받고 있다. 그것이 바울이 고린도전서에서 여자들이 기도하고 예언하는 일과 관련하여 머리에 너울을 쓰라고 말한 본문(고전11:2-16)과 교회 예배 때 무엇을 알기 위해 시끄럽게 떠들던 여인들에게 잠잠하라고 말한 본문(고전14:34-35)을 올바로 이해하지 못한 데서 생긴 오해들이다.

바울 이후 점점 더 교권화된 교회들은 바울의 진술이 어떠한 상황에서, 왜, 무슨 목적으로 쓰여진 것인지에 대한 올바른 파악 없이 단지 문자적으로 바울의 말을 인용하면서 교회 안에서 여성을 차별하고, 여성의 복음 사역의 길을 가로막아 왔다. 그러나 최근 여성 신학자들은 바울의 본문이 당시 고린도교회의 특수한 정황 속에서 복음의 진리를 거스르며, 그들 자신만이 영을 받았다고 자처하고 교회 예배 때 공동체의 질서를 깨뜨리고 있던 남녀 신도들 모두에게 똑같이 복음의 진리에 복종하며, 다른 사람에게 덕을 세울 것을 요구한 말이라는 점을 밝혀내었다.[11)]

물론 바울의 이 진술을 당시 영지주의자들의 영향을 받은 그리스도인들이 방종적인 행동을 함으로써 당시 사람들로부터 비난받을 것을 염려한데서 비롯된 것이기도 했다. 또한 그것은 바울이 이방 세계에서 그리스도교 선교를 염두한 것이기도 하다. 바울은 결코 여성을 비하하거나, 무조건 침묵과 복종을 강요하며 여성을 교회 제도와 직제로부터 배격하지 않았다. 도리어 그는 남녀를 막론하고 모든 사람이 덕을 세우며, 복음을 전하는데 열성을 가지라고 당부한다(고전14:39-40).

실제로 성경에서는 바울 자신이 여성인 브리스가를 그 자신의 복음 사역의 '동역자'로 삼고, 에베소까지 동행한 사실을 듣게 된다(행18:1-29; 롬16:3). 바울은 여사도인 유니아를 극찬했으며(롬16:7), 교회의 지도자와 목사로 활동하던 여인 뵈뵈를 로마교회에 소개하며 그녀에게 아낌 없는 후원을 하라고 당부한다(롬16:1-3). 바울은 로마서 말미에 수록한 편지들에는 복음을 위해 교사와 예언자와 선교자로 수고한 여인들에게 특별한 안부를 보낸다(롬16:1-16). 그 뿐 아니라 바울은 그보다 먼저 복음 선교를 담당했던 여인들의 이름과, 복음을 위해 감옥에 갇히고 고난을 당한 여인들에 관해 언급하며 찬사를 보낸다(롬16:4).

결국 이렇게 볼 때 헬레니즘 세계에 세워진 교회들은 단지 바울이나 실라와 같은 남성 제자 뿐 아니라, 복음을 위해 수고한 여성 사역자들에 의해 튼튼히 자리 잡게 되었음을 알게 된다.

11) E. S. Fiorenza, 「바울로 공동체의 남녀평동」, 이우정 편, 『여성들을 위한 신학』, 천안: 한국신학연구소, 1998, 200-220면.

3. 예수의 여성이해

성경에 언급된 예수를 따르는 여인들에 대한 내용을 보면, 이는 그 당시에 유래가 없는 일이었다. 예수는 여인들에게 제자직을 허용함으로써 관습을 의도적으로 탈바꿈시킨다. 예수는 하나님 앞에서 여인을 남자와 동등한 지위에 놓았다. 그에게서 서열이나 차별은 지양된다. 하나님 안에서 서로가 서로에게 봉사하는 형제자매일 뿐이다. 예수에게서는 부권적 태도나 가치체계들이 합법성을 얻지 못하였다. 복음서에서의 예수의 태도는 가부장적 법질서와 관습으로부터 여성들을 해방시키는 계기가 되고 있다.[12)]

예수는 한 번도 당시의 법과 제도와 관습을 염두하면서 체제에 순응하라고 말하지 않는다. 그는 도리어 하나님 나라의 복음을 위해 불의한 권력자들에 대항하며, 힘없는 자들과 여인들을 억압하는 불의한 권력자들에 대항하며, 힘없는 자들과 여인들을 억압하는 불의한 법체제와 질서를 깨뜨려 버린다. 예수는 당시 철저한 가부장 사회에서도 한 번도 여인들에게 다른 사람에게 덕을 세우기 위하여 머리에 너울을 쓰라고 말한 적이 없다. 또한 한 번도 여인들에게 여성 차별적인 유대교적 교리를 말하거나, 정숙 이데올로기를 강요하면서 여성들에게 잠잠하라고 말한 적이 없다. 도리어 예수는 당시 사회에서 자유롭게 대문 밖을 나설 수 없던 여인들을 불러 하나님 나라의 복음사역의 동행자로 삼았으며(눅8:1-3), 당시의 관습을 깨뜨리고 남자들의 식사 자리에 뛰어들어서 예수의 머리에 향유를 붓고 수난의 길을 예비한 여인을 칭송했다(막14:1-9). 그리고 그는 도망간 남자 제자들과 달리 예루살렘의 처형 장소까지 따라와 그가 죽임을 당하는 것을 지켜보고 무덤을 찾은 여인들을 부활소식을 전할 첫 선포자로 임명했다(마28:1-10; 눅24:1-12; 막16:1-11). 성경에는 여성도 예수의 가르침을 받고 예수와 함께 여행을 다닌 것으로 기록되어 있다. 공관복음서(막15:40-41; 눅8:1-3; 마27:55-56)에는 예수의 추종자로 보이는 여성과 여성 공동체에 대해 묘사하고 있다. 이러한 여

12) Kurt Luthi, 김윤옥 역, 『하느님의 새 이브』, 한국신학연구소, 1984, 250면.

성들은 당시의 유대 관습을 깨뜨리고 가정을 떠나 예수와 함께 여행을 다녔던 자들이다. 예수 역시 여성추종자들의 간통을 용서해주고 그들을 격려하는 등 기존의 입장과는 확연한 차이를 드러낸다.[13] 바바라 맥히피의 표현대로 이러한 예수의 긍정적인 여성관이 가부장적 문화에 젖어 있었던 남성 기자들에 의해서도 전해지고 있다는 사실은 매우 의미심장하다.[14]

예수는 그 당시의 유대적인 전통과 관습을 존중하면서도 율법을 뛰어 넘는 여성들을 인격적인 존재로 대하였고 여성들과 상종하기를 극히 꺼린 당대의 랍비들과는 대조적으로 여러 부류의 여성들을 자연스럽게 대하였다.

유대사회에서 과부는 경제적으로 가장 불안정한 위치에 있었다. 그런데 예수는 공적인 회당에서 돈 많은 부자 남자가 풍족한 가운데 헌금궤에 넣은 헌금과 구차한 가운데 자기의 모든 소유 곧 생활비 전부를 넣은 가난한 과부를 대조적으로 등장시켜 제자들에게 여인의 행동을 모범으로 제시하는 가르침을 펼치셨을 뿐만 아니라 당시 사회적으로 가장 약한 여인의 편에 서 있는 예수의 자세를 볼 수 있다(막12:41-44; 눅21:1-4).

랍비 문헌에서는 여인들을 전도여행에 동반하는 일을 전혀 찾아볼 수 없는데 예수는 열두 제자의 무리들과 함께 여인들을 전도여행에 동반하셨다(눅8:1-3). 또한 당시의 어떤 랍비도 여인들의 집에 들어가거나 여인들을 가르치지도 않았지만, 예수는 마르다와 마리아의 집에 들어가셨을 뿐만 아니라 랍비의 제자들이 랍비의 발치에[15] 앉아 가르침을 받았듯이 그렇게 "주님의 발치에 앉아서"(눅10:39) 말씀을 듣는 마리아를 칭찬하였다.[16] 이로써 예수는 그 당시 여인들의 지위를 유대 남자들과 똑같은 위치에까지 올려놓으

13) Barbara J. MacHaffie, 손승희 역, 『기독교 전통 속의 여성』, 이화여자대학교 출판부, 1995, 17면.

14) 위의 책, 16면.

15) 이 '발치에서'라는 단어의 뜻은 '…의 제자로서'라는 의미의 그리스어 용법이다. 바울이 당대의 권위 있는 랍비였던 가말리엘의 제자로서 그의 발치에서 율법을 배웠다.

16) I. Howard Marshall, 『누가복음2』, 한국신학연구소, 1984, 93면.

셨을 뿐만 아니라 마르다와 마리아와 함께 어울림으로써 친구가 되셨다(요11:1-44).

수가의 우물가에서 예수님과 대화를 나누었던 여성은 종교 역사에 대해 상당히 이해하고 있었으며 신학적 개념에 대해서도 어느 정도 지식이 있었음을 보여주고 있다. 예수님께서는 이것을 존중하시고 남성들과 접하는 것이 항상 용이하지 않던 당시에 니고데모와 대화한 것처럼 그녀의 사고 수준에 맞게 대화하셨다.[17](요4:7-26; 3:1-15)

부활하신 예수는 제자들이 아니라 막달라 마리아에게 먼저 나타나셔서 그녀에게 당신의 부활사건을 제자들에게 알리라는 사명을 부여하기까지 하셨다(요20:17).

더욱이 예수는 정숙한 여인들만 상대한 것이 아니라 유대 율법상으로 부정한 여인, 사마리아 여인, 이방 여인, 창녀들까지도 상대해 주셨고 그들을 고통에서 해방시켜 주었다.[18]

고대 유대인들은 죄인이 다른 사람을 만지면 죄인의 죄가 그 사람에게 옮겨진다고 여겼다. 그러나 예수는 열두 해 동안 혈루증을 앓는 여인(막5:25-34)을 부정한 죄인으로 단죄하는 유대적 관습을 뛰어 넘어 자신을 만진 여인에게 유대적 율법인 피의 금기(禁忌)를 깨고 그녀의 믿음에 대한 응답으로 "딸이여" 하고 부르며 "평안히 가라"(막5:34; 마9:22)라고 아주 다정하게 말한다.

또한 예수 자신의 가장 중요한 메시아적 사명(요4:25-26)에 대해 사마리아 여인과 더불어 신앙적 대화를 나누었을 뿐만 아니라(요4:1-45), 수로보니게 여인(막7:24-30), 이름이 알려지지 않는 여인들(눅7:36-50; 요7:53-8:11)에게도

17) Margaret E. Howe, 김화자 역, 『여성과 성직』, 엠마오, 1999, 18면.
18) 정양모, 「신약성경의 여성관」, 『사목』 40호, 1975, 15면.

따뜻하게 대하셨으며, 심지어 창녀들이 율법을 공부하고 실천하는 사람들보다 천국에 먼저 들어가게 될 것이라는 말씀(마21:31-32)까지 하면서 여러 부류의 여인을 상대했고, 그리고 그들을 동등하게 대하셨다.

예수의 여성관을 이해하는데 매우 중요한 대목은 소위 '이혼 논쟁'(막10:2-12; 마19:1-9)이다.[19] 이혼이 남자 마음대로 이루어지던 유대사회에서 그 지도층에 있던 바리새인들이 "남편이 아내를 버려도 좋습니까?"라고 물었을 때 예수는 먼저 모세의 계명을 묻는다(막10:2-3). 모세의 계명에는 이혼증서를 써주면 된다고 하는 그들의 대답에(막10:4) 예수는 엄하게 그들을 비판하여 말하기를 "모세는 여러분의 완고한 마음 때문에 그 계명을 적어 여러분에게 남겼습니다"(막10:5)라고 대답했다. 물론 여기서 '여러분'은 남자이다. 남자들이 원하면 이혼할 권리는 모세법(신24:1)[20]에 보장되어 있었는데 예수는 사실 이 자체가 바로 남자들의 '완고한 마음'을 폭로하는 그 이상의 아무런 의미가 없음을 비판하면서 모세법도 상대화하고 만다(막10:6).

예수는 "하나님께서 창조의 시초부터 그들을 남성과 여성으로 만드셨음"을 선언한다. "이러므로 사람이 그 부모를 떠나서 그 둘이 한 몸이 될찌니라 이러한즉 이제 둘이 아니요 한 몸"(막10:7-8)이 되는 결혼은 바로 동등한 인격으로 결합되는 인격적 행위이다. 따라서 "그러므로 하나님이 짝지어 주신 것을 사람이 나누지 못할찌니라"(막10:9)고 말하면서 당시의 가부장적 제도와 충돌되는 말을 선언한다. 이 '이혼 논쟁'에서 예수는 남녀의 종속관계를 인정하지 않고 있으며 오히려 여성에 대한 남성의 방종을 신랄하게 비판할 뿐 아니라 그것을 가능하게 한 모세의 법까지도 상대화해 버린다.

막 10:10-12에서 예수는 이렇게 말한다. "누구든지 그 아내를 내어버리고 다른 데 장가드는 자는 본처에서 간음을 행함이요 또 아내가 남편을 버리고

---

19) 위의 책, 15면.

20) "남녀가 결혼을 하고 난 다음에 남편이 아내에게서 수치스러운 일을 발견하여 아내와 같이 살 마음이 없을 때에는 아내에게 이혼증서를 써주고 그 여자를 자기 집에서 내보낼 수 있다."

다른 데로 시집가면 간음을 행함이니라" 이 말씀은 예수가 결혼과 이혼에 대한 권리와 의무는 남성이나 여성 모두에게 있어 똑같다는 것을 가르친 것이다.[21] 즉 여성도 남성과 똑같은 하나님으로부터 창조된 존재라는 것이다.

엘리자베스 벤델(Elisabeth Moltmann Wendel)은 여성에 대한 예수의 태도를 두 가지로 제시한다.[22] 첫째, 예수는 여성을 인습적인 사회적 역할과 가정의 속박에서 해방시킨다. 두 번째, 예수는 여성에게 덮여 있던 타부를 깨고 여성을 전인적 인간 그대로 받아들인다. 악하고 부정하며 예배에 참여할 자격이 없다고 간주되던 여성을 온전한 인격체로서 대우한다.

결론적으로 예수는 여자를 남자와 동일한 하나의 인격체로 보았으며 당시의 가부장적이고 성차별적인 구조를 거부하였다. 이것은 특히 각각의 성에게 분배된 영역을 극복하신 성경의 구절들에서 드러난다. 예수는 여성의 인간적인 존엄성과 권리에 깊은 관심을 가졌으므로 여성들의 희생물로 만드는 사회제도를 거부하였다. 또한 여성의 역할을 제한하는 성경적, 랍비적 관습들을 타파하였으며 여성의 가치나 여성의 증언을 무시하는 관행을 용납하지 않았다.[23] 여성에 대한 태도에서 예수는 급진적인 개혁자로 나타난다. 예수는 여성에게 호의적이었다. 여성과 남성의 차이를 인정하는 가운데서 소외 받는 여성의 편이 되어준 것이 아니라 남성과 여성 사이의 차별 자체를 허락하지 않았다.

III. 결론

여성에 대한 이미지는 시대에 따라 변했으며 그것은 그 시대의 종교적,

21) 안병무, 『갈릴리의 예수』, 천안: 한국신학연구소, 1990, 181-182면.
22) Elisabeth Moltmann Wendel, 김윤옥 역, 『젖과 꿀이 흐르는 땅』, 대한기독교서회, 1999, 101면.
23) 장상, 『여성사역의 의의』, 대한기독교서회, 1996, 238-239면.

사회적, 정치적, 경제적 산물이다. 이러한 여성의 이미지를 만들고 성경 본래의 여성의 이미지로 나아가기 위해서는 교회 안에서 남녀평등을 이루는 것이 가장 중요하다고 여겨진다. 더우기 여성들이 수동적이고 종속적인 '종의 이미지'를 벗어버리고 '사도'와 '치유자'로서의 이미지를 만들기 위한 작업의 여지는 많이 남아 있다. 이제는 남성에 비해 여성이 상대적으로 차별받는 위치가 아닌 함께 공존해 나가는 존재임을 명심하고 하나님이 세우신 본래의 교회 질서, 곧 탈가부장적 질서로 돌아가 여성들이 하나님 안에서 바람직한 여성상을 창출하고 하나님의 나라가 더욱 확장되도록 함께 노력해야 할 것이다.

참고문헌

Barbara J. MacHaffie, 손승희 역, 『기독교 전통 속의 여성』, 이화여자대학교 출판부, 1995, 17면.

E. S. Fiorenza, 「바울로 공동체의 남녀평동」, 이우정 편, 『여성들을 위한 신학』, 천안: 한국신학연구소, 1998, 200-220면.

Elisabeth Moltmann Wendel, 김운옥 역, 「젖과 꿀이 흐르는 땅」, 대한기독교서회, 1999, 101면.

I. Howard Marshall, 『누가복음2』, 한국신학연구소, 1984, 93면.

Kurt Luthi, 김윤옥 역, 『하느님의 새 이브』, 한국신학연구소, 1984, 250면.

Lohfink, 정한교 역, 『예수는 어떤 공동체를 원했나』, 왜관: 분도출판사, 1987, 61-62면.

Margaret E. Howe, 김화자 역, 「여성과 성직」, 엠마오, 1999, 18면.

Rudolp Bultmann, 허혁 역, Theologie des Neuen Testments, 『신약성경 신학』, 성광문화사, 1987, 56-57면.

Virginia R. Mollenkott, 김옥화 역, 「남녀관계에 대하여 성경은 무엇을 말하고 있는가?」, 문맥, 1981, 9면.

안병무, 「갈릴리의 예수」, 천안: 한국신학연구소, 1990, 181-182면.

여성을 위한 모임 지음, 「일곱가지 여성 콤플렉스」, 현암사, 1992, 24면.

이성희, 「구약 성경 속에 나타난 여성상」, 『기독교사상』 제344호, 1987, 138-140면.

이우정, 「교회역사 속에서의 여성사의 흐름」, 『기독교교육』 제255호, 1992, 24면.

장 상, 「여성사역의 의의」, 대한기독교서회, 1996, 238-239면.
정양모, 「신약성경의 여성관」, 『사목』 40호, 1975, 15면.
최영실, 「새 역사 탄생을 위해 산고를 겪은 여인들」, 『기독교 사상』 제443호, 1995, 179-191면.
한국여성학회, 「성경과 여성신학」, 『여성신학사상』 제2집, 대한기독교서회, 1995), 6면.

인류 공통의 자질로 공유되어야할 '관계의 윤리학' 고찰

신 만 철*

I

기존의 발달심리 이론은 남성들에 의해 정립되었던 까닭에 여성의 심리를 분석하기에는 역부족이었고, 남성의 심리와 부합하지 않는 이유를 밝혀내기보다는 단지 남성의 발달과 다르다는 사실에 비춰 여성의 그것을 뒤처지는 것으로 치부한 것이 사실이다. 이러한 사회적 통념에 대항하기 위해 길리건(Carol Gilligan)은 '대학생 연구', '임신중절 결정연구', '권리와 책임 연구'라는 세 가지 주제를 통해 여성의 심리가 남성의 심리와 어떻게 다르며 여성의 도덕적 발달을 제시함에 있어 남성의 것과는 다른 심리적 발달과정을 거치게 됨을 이야기한다. 길리건은 이전의 페미니즘 운동, 즉 남성과 여성의 평등을 주장하는 방식을 탈피하여 남성과 여성의 차이, 특히 도덕적으로 성숙해가는 과정을 탐구하여 본질적으로 차이가 존재함을 인정하고, 그 차이를 통해 새로운 페미니즘 운동을 개척한 선구자라고 할 수 있다. 남성과 여성의 차이는 그들이 자신을 규정하고 정체성을 획득하는 과정을 통해 드러나게 된다.

---

* 건국대학교

길리건은 *In a Different Voice*에서 "남성에게 있어 어머니로부터의 분리는 남성성의 발달을 위해 필수불가결하기 때문에 분리와 개인화는 성별 정체성과 아주 밀접하게 연결된다"고 말한다(Gilligan 8). 즉, 자신의 정체성을 확인하기 위해 자신과 가장 밀접한 관계를 맺고 있는 존재로부터의 이탈은 남성이 성숙해지는데 있어 꼭 거쳐야하는 단계의 시발점이 된다는 것이다. 이와는 반대로 여성은 "인간관계의 맥락 속에서 그녀들 자신을 규정할 뿐만 아니라, (남을) 보살필 수 있는 그들의 능력을 통해 그녀들 자신을 판단한다."(Gilligan 17) 물론 이러한 상반된 정체성 획득의 경로는 그 우열을 가리기 힘들 것이며, 이러한 시도조차 무의미성을 내포하고 있다. 중요한 것은 기존의 인간발달 심리학에서 배제되었던 여성의 심리발달에 비춰 남성의 심리는 어떻게 발달하는가를 탐구하는 것이고, 그것을 통해 여성의 심리발달 영역 역시 배척의 대상이 아니며, 엄연히 인간 심리발달 영역 중 절반을 차지하며 함께 연구되고 고찰되어야 할 대상임을 인지하는 것이다.

과연 '분리'(separation)로 대표되는 남성의 도덕 발달과 '관계'(relationship)로 대표되는 여성의 도덕 발달은 결코 만날 수 없는 평행선 위를 걷고 있는 것일까? 남성의 '정의의 윤리관'(ethics of justice)과 여성의 '배려의 윤리관'(ethics of care)은 서로 마주보고 있는 두 개의 N극 자석일 수밖에 없는가? 이러한 물음에 제니퍼 조던(Jennifer Jordan)은 "개인의 성숙함 혹은 도덕적 발달은 정의와 보살핌의 목소리를 통합함으로써 갈등을 해소하는 것에 기반을 두고 있다"고 하였다(Jordan 1). 남성과 여성이 서로의 목소리에 귀 기울일 때 진정한 의미에서의 개인의 도덕적 성장이 보장되며 개인과 관계를 맺고 있는 공동체 또한 번영할 수 있을 것이다.

본 논고는 이러한 주장을 뒷받침하기 위해 메리 셸리(Mary Shelley)의 *Frankenstein: or, The Modern Prometheus*에 등장하는 왈튼(Walton)과 빅터(Victor)를 중점적으로 살펴보며 현재의 위치에서 분리·독립하고자하는 남성의 욕구가 그들을 중심으로 어떻게 구현되는가에 초점을 맞추고자 한다. 이들의 분리 지향적 행동과 20세기 초 여성의 아름다움에 대한 반감으로 대두되기 시작한 숭고의 의미 사이의 연관성을 찾는 것은 남성의 분리욕구에 대한 단초를 제공해줄 것이며, 이것을 통해 여성의 관계 지향적 욕구가 가지는 가치와 중요성을 발견할 수 있을 것이다.

II

여성이 타인과의 관계를 통해 자신의 정체성을 정립한다면, 남성은 자신의 위치에서 스스로 분리 · 이탈하며 자신의 정체성을 확인하고자 하는 성향이 강하다고 할 수 있다. 하지만 남성의 심리 속에는 합체를 통해 관계를 맺고자 하고 타자에 대해 스스로 벽을 쌓는 성향 또한 존재함을 간과할 수 없다. 이러한 남성의 분리 · 이탈 · 독립적 성향은 고전으로부터 대중가요에 이르기까지 다양한 장르 속에 등장하는 소재이다.[1)]

『프랑켄슈타인』은 타자와의 합체를 거부하며 독립을 통하여 주체성을 확보하고자 하는 욕구를 왈튼과 빅터를 통해 구현한 작품이다. 하지만 그들이 있기 전 소설 부제의 모티브를 제공하는 프로메테우스의 언급이 우선되어야 할 것이다. 프로메테우스는 제우스에게서 불을 훔쳐 인간에게 주었으며 그 행동의 결과로 매일같이 독수리에게 자신의 간을 쪼이는 고통 속에 절규하게 된다. 프로메테우스는 제우스로부터의 독립을 통해 인류 문명 발달을 도모하고자 하였다. 물론 이것이 "분리의 최후=고통"이라는 명제를 확립하기에는 다소 억지스러움이 없지 않을 것이다. 하지만 적어도 분리의 행위 자체는 행위자의 신체 · 심리적 발달에 적잖이 영향을 미치고 있음은 분명하다. 이것과 관련하여 태혜숙은 "남성이건 여성이건 여성으로부터의 분리는 개개인의 심리와 정체성 형성에 엄청난 폭력과 왜곡을 야기한다"고 하였다(태혜숙 130). 실제로 빅터와 엘리자베스(Elizabeth)의 결혼식 날 빅터의 예상과는 달리 괴물은 빅터의 아내 엘리자베스의 생명을 취했기 때문에, 빅터는 그녀와의 '관계의 영원한 단절'로 인해 극심한 괴로움과 고통에 절규할 수 밖에 없었다.

1) 이러한 남성의 성향은 "내 속엔 내가 너무도 많아 / 당신의 쉴 곳 없네 / 내 속엔 헛된 바램들로 / 당신의 편할 곳 없네"라는 구절로 시작되는 '가시나무새'(하덕규, 1988)의 노래구절에서도 발견된다.

『프랑켄슈타인』은 분리에서 시작되어 회귀로 종결되는 액자식 구성을 취하고 있다. 텍스트를 꼼꼼히 읽는 것과 함께 염두에 두어야 할 것이 소설의 구성과 작품에 등장하는 인물들의 이름과 같은 여러 문학적 장치 또한 중요한 가치를 지닐 수 있다는 것이다. 자칫하면 그냥 지나칠 수 있는 편지 속 수신인의 이름까지 의미를 가지고 있다.

이 소설은 크게 왈튼이 그의 누이 사빌 부인(Margaret Walton Saville)에게 보내는 편지라는 특별한 구성요소를 큰 테두리로 하고 있다. 먼저 Margaret Walton Saville의 첫머리 글자를 살펴보면 M. W. S.가 된다는 것을 알 수 있다. 즉 이 책의 저자인 메리 월스톤크래프트 셸리(Mary Wollstonecraft Shelley)의 그것과 같다는 것이다. 사빌을 불어로 풀어서 보면 Sa(his)+Ville(town)로서 여기서는 따뜻하고 풍요로운 곳을 떠나 모험과 고난으로 점철된 북극으로 모험을 떠나는 왈튼의 고향인 동시에 동경의 대상, 궁극의 회귀점으로 묘사됨으로써 중요한 분석의 대상이 된다. 반면 왈튼 또한 해석의 경계를 조금 더 확장하면 '담으로 둘러싸인 마을'(Walled Town)로도 볼 수 있음에 주목할 필요가 있다. 담이 쳐졌다는 것은 공존에 대한 거부가 물리적 형태로 표현된 것이다. 이것은 타자와의 관계보다는 자아를 삶 중심에 놓았던 서구 근대성과 연관되어 있다.

신 중심체제에서 탈피하여 인간의 존엄성을 높임과 동시에 인간해방을 목적으로 삼았던 서구의 근대성(modernity)은 "데카르트에서 보이듯이, 그것이 '자족적 인간'으로서의 주체를 상정함으로써 인류전체보다는 개체, 개인, 자아를 지나치게 강조하는 경향을 띤다"고 한다(이동수 58). 이 서구의 근대성은 보편적이라는 인식과 함께 힘을 키워왔으나, 현재는 그것의 보편주의적 환상도 점차 깨지고 있다. 다만 무분별하게 국내로 들어온 이 서구사상은 지금도 우리의 전통적인 정신적 유산을 황폐케 하며 근대화, 과학화라는 대의명분아래 변종된 형태로 남아있다.

왈튼과 빅터의 분리에 대한 야망으로 환원될 수 있는 서구의 근대성이 초래하는 문제는 우리의 전통사상과 서구의 탈근대 사상을 통해 해결방법을 찾을 수 있다. 우리의 전통사상의 경우, "그 특징이 개인의 개별적 이익이나 권력추구에서 비롯되는 것들 간의 반목·갈등·경쟁·투쟁보다 서로의 '공존'에 있음을 알 수 있다. 즉 전통사상은 개인과 자아를 토대로 하지 않고 상호공존성과 관계성에 바탕을 둔 사회이론을 발전시켰으며, 이 상호공존성과 관계성을 유지하기 위한 방법으로서 도덕과 윤리가 강조되었다"고 한다 (이동수 59). 또한 '배려'의 정신은 서양의 탈근대 사상에서 추구하는 개념이 되므로, 지나친 자아의 추구를 경계하고 타자와의 원활한 관계를 유지하기 위해 동양의 '공존'의 원리와 서양의 '배려'의 원리를 함께 검토하는 것도 분리와 독립 속에서 번민하는 왈튼과 빅터의 분리지향성을 파악하기에 적합할 것이다. 『프랑켄슈타인』에서 왈튼은 그의 누이 사빌 부인을, 빅터는 그의 연인 엘리자베스를 떠나 각자의 맡은 바 사명에 인고하며 헌신한다. 작가는 사빌 부인과 자신을, 더 나아가 Saville이라는 인명을 지명(그의 고향)으로 승화시켜 그 장소 자체를 작가 자신과 동일시하려는 태도를 취하고 있다. 즉 작가의 남편인 퍼시 셸리(Percy Bysshe Shelley)의 정신적 고향이며 안식처로 남고 싶어 하는 욕망을 지명을 통해 표출한 것이다. 결과적으로 이름 속에서 알 수 있는 것은 메리 셸리가 이름들을 통해 말하고자 한 것이 '남성의 고향은 여성'이라는 것이다. 고향은 인생이라는 여정을 시작하는 곳인 동시에 여정을 마치는 곳이라는 것이 주목 할 점이다. 작가는 또한 괴물을 통해 자신을 대변하기도 한다. 길리건이 주장하는 배려의 윤리관의 측면에서 볼 때 소설 속 괴물은 남성보다는 여성에 가깝게 그려지고 있다. 괴물은 드 레이시(De Lacey) 가족과 연합하기 위하여 그들에게 땔감을 비롯하여 여러 가지 물질적 도움을 베푼다. 그러던 중 자식들이 없는 틈을 타 괴물은 노인과의 대화를 시도하고 노인은 대화를 통해 그 괴물을 선한 존재로 인식한다. 하지만 그 노인의 자식들이 그 광경을 목격한 뒤 상황은 급변하게 되고 괴물은 온갖 모욕과 폭력을 당한 채 또다시 방랑길에 오르게 된다. 이러한 '타의적 분리'는 앞에서 언급하였던 남성의 도덕 발달에 핵심을 이루고 있는 '자의적 분리'와는 그 성격이 다르며 오히려 그 가족 구성원들과 관계를 맺고자 했던 점에서 어느 정도 여성성을 가지고 있다고 할 수 있다. 여기서 괴물의 여성성 소유의 여부보다 중요한 것은 노인과 자식들 간의 괴물을 바라보는 관점의 차이점이다. 노인은 장님이었다. 노인은 대상의 아름다움을 시각이 아닌 청각으로 인지했다는 것이다. 그리하여 그 괴물의 추함을 보지 못했기 때문에 그를 집으로 들이고 이야기를 나눌 수 있었던 것이다. 괴물이 그 집에서 쫓겨나는 일련의 사건을 통해 알 수 있는 것은 "공동체적 외모의 동일성으로 수렴되지 않은 타자는 모두 추하고 끔찍한 괴물로서 '인정'(recognition)되는 것이다."(김종갑 6) 『프랑켄슈타인』에 등장하는 인물들이 새로운 인간관계를 맺는 과정은 괴물의 그것과 비교해봤을 때 크게 어렵지 않았다. 왜냐하면 그들은 공동체에 어울리는 외모를 소유했기 때문이다. 이 소설 속에서 관계가 형성되는 양태는 이성·동성 간에 다양하게 나타난다.

이 소설이 파국으로 치닫는 계기가 되고 이 소설의 존재의미를 심어주는 첫 번째 관계는 바로 빅터와 괴물의 관계의 틀어짐이다. 빅터는 그 괴물을 창조한 뒤 "흐리멍텅한 노란 눈"과 "혈관과 근육의 움직임이 훤히 들여다보이는 노란피부"(Shelley 57)를 한 그 피조물의 추함에 역겨워 하며 그 곳을 도망쳐 나온다. 이러한 빅터의 행위는 부자관계의 단절을 의미하며 빅터의 입장에서는 자의적 분리, 괴물의 경우에는 타의적 분리가 되는 셈이며 괴물의 여성성이 다시 한 번 들어나는 부분이라고 할 수 있다. 그렇다면 소설 속 등장인물들은 거듭하여 분리와 이탈만을 추구하는 것일까? 왈튼과 빅터는 편지 곳곳에서 가정의 결속과 사랑이 중요한 것임을 강조한다. 또한 왈튼에게 있어서 "가장 큰 괴로움은 모험의 역경이나 절망이 아니라 이야기를 함께 나눌 친구가 없다는 것이었다."(김종갑 8) 이런 의미에서 행복을 성공에, 불행을 실패에 직접 대응하는 식의 태도는 바람직하지 않을 것이다. 오히려 불행은 '고립'에 있고 행복은 '공유'에 있다는 표현이 더 적절할 것이다. 따라서 환희의 순간을 혼자 만끽함에 불행할 수도 있는 것이고 고난의 순간을 함께 나누며 행복에 젖을 수 있는 것이 바로 인간일 것이다. 하지만 이러한 관계의 수립은 주체와 대상이 서로 간에 혐오감을 느끼지 않는 경우에만 해당되는 것으로 보인다. 다시 말해 아름다움의 추구와 관계의 형성은 밀접하게 연관되었다고 할 수 있다. 그렇다면 '아름다움'이란 무엇인지에 대한 정의가 필요하다. 웬디 스타이너(Wendy Steiner)는 "아름다움이란 조화롭거나 사회적 평화 혹은 안정을 상징하거나, 죽음과 손실의 고통을 누그러뜨리는 것"이라고 하였다(Steiner 130). 이런 측면에서 아름다움의 추구와 관계형성의 주체로서의 여성은 그 입지를 더욱 탄탄히 다질 수 있다. 하지만 아름다움은 모더니즘이란 벽에 부딪혀 그 형태를 알아볼 수 없을 정도로 심각하게 훼손되었다.

웬디 스타이너는 "모더니즘 예술의 추진력은 아름다움을 파괴하고자하는 열망이다"라고 하였다(Steiner 111). 예술의 주된 주제였던 아름다움은 자신의 권좌를 숭고(sublime)에 내주어야만 했던 것이다. 모더니즘 예술가들은 보는 이들의 관심을 주체(subject matter)에서 형태(form)로 돌렸으며 여성의 이미지를 전복하거나 제거함으로써 이 변환을 상징화하였다(Steiner 55). 이럼으로써 아름다운 것과는 꽤 동떨어진 것들이 미술계를 장악하게 된다. 『유형당한 비너스』로 옮겨질 수 있는 *Venus in Exile*의 목적은 이렇게 훼손된 아름다움을 우리의 삶 속에서 합당하고 중심적인 위치로 재정립하는 것이 될 것이다. 칸트의 숭고에 대한 개념으로부터 모더니즘의 열망은 발현되었다고 할 수 있다. 숭고함은 육신과 개인적 흥미를 배제해야하며 따라서 이상적이고 순수하며 의미추구적이다. 불쾌한 대상(추함)으로부터 유쾌한 것(아름다움)을 추출하는 것은 바로 이러한 의미추구적 행위를 통해 가능하다. 반면에 아름다움은 여성적 성격이 강하며 매력적인 것으로 여겨지고 기쁨을 주는 것으로 볼 수 있다.

주체로서의 남성은 대상으로서의 여성을 자신과 분리시킴으로써 숭고함에 한 발짝 더 다가서려고 한다. 이것은 왈튼과 빅터의 경우에서 뿐만 아니라 E. A. Poe의 시 'Annabel Lee(1849)'에서도 드러나 있다. 시적 화자와 애너벨 리의 사랑은 하늘의 천사조차도 시샘할 정도였으며, 죽음이라도 결코 그 둘의 사랑을 갈라놓을 수 없다고 노래한다. 특히 마지막 연은 꼬박 밤을 새며 연인의 무덤가에 누워 비록 육체적으로는 분리되었지만 그의 가슴속에 다시금 부활하는 애너벨 리를 느끼게 한다. '아름다운 여인의 죽음'은 가장 애절하면서도 독자들의 마음을 사로잡을 수 있는 위대한 시적 주제라는 점에서 주체와 대상의 분리, 그것도 영원한 분리는 명백히 고도의 문학적 의미를 함축하고 있다고 할 수 있다. 다만 이러한 분리의 양상은 관계의 단절을 의미한다기 보다는 오히려 관계의 밀접성을 증폭시키다는 데 의의가 있을 것이다.

『프랑켄슈타인』에서의 여성들은 그들과의 관계를 이탈한 남성들과 동료

라기보다는 단지 편지 수신인으로서 등장하고 있다. 왈튼과 빅터는 그들 마음속에 품고 있는 야망이나 계획에 대하여 조언을 구하거나 공유하지는 않는다. 하지만 이러한 수동적 여성의 입장에서도 그들이 소설에서 없어서는 안 될 요소임을 깨닫게 될 때 더욱 더 관계적인 측면에서 그 여성들의 중요성을 살펴볼 수 있을 것이다.

앞에서 살펴보았듯이 그들은 분리와 이탈, 독립을 추구하는 과정 속에서도 끊임없이 사랑하는 이들과의 관계의 구축을 갈구한다. 사빌 부인과 엘리자베스는 그러한 그들의 '관계의 지속적 유지'라는 열망을 실현시키는 주체적인 역할을 하고 있다. 물론 작품 어디에서도 사빌 부인의 목소리는 들리지 않으며 그녀는 왈튼의 이야기를 듣는 역할로 등장할 따름이다. 하지만 그녀의 목소리 없음이 곧 그녀의 목소리이며, 이것이 바로 메리 셸리가 이 소설에서 보여주는 여성적 글쓰기의 특징일 것이다(한애경 184). 그들에게 있어 회귀점, 즉 그들이 다시 돌아와야 할 곳임을 남성들에게 인식시키고 있다. 하지만 소설 속 주인공들이 분리 속에서 관계를 파악하는 것과 현실은 엄연히 차이가 존재한다.

III

산업혁명으로 촉발되었던 서구의 근대성의 등장과 함께 남성들은 그동안 여성에게 행하였던 분리를 통한 우월감의 표현을 자연을 대상으로도 표출하기 시작했다. 여성과 마찬가지로 자연 역시 남성에 의해 착취를 당하게 되었다. 인간은 '흙에서 나와 흙으로 돌아가는 섭리'를 애써 부정하며 '자본'과 '효율'이라는 창과 방패를 쥐고 '개발'이라는 미명아래 무자비하게 자연을 짓밟아 온 것이 사실이다. 인간은 자연과 유사 이래 끊임없이 반복되는 관계의 고리를 스스로 끊어버렸다. 상호협력, 상호보완적 관계는 인간이 자연과 분리된 관계를 형성하며 그 의미를 상실하였고, 이제 남은 것은 관계의 단절에서 오는 받아들이기 힘든 결과물들일 것이다. 이러한 서구중심의 근대화가 초래한 파괴와 폭력과 억압에 대처하기 위해서는 여성혐오나 그 반대편의 여성신비화를 벗어나 자연/문화의 이분법을 해체한 다음, 땅으로서, 인간 삶의 모태로서 여성적 존재가 자기 자리를 되찾도록 해야 할 것이다 (태혜숙 130).

비록 『프랑켄슈타인』에 등장하는 여성들은 예외가 있기는 하지만 비교적 소설 속에 짧게 등장하고, 수동적 역할을 성실히 수행함으로써 정복과 착취로 대표될 수 있는 남성적 문명을 비판하는데 한 목소리를 내고 있다. 또한 여성으로 은유되는 자연법칙이 남성적 문명에 의해 어느 정도까지 훼손될 것인가 하는 문제를 제기한다고 지적되기도 한다(이정호 95).

이렇듯 타자와의 관계형성은 '인간 대 인간'의 차원을 뛰어넘어 '인간 대 자연'으로까지 확장될 수 있다. 관계를 맺고 있음의 중요성은 아주 오래전부터 강조되어왔으며 인간이 추구해야 할 덕목으로 종교 속에서도 가르쳐져 왔다.

불교에 있어 "존재와 윤리의 핵심을 이루는 것은 연기사상으로 이것은 인간과 인간의 관계, 자연과 인간의 관계를 차별성이 아닌 평등의 관계로, 적대가 아닌 동반의 관계로, 경쟁이 아닌 상생의 관계로 인식하는 토대가 된다"고 한다(이동수 62). 이런 관계의 중요성을 제시한 부분은 성경에서도 찾아볼 수 있다. "오직 사랑 안에서 참된 것을 하여 범사에 그에게까지 자랄지라 그는 머리니 곧 그리스도라. 그에게서 온 몸이 각 마디를 통하여 도움을 입음으로 연락하고 상합하여 각 지체의 분량대로 역사하여 그 몸을 자라게 하며 사랑 안에서 스스로 세우느니라."(에베소서 4:15-16) 즉, 몸에 갖추어져 있는 각 마디는 각각의 개체성을 부여받은 주체들을 의미하며 서로 도움을 주고받으며 각각의 맡은 역할에 충실할 때 온전히 몸이 설 수 있음을 의미한다. 기독교적 관점에서 보면 온전한 몸이란 건강한 교회가 되며, 공동체적 관점에서는 건강한 사회가 될 것이다. 들뢰즈는 "전체 우주의 정동되는 능력을 규정한 정동되는 능력이 존재했다고 추정하는 것은 분명 가능하며, 모든 관계들이란 단지 어떠한 질서 속에서가 아니라 무한에 결합되어 있기 때문이다"라고 말했다(서창현 61). 이것은 타자를 분리 · 독립 혹은 부정 · 대립의 대상으로 보는 것이 아닌, 끊임없이 역동하지만 보이지 않는 선과 발전을 지향하는 끈으로 묶여있으며 자아와 긴밀히 통하고 있는 또 다른 자아라는 의식을 바탕으로 연합의 관계를 형성하는 것이 중요함을 언급한 것이라 할 수 있다.

참고문헌

김종갑, 「공동체의 구성 원리로서 아름다운 목과 추한 몸-메리 셸리의 『프랑켄슈타인』」, 『영어영문학』 51:1, 2005, 3-25면.

대한성서공회, 『성경전서 개역한글판』, 신일기획문화주식회사, 2004.

이동수, 「공존과 배려: 타자와의 관계에 대한 동서야 정치사상 비교」, 『정치사상연구』 12:1, 2006, 57-80면.

이정호, 편, 『페미니즘과 영미문학 읽기』, 서울대학교 출판부, 1996.

질 들뢰즈, 「정동과 비물질노동」, 『비물질노동과 다중』, 서창현 옮김, 갈무리, 2005.

태혜숙, 「'차이'의 정치학과 여성의 목소리-여성심리학의 올바른 입지를 위하여」, 『여성문제연구』 24, 1999, 123-133면.

한애경, 「『프랑켄슈타인』에 관한 여성론적 고찰」, 『영어영문학』 46:1, 2000, 177-200면.

Gilligan, Carol. *In a Different Voice: Psychological Theory and Women's Development*. USA: Harvard University, 1982.

Jordan, Jennifer, et al. "The Effect of Moral Orientation Variables in Counseling College Students." *Journal of College & Character* 7.7(September 2006): pp.1-7.

Shelley, Mary. *Frankenstein or The Modern Prometheus*. New York: OUP, 1988.

Steiner, Wendy. *Venus in Exile: The Rejection of Beauty in 20th-Century Art*. Chicago: U of Chicago P., 2001.

진정한 새로운 세계로 나아가기 위한 여성들의 작은 변화

-Timberlake Wertenbaker의 The Grace of Mary Traverse & Our Country's Good을 중심으로-

홍 현 선*

Ⅰ. 서론

팀버레이크 워텐베이커(TImberlake Wertenbaker)는 현재 영국에서 활동하고 있는 가장 주목받는 극작가 중 한 명으로, 영국 제 2세대 여성작가인 카릴 처칠(Caryl Churchill)의 뒤를 잇는 제 3세대 여성작가[1])에 속한다. 페미니즘 연극은 남성 지배적인 가부장제에서 타자일 수밖에 없는 여성에 의한, 여성의 극이기 때문에 주류가 아닌 대안으로 인식되어 왔지만 워텐베이커의 작품들은 대중들에게 많은 사랑을 받고 있다.

일반적으로 페미니즘 연극이 전복적인 내용과 파격적인 형식으로 관객들에게 다가서기 어려운데 반하여 워텐베이커의 극은 같은 시공간 안에서 한 가지 사건을 중심으로 전개되는 전통적인 형식을 취하고 있다. 그녀는 작품에서 성 역할을 바꾸고, 신화를 해체하는 등 기존 질서에 반하는 내용을 담기 때문에 몇몇 비평가들은 그녀를 '급진적 페미니스트'로 분류하기도 하지

* 중앙대학교

1) 1950년대부터 시작된 영국 페미니즘 연극의 1세대를 도리스 레싱, 제인 아든, 마가레타 다아시 등으로 꼽는다면, 1960년대 후반부터 활동한 카릴 처칠과 팜 젬스, 모린 더피 등을 제 2세대로 들 수 있다. 그 뒤를 잇는 1980년대부터의 여성 극작가들은 제 3세대로 구분할 수 있는데 사라 다니엘스, 하이디 토마스 그리고 팀버레이크 워텐베이커 등이 있다.

만 워텐베이커는 그런 급진적인 내용을 익숙한 형식으로, 특유의 유머러스하고 재치 있는 언어로 포장해 관객에게 제시한다. 그렇기 때문에 그녀의 작품은 비평성과 대중성을 동시에 인정받고 있다.

이와 같은 그녀의 다채로운 작품 경향은 작가자신의 다양한 경험에서 비롯된 것이다. 워텐베이커는 영국에서 극작 활동을 하고 있지만 원래는 미국 태생으로 프랑스에서 공부했으며 그리스에서 불어를 가르치기도 하고 런던과 뉴욕에서 기자로 활동한 경력이 있는 다양한 배경의 소유자이다. 이러한 문화적 다양성은 작품에도 상당 부분 반영되어 있다. 그녀의 주요작품을 살펴보면 1978년 첫 작품 *This Is No Place For Talluah Bankhead*로 시작해서 *Case to Answer*(1980), 남장을 하고 이슬람 국가를 여행하는 여성의 이야기인 *New Anatomies*(1981), 18세기를 배경으로 해서 안온하게 살던 상류 계급 여성이 세상에 대한 호기심으로 집을 나와 여러 가지 경험을 하는 『메리 트래버스의 우아함』(*The Grace of Mary Traverse*, 1985), 그리스 신화에 등장하는 필로멜라 이야기를 각색한 『나이팅게일의 사랑』(*The Love of the Nightingale*, 1989), 『조국을 위하여』(*Our Country's Good*, 1988) 등이 있으며 현재도 활발한 극작 활동을 하고 있다.

그녀의 작품에 등장하는 인물들은 현실에 맞서고 운명을 개척하는 주인공들이 대부분으로 자연주의 작품에서 종종 등장하는 운명에 얽매여 어쩔 수 없이 상황에 끌려가는 인물은 존재하지 않는다. 『메리 트래버스의 우아함』의 메리(Mary)는 안온한 환경에서 벗어나 자신에게는 금지되어있는 '남성의 세계'라는 새로운 세상을 직접 체험하는 18세기 부유한 집안의 소녀이다. 또 『조국을 위하여』에서 많은 군인들과 죄수들은 영국은 떠나 당시에는 개척되지 않았던 미지의 땅 호주로 가게 되는데 그 배 안에서 죄수들은 연극을 통해 새로운 세계를 경험하게 된다. 『나이팅게일의 사랑』에서도 감상에만 젖어 날뛰던 필로멜라가 언니가 있는 나라로 가면서 겪는 강간과 혀가 절단되는 경험을 한 뒤 깨달음을 얻게 되고 『새로운 해부』 역시 마찬가지다.

워텐베이커의 작품에서는 인물들, 특히 여성 주인공들은 새로운 세계(장소, 정신)로 나아가 여러 가지 경험을 하고 변화를 보이는 형태를 취하고 있음을 알게 된다. 새로운 세계의 탐험과 금지된 세계의 경험은 줄리아 크리스테바(Julia Kristeva)의 이론으로 볼 때 더욱 분명하게 드러난다. 크리스테바는 여성적인 차이나 특성을 지나치게 강조한다는 것은 극단적인 고립주의로 흐르거나 또 페미니즘 담론을 편협한 담론으로 만들 위험이 있으므로 모든 성적 정체성, 모든 이분법적인 대립을 파기하고 평등과 차이가 함께 어우러지는 제 3의 공간에서 작업하자고 주장한다. 여성들에게 있어 새로운 세계란 대부분 남성의 세계를 의미한다. 여성의 공간에서 여성이 있고, 남성의 세계에서 남성이 있는 것이 아니라 워텐베이커의 여성 인물들이 남성의 세계로 들어간다는 점에서 크리스테바가 주장하는 제 3의 공간과 일치한다고 필자는 생각한다.

워텐베이커 작품의 또 다른 특징으로는 결론을 단정 짓지 않는다는 점을 들 수 있다. 워텐베이커는 이와 같이 열린 결말(open-end)로 작품의 끝을 맺는 이유를 다음과 같이 설명한다.

> 나는 극작가가 극장 밖으로 나가서 혁명을 일으킬 수 있다고는 생각하지 않는다. 그것은 70년대의 단순한 생각이다. 그러나 나는 극작가가 사람들에게 어떤 것을 질문하고 그들의 호기심을 자극하며, 그들이 기억할 이미지를 제시함으로써 사람들을 조금은 변화시킬 수 있다고 생각한다. 그런 작은 변화가 좀 더 큰 변화를 이끌 수 있다. 그것이 극작가가 바랄 수 있는 모든 것이다. 나는 극작가가 해답을 가지고 있어야 한다고는 생각하지 않는다. 연극은 재판과도 같다. 즉, 연극은 배심원, 즉 관객 앞에 서고, 관객들은 등장인물들을 좋아할 것인지 아닌지, 공감할 것인지 아닌지를 결정하는 것이다.
>
> I don't think you cal leave the theatre and go out and make a revolution. That's the naivety of 1970's. But I do think you can make people change, just a little, by forcing them to question something, or by intriguing them, or giving them an image that remains with them, And that little change can lead to bigger changes. That's all you can hope for. Nor do I think playwrights should have answers. A play is like a trial: it goes before the jury, the audience, and they decide-to like or not like the people, to agree or not to agree. (Dahl 149 재인용)

워텐베이커는 자신의 극작품에서 등장인물들을 통해 정치적이고 개인적인 힘(agency)을 재현했다(Dahl 149). 그녀는 혁명을 꿈꾸지는 않지만 연극이 관객들을, 사람들을 변화시킬 수 있는 힘이 있다고 믿는다. 이런 작가의 믿음은 그의 작품 세계를 관통하는 주제이다. 필자는 『메리 트래버스의 우아함』과 『조국을 위하여』에서 등장인물들이 경험하는 새로운 세계를 크리스테바의 이론으로 살펴보고, 워텐베이커 극에 등장하는 언어의 문제와 열린 결말의 사용, 그리고 그 이유를 살펴볼 것이다.

II. 본론

1. 언어

『메리 트래버스의 우아함』은 18세기 런던 상류 사회 가정의 중심문화공간인 거실에서 여주인공 메리가 우아하게 대화하는 법을 배우고 몸짓을 품위 있게 가다듬는 연습으로 시작된다. 메리가 자리 잡은 거실이란 곳은 여성만의 공간으로 품위 있는 몸가짐과 우아한 말씨를 가르치는, 즉 여성의 예속을 영속화하는 가부장제 교육의 공간이다. 이 공간에서 아직은 자기 인식의 단계에 도달하지 못한(탈출하기 전의) 메리가 귀품 있는 자세로 앉아 가상의 대화를 연습한다. 그러나 우아함의 교양을 연마하도록 되어 있는 메리에게는 사실상 자아나 주체 따위는 허용되지 않는다. 그녀는 아버지 가일스 트래버스(Giles Traverse)의 "빛나는 장식품"으로만 존재하고 그의 기쁨과 희망의 대상이 되어야만 한다. 이 장면에서 아버지 가일스는 사랑하는 외동딸 메리에게 우아한 대화에 필요한 기본 원칙과 그에 알맞은 소재, 그리고 대화를 이어가는 방식에 대해 조목조목 강의한다.

Giles You are here not to express your desires but to make conversation.
Mary Can desire not be part of a conversation?
Giles No. To be agreeable, a young woman must make the other person say interesting things.
…
Giles …leave no gap, you must glide into it. Converse, Mary, converse. (68-69)

가일스는 메리에게 자신의 욕망을 표현해서도 안 되며 전율적인 것에 대해 말해서도 안 된다고 지시한다. 아버지의 강력한 목소리는 또한 메리의 내면 깊숙이까지 침투하여 메리로 하여금 자발적으로 자신의 언어사용을 검열하게 한다. 장래 신랑감과의 가상대화를 연습하는 메리는 자신의 장식적이고 수사적인 화술을 사용하는데 그녀의 자기 검열은 아버지의 강의만큼이나 18세기 가부장제 문화가 부과하는 다음과 같은 우아한 말씨의 규칙—첫째, 젊은 여성은 직접적인 질문을 던지지 않는다. 둘째, 가슴이나 창자와 같은 상대의 예민한 반응을 일으키는 신체부분을 거론하지 않는다. 셋째, 여성답지 않은 감정에 결코 휘말려들지 않는다—에 의존한다. 사랑스러운 여성이 되기 위해 "공기처럼 가볍고 잔잔하며 보이지 않게" 걸어야 하며, 카펫위를 "감히 걸을 수는 있지만 아무런 자국을 남겨서는 안 되"는 여성에게 부과도니 이데올로기를 비판 없이 받아들이는 메리의 모습은 당시의 여성이 인위적이고 추상적인 개념 혹은 지시에 따라 움직이는 인형에 불과했음을 비판적으로 폭로한다(이희원 71-72).

메리는 템트웰부인(Mrs Temptwell)과 함께 여행을 하면서 도박에 빠져 모든 돈을 잃게 되는데 그녀가 가일스에게 배운 수사적이고 아름다운 화술을 통해 그에게 돈을 뜯어내는 것은 아이러니하다. 메리가 가부장제에 둘러싸인 집을 나와 그 제도에 거스르지만 그녀의 한계는 자신이 가장 증오하고 격렬히 대항했던 하층계급의 여성보다는 귀족 남성의 시각을 취했던 아버지의 입장과 사고방식을 그대로 취한다는 것이다. 메리가 거역하고 반항했던 것은 자신이 아버지에게 억압당한다는 사실이었지 아버지의 권력과 재물, 명예 추구 같은 인생관 자체는 아니었던 것이다(이희원 74). 또 메리의 언어는 화려하게 치장되었지만 소피(Sophie), 잭(Jack)과는 달리 자신의 생각이 없다. 오로지 그녀는 남성 세계를 경험하고 싶은 욕망뿐이기 때문에 많은 사람들을 폭동으로 인해 죽음으로 몰고 간다. 이 결과는 독자들이 메리를 단지 가부장제에서 탈출한 긍정적인 이미지로만 볼 수 없게 하는 워텐베이커의 장치이다.

『조국을 위하여』는 연극이 어떻게 야만적인 죄수들을 교화시키는 힘이 될 수 있는가를 보여준다. 연극은 억압받는 자들의 삶을 증진시켜주고 변화시키는 힘이 있다고 그녀는 말하고 있지만, 여기서 또 하나의 다른 문제점이 발생한다. 연극을 함으로 인해 죄수들이 시민사회에 적합해지고 순응하는, 사회규범에 더 잘 복종하는 인물로 변하지만 연극의 언어는 죄수들과 교도관에게 동등하게 주어지고, 죄수들을 자신들이 복종했었던 것에 대해 비판할 수 있는 위치에 둔다. 언어 그 자체는 사회그룹의 이데올로기와 문화를 거대하게 형성하고, 동시에 혁신적인 미래를 만들 수 있도록 사람들에게 동기를 부여하는 정치적 행동가를 위한 기회를 만들어주기도 한다는 말처럼 죄수들에게 연극을 통한 새로운 언어를 준다는 것은 이들에게 지배질서에 반하는 새로운 형태의 가능성을 창조하고, 그들의 행동을 수반하는 욕망이 생기게 할 수도 있다는 것이다. 즉, 죄수들이 *The Recruiting Officer*라는 연극에 참여하면서 '복종'과 '타도'라는 두 가지 충동이 생긴다는 것을 말하고 있다. 로스(Ross)소령의 '연극이 권위를 전복시킨다'고 하는 비난과, 그와는 반대되는 견해를 펼치는 필립(Phillip)의 생각이 둘 다 모두 옳다는 것이다. 연극의 힘, 다시 말해 연극의 언어를 통한 이러한 두 가지 변화를 각 인물들 별로 간략하게 살펴보면 다음과 같다.

Mary How can I play Silvia? She's brave and strong. She couldn't have done what I've done.
Dabby She didn't spend eight months ad one week on a convict ship, anyway, you can pretend you're her.
Mary No. I have to be her.
Dabby Why?
Mary Because that's acting. (216-17)

Dabby I want to see a play that shows life as we know it.
Wisehammer A play should make you understand something new. If it tells you what you already know, you leaves it as ignorant as you went in. (262)

또한 연기의 방법에 있어서 배우가 바로 자신의 배역과 동일시하는 스타니슬라브스키 연기관(Representational or Stanislavskian)은 죄수 자신의 비판적 목소리를 내지 않는 반면, 배우가 자기 자신과 배역에 거리를 두는 브레히트의 연기관(Presentational or Brechtian)은 사회적 비판의 행동을 조장한다. 이것은 메리(Mary)와 데비(Dabby)의 대화에서 잘 알 수 있다. 그녀는 자신이 맡은 실비아라는 배역을 자신과는 다른 삶을 살았기 때문에 맡을 수 없다고 한다. 메리는 자신과 자신의 배역을 동일시하기 때문에 실비아의 기준을 옳고 당연한 것으로 받아들인다. 반면에 노련한 사기꾼과 포주의 의미를 갖는 데비는 메리의 의견에 반대해 브레히트적인(Presentational or Brechtian) 반응을 보인다. 그래서 메리에게 실비아인 척 할 수 있다고 말한다.

다음 리허설에서 데비는 자신과 자신의 역할인 로즈를 동일시하는데 실패(or거부)한다. 랄프(Ralph)가 유혹을 할 때는 얼굴을 붉히라는 연기지도를 할 때 데비는 자신은 그렇게 하지 않는다고 대꾸한다. 자신과 자신의 배역사이의 차이를 말하며 어떻게 로즈가 남자들에 의해 만들어진 여성 섹슈얼리티의 대상이 될 수 있느냐고 반박한다. 자기 자신을 연기하고 싶다는 데비의 주장은 그녀에게 연극을 통해 비평적 자세를 가질 수 있게 한다. 반면에 메리는 극중에서 뿐 아니라 현실에서도 자신을 실비아 인척 한 결과 그 한 부분이 되며 랄프와 사랑에 빠지게 된다. 그 역시 자신의 역할인 플럼(Plum)의 대사를 이용해 메리에게 구애한다. 그는 처음에 여죄수, 특히 창녀가 'Lady Jane'을 연기하는 것에 부정적이었다. 여기서 워텐베이커는 아이러니한 말장난(pun)으로 랄프의 '고상한 체'하는 것을 놀린다고 볼 수 있다.

리즈(Liz)의 경우에는 파콰(Farquhar)의 대사를 단순히 받아들이지 않는다. 대신 그가 채택한 언어로 만들어진 멜린다(Melinda)역을 소화하기 위해 자신이 할 수 있는 한 최선을 다하겠다는 말을 한다. 이것은 그녀가 자신이 맡은 배역이 되는 것이 아니라, 인간으로서 자신의 위엄과 배우로서의 자신의 능력을 입증하겠다는 것을 의미한다.

Phillip The play seems to be having miraculous effects already. Don't you want to be in it, Liz?

Ralph Morden, you must speak.

Collins For the good of the colony.

Phillip And of the play.

A long silence.

Liz I didn't steal food.

…

Phillip Why wouldn't you say any of this before?

…

Liz Because it wouldn't have mattered.

…

Liz your Excellency, I will endeavour to speak Mr Farquhar's lines with the elegance and clarity their own worth commands. (270-71)

그녀가 파퀴의 고상한 언어를 전개하는 것은 시민사회와의 조화뿐 아니라, 더 중요하게는 그녀 스스로 상류층의 담론들을 선택할 수 있고 그것을 청중들에게 맞게 말하는 스타일을 결합시키는 능력이 있음을 의미한다. 또 다른 죄수 와이즈헤머(Wisehammer)는 다른 사람을 가르치고 싶어 하고 말로서 기쁨을 추구하는 사람이다. 그는 공인된 텍스트로 스스로 공부 했으며, 힘과 정확성 있는 적당한 단어를 사용할 줄 안다. 와이즈헤머의 단어의 뉘앙스에 대한 느낌은 자신이 그곳에 가게 된 원인 도는 언어 그 자체가 조작될 수 있다는 점에서 다른 죄수들보다 더 분석적으로 자신을 생각할 수 있게 한다. 예를 들면, 똑같은 단어라 할지라도 부자와 가난한 사람들, 억압받는 자와 억압하는 자에 따른 다른 의미를 가질 수 있다는 것이다.

리즈와 와이즈헤머에게 있어 언어를 취하는 기쁨은 언어가 그들이 아는 다른 어떤 것보다 교양 있게 하고, 세련되게 하기 때문이다. 새로 발견한 언어의 심미적 인식은 말하는 사람에게 힘을 부여하고, 비판적 생각을 하게 한다는 것이다. 이들에게 언어란 희망의 강력한 표명인 것이다.

2. 두 작품 속의 비슷한 등장인물

* 메리 트래버스/소피 & 데비/메리

『메리 트래버스의 우아함』에서 소피가 메리를 대신해 강간당할 때 메리는 소피의 강간을 제 삼자의 위치에서 바라보는 위치에 서게 된다는 점에 주목해야 한다. 여기서 중요한 점은 앤 윌슨(Ann Wilson)의 지적과도 같이 메리가 강간당하는 여성 소피의 편이 되어 약자의 슬픔을 함께 나누기보다는, 오히려 소피의 강간 장면을 흥미롭게 구경하는 남성적 관찰자가 된다는 점이다. 메리가 하드롱(Hardlong)과 관계를 맺었을 때에도 그 대가로 소피를 지불했다. 소피는 메리가 하드롱과 가진 성관계를 보답하는 수단으로 사용된다. 메리가 하는 새로운 세계로의 여행에서 소피가 피해를 보게 된다.

그러나 정신적으로 어려운 상황 속에서도 새로운 세계를 꿈꾸는 소피는 결론적으로 메리보다 도덕적으로 우위에 있어 그녀에게 복수를 한 것이나 마찬가지라 볼 수 있다.

『조국을 위하여』에서도 비슷한 관계 속에 놓인 인물이 있다. 바로 연극을 통해 랄프의 사랑을 얻는 메리는 배우라는 새로운 역할을 계기로 가장 큰 내적 변화를 겪는 인물이다. 랄프의 요청으로 데비의 손에 이끌려 연극에 참여하게 된 그녀는 식민지로 향하는 선상에서 굶주린 배를 채우기 위해 수병들에게 몸을 팔았었지 때문에 스스로에게 자부심을 가질 수 없었지만, 똑똑하고 부유한 실비아(Silvia)라는 역할을 맡아 연습을 시작하면서 자신감을 갖게 되고, 더 나아가 자신을 성적으로 착취하던 포주 데비에게 당당히 맞선다. 연극이라는 새로운 세계에서 메리는 주인공인데 반해 데비의 역할은 보잘 것 없는 모자란 시골 처녀역이다. 글을 읽을 수 있는 메리는 글을 모르는 데비가 함께 연습하기를 원하자 실비아가 되어 데비가 맡은 역할인 로즈(Rose)를 조롱하는 대사를 한다. 메리는 스타니슬라브스키적 연기관을 가지고 있어 진짜 실비아가 되어 연기를 하지만 데비는 브레히트적 연기관을 가지고 있다.

* 소피-아스콧(Arscot)

『조국을 위하여』의 아스콧은 탈옥을 시도하다 붙잡혀 가혹한 채찍질을 당하는 등 탈출할 곳이 없는 유형수라는 자신의 현실에 적응하지 못하는 인물로 절망적인 현실에서 탈출하고자 연극을 택했다.

Arscott I don't want to play myself. When I say Kite's lines I forget everything else. I forgot the judge said I'm going to have to spend the rest of my natural life in this place getting beaten and working like a slave.…I don't have to think about things I've done, when I speak Kite's lines I don't hate any more. I'm Kite. (262)

그는 연극 속에서 다른 인물을 연기할 때면 기억하고 싶지 않은 모든 것을 잊을 수 있기 때문이다.

『메리 트래버스의 우아함』에서도 아스콧과 비슷한 인물이 등장한다. 친척을 찾으러 시골에서 올라온 소피는 메리 대신 고든경에게 강간을 당하고 수많은 남성들이 그녀를 성적 대상으로 취급하는 등 완전한 노예의 모습을 하고 있다. 그러나 소피의 침묵과 순종을 단순히 무지의 소산으로 이해해서는 안 된다. 소피의 이 같은 부정의 생존 양식은 지배와 착취에 저항하는 새로운 유형이라는 점에 유념해야 한다(이희원 82).

Sophie I don't know. I can't remember. Sometimes I don't feel I'm there. It could be someone else. And I'm walking in the fields. So I don't mind much. My brother used to touch me. He was strong and I learned to make it not me. I was somewhere else. But when I want to, with Jack, I'm there. And then not. It's not difficult.

Mary I see. I'm not sorry then. Perhaps I never was. (127)

소피는 거의 말을 하지 않는다. 물론 폭동 이후 많이 변화한 모습을 보이지만 가끔 소피가 던지는 말은 대게 메리를 배려하는 마음과 긍정적인 삶의 태도를 담는 말이다. 소피가 메리에게 한 첫 번째 말은 "어디 몸이 아프세요?"라는 메리의 건강을 염려하는 질문이었으며 'New World'에 긍정적이다. 소피에게 생각이나 견해를 물을 때마나 잘 모른다거나 '나쁜 냄새'로 이야기 하고 강간을 당할 때에도 푸른 들판을 생각하는 소피는 다른 이들과는 다르게 생각하며 그저 감각으로 느끼고 솔직하다.

메리는 소피를 성적대상, 수단으로 이용하지만 소피는 어떠한 순간에도 자신이 행복해하는 새로운 세계를 상상하며 그녀의 마음은 다른 세계에 있어 짓밟히지 않았다.

아스콧과 메리는 약간은 다르지만 전자는 연극 속 등장인물을 연기하는 새로운 세계, 후자는 상상의 새로운 세계를 생각하며 현재 자신의 아픔을 치유하고 잊어나가는, 크리스테바가 주장하는 또 다른 의미의 제 3의 공간이다. 비단 성(gender)의 문제만이 아니라 계급(class)의 문제에서도 생각해볼 수 있다.

3. 새로운 세계

크리스테바는 남성과 여성의 이분법을 형이상학으로 돌리고 모든 성적 차이를 초월하여 역사적 시간 속에서 각기 다른 세 개의 세대가 공존하는 제 3의 공간을 제안한다. 여기서 세대란 의미화의 공간, 즉 정신적이고 육체적이며 욕망하는 공간을 가리킨다. 그녀가 원하는 것은 남성과 여성 사이의 극단적인 투쟁을 약화시키는 것이다.

> In this third attitude, which I strongly advocate—which I imagine?—the very dichotomy man/woman as an opposition between two rival entities may be understood as belonging to metaphysics. What can "identity" even "sexual identity", mean in a new theoretical and scientific space where the very notion of identity is challenged? I am not simply suggesting a very hypothetical bisexuality which, even if it existed, would only, in fact, be the aspiration toward the totality of one of the sexes and thus an effacing of difference, What I mean is, first of all, the demassification of the problematic of difference, which would imply, in a first phase, and apparent de-dramatization of the "fight to the death" between rival groups and thus between th sexes. (Kristeva 209)

그녀가 제안하는 제 3의 페미니즘은 집단적인 투쟁을 거부하고 정신 분석학이나 모성, 미학적인 체험에 의해 자신의 주체성을 개인적인 차원에서 탐색하고 발전시키는 가능성을 모색하는 그런 단계이다. 따라서 이것은 더 이상 페미니즘이 아니라 포스트페미니즘이라고 불릴 수 있는 것으로 본다.

『메리 트래버스의 우아함』에서 'House'라는 감옥에 갇혀 있다가 열린 세계로의 여행을 감행하는 메리는 자신이 살고 있는 사회의 규범에 저항은 하지만 그 저항에 알맞은 새로운 양식을 찾지 못한다. 저항과 도전의 주제를 전달할 적합한 도구를 찾지 못한 메리는 남성 주도로 이끌어지는 바깥세상에서 살아가기 위해 남성보다 더 철저하게 자신이 비판했던 가부장제의 방식을 통독하고 사용하게 된다. 메리는 남성 주도의 바깥세상을 단순히 구경하거나 참여하는데 머물지 않고, 남성보다 더 능수능란하게 가부장제의 관행과 생활방식을 익히며 일시적이나마 남성이 누리는 정치적 권력마저 쟁취한다.

호기심과 탈출하고픈 욕망, 그리고 템트웰부인의 유혹으로 모험을 감행하는 메리는 고든경의 강간 장면을 목격하고 하드롱이라는 남자를 통해 남성의 성에 대해 알게 된다. 하드롱과의 관계에서 남성의 세계에 침입하기 위해 먼저 남성을 경험하는 것이다. 몰랐던 세계로의 진입이며 남성들이 돈을 주고 여성과 관계한다면 메리 자신도 그렇게 하는 것이다. 도박장에서의 모험은 메리에게 큰 대가를 치르게 한다. 메리는 부잣집 딸에서 빈털터리 거지로 전락하였으며, 우아한 대화법을 익힌 귀족집안의 아가씨에서 원치 않는 임신을 하게 된 거리의 여자가 되었다. 우아한 여성에서 비정하고 살벌한 세상에서 살아남기 위해 착취와 비정함에 의존하는 현실주의자가 된다. 그래서 아버지와의 만남에서 매춘부를 운운하며 아버지를 협박해 돈을 빼앗는다.

메리는 마지막으로 진정한 남성들의 세계인 정치의 영역으로 들어가려 한다. 메리는 우선 남녀, 빈부의 차별이 없는 동등한 사회에 대한 잭의 비전을 받아들여 자유롭고 감금되지 않는 사회의 구현을 위해 돌진해간다. 처음에는 서민들 개개인의 막연한 자유에 대한 꿈에서 시작되었던 새로운 사회 구현은 점차 정치적 성향을 띤 무질서한 모임으로 변질된다. 마침내 군중들의 방화와 불길 속에서 무수한 사람들이 죽어 가는 것으로 종결되는 군중운동을 본 메리는 좌절한다. 그러나 여기서 메리의 환멸과 좌절이 새로운 사회 건설에 대한 순수한 열정의 좌절이 아닌 그녀 자신의 정치적 야심이 저지당한 것에서 비롯된 것임에 주목해야한다.

템트웰이라는 이름은 유혹의 tempt와 잘한다 well의 합성어라고 볼 수 있다. 그녀는 메리가 가부장으로 얽매인 집을 나와 모험을 감행하도록 부추긴 장본인이다. 책과 현실은 다르고 매우 우아했던 메리의 어머니마저 길거리의 모습에 호기심을 가지고 있다고 하면서 메리를 유혹한다. 그녀의 유혹은 또한 트래버스 집안에 복수를 하기 위함이기도 하다. 아버지의 농장을 빼앗고 그녀의 할머니를 마녀로 몰아 처형시킨 가일스의 동생(치안판사) 등 트래버스 가족들은 템트웰의 원수였던 것이다. 억압받은 희생자로서 민감하게 계급의식을 표출하는 템트웰 부인의 저항 방식은 역사상의 숱한 혁명과 운동의 기본정신이기도 하다. 여성을 억압한 남성을 무조건 가부장으로 치부하고 남성들에게 맹공을 퍼부었던 초기 페미니즘과 비슷하다고 보인다.

그러나 반대로 메리는 템트웰부인과는 다르다. 비록 남성의 세계를 경험하기 위해 엄청난 대가를 치루지만 그녀는 매춘부와 비슷한 생활을 하여 아이를 갖게 된다. 크리스테바가 이야기하는 개인적으로 모성을 체험하고 자신의 주체성을 변화시키게 된 것이다. 물론 메리는 아이를 낳고도 따뜻하게 안아주지 않으며 오히려 죽이려고까지 한다. 그러나 그녀는 자신 때문에 남성의 세계에서 많은 사람들이 죽는 대가를 지불하고 다시 집으로 돌아와 아이를 안고 정착하게 되는 어머니로서의 변화를 보여준다.

앞에서도 언급했듯이 그러한 면에 있어서 소피는 워텐베이커가 생각하는 하나의 대안일 수 있다. 그녀는 강간당하는 최악의 순간에 푸른 들판을 생각하며 현실과는 전혀 다른 상상의 새로운 세계를 생각한다. 이것은 직접 경험을 해야 변화하는 메리보다 한 차원 높은 것으로 생각된다.

『조국을 위하여』에서 죄수들은 연극이라는 새로운 세계, 호주라는 미지의 세계로 들어가게 된다. 죄수들은 교육도 받지 못하고 무기징역과 사형을 앞두고 있는 최악의 상황이지만 그들은 연극이라는 미학적이고 교훈적인 것을 접하면서 많은 변화를 겪게 된다. 그 배 안에서의 상황은 죄수와 간수 모두 영국에서 매우 멀리 떨어진 호주로 떠나게 됨으로 버림받은 것(displaced)이라 볼 수 있다. 간수는 단지 죄수들을 관리하기 위해 호주로 가는 것이지만 실지로는 버림받은 것이다. 간수들은 죄수들을 지키고 관리해야 하지만 죄수들은 마음대로 행동할 수 있어 오히려 호주로 가는 간수보다 더 힘(Power)을 갖게 되었으며 그들은 연극을 함으로써 많은 변화를 보여준다.

메리와 리즈가 그 대표적인 인물이라고 할 수 있다. 메리는 실비아역할을 연습하면서 자신의 억울함을 이야기 하게 되었고, 리즈 역시 연극을 통해 상류층의 담론을 언급하고 대화를 할 수 있게 변모하였다.

4. 열린 결말

워텐베이커는 『메리 트래버스의 우아함』에서 '과연 메리의 새로운 세계의 경험은 옳은 것인가?' 라는 물음에서 출발한다. 메리는 자신이 했던 남성세계의 경험들 중 최고의 경험을 하게 되는데 그것은 정치에 뛰어드는 것이다. 매우 흥미로운 경험을 찾던 중 메리는 잭을 만나게 되고 그가 꿈꾸는 새로운 세계에 대한 이야기를 듣는다. 메리는 언어, 의사소통이 가능했고 잭은 자신의 꿈이 있었기에 그들은 힘을 모아 새로운 세계를 만들려 했지만 불행(Public Nightmare)이 되어버린다.

Giles Are you still trying to understand everything?
…
Giles I was unhappy when I found how old the world was.
…
Mary I'm certain that when we understand it all, it'll be simpler, not more confusing. One day we'll know how to love this world.
Mrs Temptwell Will you know how to make it just?
Giles Mary!
Mary Ther she is. (159-60)

한 차례의 커다란 폭풍우가 지난 뒤 평화로운 정원에서 메리와 소피, 가일스와 메리, 그리고 메리와 그녀의 딸이 각각 화해하고 특히 트래버스 가족이 그 화해의 장에 템트웰 부인을 수용하는 모습은 바로 이러한 가까운 곳으로부터의 작은 변화가 모이고 축적되었을 때 세상의 혁신이 가능할 수 있다는 워텐베이커의 입장을 분명히 전달해 준다. 아직 개인적으로 작은 변화를 경험한 이들이 찾고 있는 아름다움이나 혹은 당장 만지고 싶은 혁명의 빛은 보일 듯 말 듯 분명히 본색을 나타내고 있지는 않다. 그러나 언젠가 그 빛을 이해할 날이 오게 될 것이라고 메리는 확신한다. 아직은 세상이 혼돈스럽지만 언젠가 보다 단순해져서 더 이상 혼돈스럽지 않게 될 날이, 그래서 이 세상을 완전히 이해하고 또 사랑하는 법을 알게 될 날이 반드시 도래할 것이라고 메리는 믿는다. 그러나 세상은 단번에 이해되지 않는다. 이 같은 견해는 앞서 보았던 워텐베이커의 '작은 변화'의 입장을 반영한다. 여기서 우리가 기억해야 할 점은 소피의 마지막 지적과도 같이 우리가 살아온 암울한 역사를 잊어서는 안 된다는 사실이다. 그리고 역사의 중요성은 역사를 반복하는데 있지 않고 역사를 개선해 나가는데 있다(이희원 85-86).

메리의 새로운(남성) 세계에 대한 경험은 과연 정당한 것인가? 워텐베이커는 그들이 잠깐의 평화를 맞은 것을 보여주며 극을 열린 결말로 끝낸다. 그러나 마지막 메리의 대사 속에서 메리의 딸에게까지 이어지는 것 같은 여운을 준다. 사실상, 메리의 여행은 여성의 권리를 찾는 것 보다는 남성의 세계와 권력을 동경하여 그 힘을 얻고자 했다는 것을 짐작할 수 있다. 워텐베이커는 메리의 여행을 통해 그녀가 가부장적인 사회 속에서 탈출했지만 가부장제를 답습할 수밖에 없는 여성상을 보여주면서 관객들에게 많은 것을 생각하게 한다.

『조국을 위하여』에서 연극을 통해 변화를 겪는 등장인물들은 생계를 위한 작은 범죄를 저지르지만 하층민이기 때문에 죄에 비해 너무 무거운 형벌을 받고 피폐해진 삶으로 인해 그들은 인생을 거의 포기한 사람들이다. 배에 탄 죄수와 군인들은 서로 화합하지 못하고 자신의 상처를 감싸지 못한다. 하지만 연극이라는 것을 통해 보급품을 기다려하는 절박한 삶 속에서 한줄기 희망을 찾고 심적으로 그들은 변화를 보여준다. 진급을 위해 연출을 맡았던 랄프는 진정으로 연극을 위해 자신의 사심을 버리게 되고 여 죄수들은 숙녀로 거듭난다. 워텐베이커가 주장하는 연극을 통한 작은 변화가 이루어진 셈이다.

III. 결론

워텐베이커는 서구에서 누리는 명성에 비해 국내에 늦게 소개되었다. 해외에서의 활발한 연구에 비해 국내에서의 연구가 빈약함은 일단 작가 소개가 늦었고, 연구 자료가 거의 없다는 현실적인 이유 때문일 것이다. 또 한 가지 이유를 들자면 워텐베이커는 어떤 한 부류의 작가로 구분하기가 어렵다는 점을 들 수 있다. 90년대 들어 국내에서 페미니즘 연구가 활발해졌고, 이는 희곡에서도 마찬가지인데 워텐베이커의 작품들은 페미니즘 적이긴 하지만 다른 페미니즘 연극들과는 달리 형식도, 배경도 너무나 다채로워서 여타의 페미니즘극과 같이 묶어 연구하기가 쉽지 않다.

필자는 워텐베이커의 『메리 트래버스의 우아함』과 『조국을 위하여』에서 보이는 새로운 세계와 여러 가지 연극 속의 장치들을 크리스테바의 페미니즘 이론으로 살펴보았다. 전자에서 워텐베이커는 메리를 심판받아야 할 악한으로도 또 칭송받아야할 영웅으로도 그리지 않는다. 메리는 분명히 현대의 페미니스트가 취할 수 있는 한 유형으로 제시된다. 사실상 페미니스트 극작가 워텐베이커에게 있어 중요한 쟁점으로 부상하는 것은 메리의 위배 행위가 어느 정도까지 가부장제에 대한 도전이냐의 문제이다. 메리의 여정이 가부장제의 여성 감금을 둘러싼 이데올로기를 파헤치고 전통적 여성 미덕의 허구성을 노출하는 비판과 도전의 형식임에 틀림없다. 그러나 워텐베이커는 그렇다고 해서 가부장제의 기본 이데올로기를 그대로 도용한 메리를 가부장제의 사슬을 과감히 벗어 던진 위대한 선구자로 높이 살 수만은 없을 것이다. 메리는 크리스테바의 이론 중 개인적인 경험을 통해 자신의 주체성을 찾아가고 변화를 겪는 제 3의 페미니즘을 보여주고 있다.

『조국을 위하여』에서도 마찬가지로 죄수들이 연극을 통해 변화해가는 모습을 표현한다. 잔인하고 난폭한 폭력의 행사 앞에 죄수들은 저항할 수 없는 듯이 보이지만 그들은 연극이라는 매개를 통해 저항을 하는 것이다. 죄수들은 서로에 대해 책임감을 느끼면서 공동체의 창조를 통해 자신들의 존엄성을 회복해 간다.

새로운 공간을 향해 나아가는 인물들의 모습에서 우리는 워텐베이커의 작품이 크리스테바의 이론과 일치하는 것을 알 수 있다. 물론 우리가 살펴본 두 개의 희곡이 좀 더 우리에게 여러 가지로 생각하게 하지만 분명 크리스테바가 주장한 여성과 남성이 양분되지 않는 제 3의 공간을 워텐베이커 역시 염두 해두고 있음은 분명하다.

참고문헌

1. Primary Text

Wertenbaker, Timberlake, *The Grace of Mary Traverse-Timberlake Wertenbaker: Plays One*. Faber & Faber, 2002.

____________________, *Our Country's Good-Timberlake Wertenbaker: Plays One*. Faber & Faber, 2002.

2. Secondary Text

박지인, 「Timberlake Wertenbaker의 Our Country's Good 연구-연극의 치료효과를 중심으로」, 중앙대 석사학위논문, 2000.

이희원, 「여성이 권력을 갖게 되면? 또는 여성의 모험과 그 한계-팀버레이크 워텐베이커의 『메리 트라버스의 우아함』소고」, 『디오니소스』 1호, 1997, 63-87.

Chaillet, Ned. "Timberlake Wertenbaker". *Contemporary Women Dramatists*. K. A. Barneyed, 1994.

Dahl, Nary-Karen. "Constructing the Subject: Timberlake Wertenbaker's *The Grace of Mary Travers". Journal of Dramatic Theory and Criticism*. 7, 2:149-59(1993).

Foster, Verna. "Conflict, Characters, and Convention of Acting in Timberlake Wertenbaker's *Our Country's Good" Connotations*. 7:3(1997-1998), 417-32.

Kristeva, Julia. *The Kristeva Reader*. New York Columbia UP, 1986. 187-213.

Rabey, David Ian. "Defining Difference: Timberlake Wertenbaker's Drama of Language, Dispossession and Discovery". *Modern Drama*. 33:4(1990): 518-28.

Wilson, Ann. "*Our Country's Good*: Theatre, Colony and Nation in Wertenbaker's Adaptation of *The Playmaker"*. Modern Drama 34:1(1999): 23-34.

제2부

♥

여성문화의 동시대성

성(聖)과 속(俗)*

강 정 구**

최근 한국시에서 여성시인의 도약은 실로 눈부신 것이다. 이 글에서 논하고자 하는 시인 문현미 역시 그러한 도약의 선두에 나선 자이다. 그녀는 성스러운 것과 세속적인 것이라는 서로 분명히 구분된 사유를 해체하는 시인이다. 그녀는 성스러운 것과 세속적인 것을 왕복하면서, 때로는 한쪽으로 휩쓸리면서, 또 때로는 그 경계에서 자유로운 상상력을 펼쳐내면서 시적 진실을 찾고자 한다.

시인 문현미는 성과 속의 경계에 서 있다. 그 경계 위에 서 있기란 두 눈은 성찰과 깨달음으로 눈부신 성의 세계를 바라보지만, 발은 거짓과 위선으로 가득 찬 속의 세계를 디디고 있는 대립과 긴장의 자세를 유지하는 것이다. 그녀는 자신의 시세계 속에서 상상해낸 성과 속의 경계 위에서 아슬아슬한 균형을 잡으면서 자기 자신과 주변의 이야기를 풀어낸다. 박인환문학상이 주목한 시 6편과 이번에 자선작으로 실린 시편의 공통점은, 성과 속을 이분법적으로 나누어 생각하는 우리의 상식을 여지없이 깨뜨리면서 성/속이

---

* 이 글은 시인 문현미가 2008년 제9회 박인환 문학상에 수상된 것을 기념으로 출간된 시집 『가산리 희망발전소로 오세요: 2008년 제9회 박인환 문학상 수상작 작품집』(예맥출판사, 2008)의 작품론으로 실렸던 것을 수정・보완한 것이다.

** 경희대학교

어우러진 세계를 보여주고자 시도한다는 점이다.

1. 성과 속의 포갬

이러한 시인의 시도는 성/속에 접근하는 두 가지의 방식으로 제시된다. 하나는 세속 속에 성을 포개어놓는 것이다. 세속의 사물을 성화된 사물로 바라보기, 이것은 보들레르의 상징주의를 연상시킨다. 보들레르는 지상의 바보였지만 천상의 왕자로 살았다. 지상의 바보가 근대산업사회라는 세속의 세계에서 무용한 주정뱅이의 모습을 뜻한다면, 천상의 왕자는 성의 세계에서 천상의 진리를 알고 그것을 언어로 표현하는 시인의 모습을 의미한다. 보들레르의 시적 언어는 천상의 신비로운 질서와 내밀한 진리를 담고 있는 상징인 것이다. 문현미는 자신이 살아가는 세속의 사물을 성화된 사물로 상징화하면서 자신의 시적 공간을 만들어 나아간다.

오체투지의 둥근 힘으로

작은 우주의 비밀을
고스란히 견디는 엄숙한 인내
고요, 한 방울

한 치의 떨림 없이
진홍빛 꽃잎 위에 아슬하게 맺힌
천연 순도의 상징이 여는

첫 아침의 숲속
가장 눈부신 상형문자.

- 시 「감로(甘露)에 깃들다」 전문(全文)

이른 아침 숲으로 가서 꽃잎 위에 맺힌 이슬을 바라보는 것은 분명 낯선 체험일 것이지만 세속에서 경험가능한 일이다. 그렇지만 그러한 이슬에서

"작은 우주의 비밀을 고스란히 견디는 엄숙한 인내"의 모습을 바라보는 것은, 성의 세계를 볼 수 있는 자만이 경험할 수 있다. 이 이슬은 성의 세계로 그녀를 안내하고 또 그것을 통해서 성의 세계가 그녀의 눈 앞에 펼쳐진다는 점에서 그 자체가 천상 진리의 드러남이요 사물의 성화(聖化)이다. 따라서 그것은 "가장 눈부신 상형문자", 즉 보들레르의 상징이 된다.

속세의 사물에서 성화된 이러한 상징은 "무욕의 바람에게 제 표정을 찾는/ 처음 마음"의 '얼음꽃'(「동심(冬心)」)이나 "무한 공중의 거대한 자유의 힘"을 보여주는 ''바람(시 「바람 나그네」) 등에서 자주 보인다. 이 때 세속의 사물을 매개로 성의 세계를 열어놓고자 하는 시인의 의지는 쉽사리 초월의 경지에 오를 수 없다. 그 의지는 세속에서 이루지는 것이기 때문이다. 성화된 세계를 열어놓고자 하는 세속 속의 노력, 이러한 모순과 괴리를 극복하는 방법이 시인에게는 종교인 듯하다. 그 종교는 표면적으로 불교적인 이미지로 표현되지만, 심층적으로는 기독교적인 것이다. 시인은 시 「겨울산」을 비롯해서 「빙벽」, 「동심」, 「바람 나그네」에서 일관되게 '무욕'과 '무소유'를 말하고 수행정진을 펼치지만, 그녀가 추구하는 것은 분명히 속의 세계에서 성의 세계(신의 세계)로 향하고자 하는 "생의 결단"(「빙벽」)이고, "무욕의 은빛 기둥을 곧추 세"우는 '폭포'(시 「겨울산」)에서 보듯이 불교적인 절대 무(無)의 세계보다는 자기 비움('무욕')을 통한 기독교적인 영성의 드러남("은빛 기둥")이다.

2. 속에서 성의 드러남

성/속의 포갬이 하나의 방식이라면, 속에서 성이 드러나는 순간을 포착하는 것은 다른 하나의 방식이다. 전자가 속에서 성을 바라보는 것이라면, 후자는 속에서 발을 디디고 살면서 언뜻언뜻 드러나는 성의 찰나를 포착하는 것이다. 세속의 삶에서 성스러움 혹은 진리는 순간적으로 드러났다가 사라지는 카메라 후레쉬의 불빛과도 같은 것이다. 시인은 진리가 드러나는 순간을, 그리고 그 진리가 세속에서 너무 쉽게 사라지고 묻히고 잊혀 진다는 사실을 잘 알고 있다.

카메라 앞에서는 순간의 표정을 날조한다 모두 기특하게도
웃으라면 웃고, 벌리라고 하면 헤벌죽 벌리는 사진사의
모범 학생들인 우리들

하지만 오늘 영정사진을 찍으시는 어머니는 철학자 같다
사진을 찍어 놓으면 더 오래 살 거라는 꽃꿈을 담아 살짝
웃으시는 어머니! 찰깍! 지상에서의 마지막 순간이 담긴다

필름없이 우리들도 함께 찍혔다 가족카메라의 렌즈에 영원히
사라지지 않을 천연색 칼라 사진이 박혔다 암실도 다르고
풍경도 다르지만 따뜻한 피의 색감은 똑같은 사진 한 장

실물보다 더 잘 찍히기를 바란다 누구나 죽음 앞에서도
거짓을 유언처럼 현상하고픈

- 시 「거짓을 현상하다」 전문(全文)

어머니의 영정 사진을 찍으러 사진관에 간 시인은 어머니와 자신이 너무도 쉽게 세속화되어 있음을 깨닫는다. "카메라 앞에서는 순간의 표정을 날조한다"는 시인의 주장은 실물(real)보다 더 나은 이미지가 되고 싶은 세속적인 욕망을 잘 드러낸다. 이러한 세속적인 일상 속에서 성스러움 혹은 진리는 찰나적으로 스쳐지나가는 것이지만, 곧 잊혀지고 만다. 위의 시에서는 그러한 진리 은폐의 순간을 잘 보여준다. 영정사진을 찍는 어머니는 "철학자 같다"는 표현에서 암시되는 삶의 진지함, 혹은 죽음을 향한 존재임을 깨닫는 순간의 진정성을 느끼면서도 "사진을 찍어 놓으면 더 오래 살 거라는 꽃꿈을 담아 살짝 웃으"면서 세속화된다. 또한 시인 역시 "가족카메라의 렌즈에 영원히/사라지지 않을" 어머니의 존재감을 느끼지만 곧이어 "실물보다 더 잘 찍히기를 바란다". 이러한 세속화되기란 실상 순간적으로 임재하는 진리를 망각하는 일상인의 모습을 잘 보여주는 것이다.

이러한 세속을 살아가기란 엄밀히 말해서 순간적인 진리의 은폐이다. 시 「결혼후일담」에서 확인되듯이 "수십 년 동안 낡아 가는 살 맞대고 살았으면서 서로의 구석구석 그늘지고볕드는 곳까지 아직도 모르는 게 헤아릴 수 없

다"는 순간적인 진실은, "식은 밥같이 되풀이되는 몸의 사막지대에서 하루가 맹맹하게 빛바랜 필름으로 되풀이 흘러간다"는 진부하고 초라한 일상에 밀려 사라진다. 시인의 세속 살기, 그것은 성의 진리를 포착하되 펼쳐내지 못하는 답답함이고 어려움이다.

3. 성과 속의 합치

그렇다면 성/속에 접근하는 두 가지 방식-포갬과 포착-은 역설적이게도 두 세계가 그만큼 멀리 떨어져 있고 하나가 될 수 없다는 것을 보여주는 것이 아닌가. 포갬과 포착이란 결국 시인의 상상 아닌가. 물론 그것은 객관의 세계에서는 맞는 말이다. 객관의 세계는 속의 세계이고 성의 세계는 늘 그 배후에 있는 것이다. 이 부분에서 문현미 시의 의미가 있다. 문현미는 둘로 나뉜 두 세계가 하나의 세계로 합치되는 행복한 상상력을 보여주는 시인이다. 이번에 박인환문학상을 수상한 시 「가산리 희망발전소로 오세요」도 바로 그러한 상상력에 기초한다. 이 시의 공간이 다른 시와 다른 점은 세속의 공간 속에서 믿음, 사랑, 소망으로 대표되는 기독교적인 성의 세계가 어우러져 있다는 것이다. 시인은 이 시에서 성과 속에 대한 새로운 사유를 보여준다.

> 사람 사는 냄새가 맡고 싶으면 밀양군 북면 가산리로 오세요. 그곳엔 60년 해묵은 이발소, 낡은 희망발전소가 하나 있지요
>
> 투박한 바리깡, 케케묵은 의자들, 연탄 난로에서 보글보글 세월을 끓이는 찌그러진 알루미늄 주전자, 바닥에는 갓 떨어져 나온 보풀 온기들, 복덕방 김씨 영감, 중국집 배달부 이씨, 여기저기서 몰고 온 때 묻은 풍문들이 잘려 나가는 머리카락보다 더 수북이 쌓입니다 와 달라는 연락을 받으면 〈금일 휴점〉 팻말을 붙여 놓고 쏜살같이 달려가는 이발사, 이발소를 찾았다가 팻말을 보면 어디로 갔는지 세상 이치를 어림짐작하는 동네사람들, 관절염으로 고생하는 친구의 오랜 쑥대머리를 깎아주고 감겨줍니다 빗질을 쓱쓱 하니까 친구가 이발사보다 훨씬 더 젊어 보이지요 이발사의 입가에 반달 미소가 걸리면 "머리 다 깎았다. 괜찮나?" "쪼매 못났다" 숫돌에 무

> 딘 가윗날을 쓱싹쓱싹 갈고 있는데 엿장수 최씨가 들어오며 엿가위 소리 툭 던집니다. "오늘 돈 마이 벌었나?" "그냥 밥 묵꼬 살면 된다 아이가, 하루에 세끼 더 묵꼬 사나?"
>
> 사람 냄새가 누룩처럼 부풀어 올라 동네가 구수구수 사랑으로 익어가지요 잘려 나간 머리카락만큼 온정이 더 쑥쑥 자라나는 가산리 희망발전 이발소
>
> \- 시 「가산리 희망발전소로 오세요」 전문(全文)

객관의 세계에 있는 "60년 해묵은 이발소"는, 아주 오래되고 누추한 시골 이발소의 풍경을 떠올린다. 시인의 표현대로 "투박한 바리깡, 케케묵은 의자들, 연탄 난로"가 있는 곳이고, 자주 "<금일 휴점> 팻말을 붙여" 놓은 보잘 것 없는 공간이다. 시인은 이러한 공간을 사랑과 희망이 있는 성스러운 세계로 바꾸어놓는다. 이발사가 관절염으로 움직이지 못하는 친구의 머리를 깎으러 가는 선(善)이 있고, "사람 냄새가 누룩처럼 부풀어" 오르는 동네에는 "구수구수 사랑"이 있으며, "잘려 나간 머리카락만큼 온정이 더 쑥쑥 자라나는" 희망이 있는 공간, 그곳은 지상의 천국에 다름 아니다.

세속적이면서도 성스러운 공간, 그곳은 작고 보잘것없는 마을의 이발소에서 발견된다. 그래서 그 이발소는 기독교의 교리가 친구의 믿음과 이웃의 사랑과 인간의 소망으로 싹트는 '발전소'가 된다. 그렇다면 이러한 시인의 상상은 "현실적 리얼리티를 약화시키고 그가 보고자 하는 측면"(최라영, 「백년 그리움의 열병 끝에…」, 『시현실』 2008년 가을호, 74면)만을 보는 것이 아닌가 하는 의문이 슬며시 밀려오는 것도 부정하기 힘들다. 그렇지만 박인환 문학상 심사위원들은 현실의 리얼리티보다는 시인의 상상과 그로부터 뻗어 나오는 문학의 힘을 더 믿었던 것 같다. 시인이 앞으로 고민하고 갱신해야 할 부분도, 독자가 우려하는 부분도 모두 같은 지점이다. 성과 속을 말하는 시인의 어려운 문제가 놓여 있는 지점이기도 하다. 나는 문현미 시인이 이 문제를 슬기롭게 그리고 심도 있게 현재 고민하고 있고, 앞으로 좋은 작품으로 답변할 것을 믿는다.

근대 가족서사 해체의 딜레마
-영화 <가족의 탄생>과 <아내가 결혼했다>를 중심으로-

김 우 필*

1. 근대 가족 개념의 형성 과정

가족이란 결혼이나 혈연에 의한 친족관계에 기초한 사람 사이의 연결망인 친인척 관계로 직접 연결된 집합체로서, 성인들에게는 자녀 양육이라는 의무가 전제된 집단이다. 이러한 친인척 관계들은 모두 결혼 행위를 전제로 형성된다. 결혼이란 두 명의 성인 사이에 주고받는 성애에 기초한 관계로서 사회적으로 인정되고 용인된 결합체이다.[1] 서구사회의 경우 이러한 결혼은 단혼제(monogamy)에 기초한다. 단혼제는 특정의 기간 내에 한 명 이외의 배우자를 선택하는 것은 불법으로 규정한다. 그러나 이러한 단혼제가 예외 없이 보편적인 제도였던 것은 아니다. 20세기 중반에 수백 여 사회의 결혼 제도를 비교한 조지 머독의 연구에 따르면, 두 명 이상의 배우자 선택이 허용되는 복혼제(polygamy)가 연구 대상 지역의 80% 이상을 차지한다고 밝힌 바 있다. 복혼제는 다시 두 종류가 있는데, 일부다처제(polygyny)와 일처다부제(polyandry)가 있다.[2] 이렇게 결혼을 전제로 만들어진 가족은 그것이 사회 속

---

* 경희대학교

1) 앤서니 기든스, 김미숙 외 공역, 『현대사회학』, 을유문화사, 2003, 193면.

2) 앤서니 기든스, 위의 책, 194면.

에서 작동하는 방식에 따라 다양한 관점으로 해석된다.

기능주의 사회학자들은 결혼을 성인 인격체끼리 서로를 지지해 주고 정서적으로 건강하게 해주는 사회적 초석으로 보면서 결혼을 사회형성 조건의 중요한 기능단위로 보았다.3) 이러한 기능주의 사회학자들의 결혼관은 가족을 친밀감과 유대감을 바탕으로 만들어진 사회, 더 나아가 국가의 최소 단위로 보는 견해이다. 하지만 모두가 주지하다시피 이혼과 동거가 급증하고 있는 오늘 날, 이러한 기능주의 사회학자들의 결혼관, 가족관은 더 이상 동시대성을 확보하지 못한 채 한계점을 지닐 수밖에 없다. 그런 점에서 울리히 벡은 이혼과 동거가 급증하면서 전통적 가족개념과 근대적 가족개념을 파기하고 새로운 관점을 제기한다. 그는 이 문제를 다시 '사랑이란 무엇인가?'의 문제로 보았다.

울리히 벡은 오늘 날 전개되고 있는 남녀 간 문제는 사람들의 사랑에 대한 갈구를 반영하는 가장 명료한 지표라고 말한다.4) 사람들은 사랑을 위하여 결혼하고 동시에 사랑을 위하여 이혼한다. 이들은 끊임없이 희망, 후회 그리고 새로운 시도(재혼과 같은 방식)라는 순환적 시행착오를 되풀이한다. 한편으로는 남녀 사이에 긴장이 고조되지만, 진정한 사랑과 충만감으로 채워질 가능성 속에 희망과 신뢰감을 부여할 수 있는 상대방이 존재할 것임을 믿어 의심하지 않는다. 이러한 현상은 사람관계에서 흔히 발생하는 만남과 이별의 단순한 문제가 아니다. 우리가 살고 있는 자본주의적 현실은 너무도 지배적이고, 비인간적이며, 추상적이고, 또한 급박하게 변해 가고 있기 때문에 역설적으로 평등하고, 인간적이며, 구체적이고, 평온한 '사랑'이 인간관계에 있어서 중요한 자질이 되고 있다. 사랑은 나름대로 복종하는 법칙을 지니면서도 그 메시지는 사람들의 기대치, 걱정이나 행동 양식에 스며들어 막강한 영향력을 행사하는데, 이러한 사랑이 현대 사회에서 강조되는 모든 신뢰(혹은 존중)의 원천이 되고 있다.

지금까지 살펴본 앤서니 기든스나 기능주의 사회학, 그리고 울리히 벡의 가족, 결혼, 그리고 사랑에 대한 관점은 모두 이미 발전한 서구자본주의 사

3) 앤서니 기든스, 위의 책, 195면.
4) 울리히 벡, 배은경 역, 『사랑은 지독한, 그러나 너무나 정상적인 혼란』, 새물결, 1999, 155면.

회의 근대성에 기초한 시각들이다. 그런데 이러한 시각 이전에 서구의 산업 자본주의 사회가 태동하였던 18세기 말부터 19세기 중엽, 가족에 대한 철학적 · 사회학적 고찰을 수행한 시도가 이미 있었다. 18세기 말부터 19세기 중엽까지 서구 사회는 기독교적, 가부장적 가족이 점차 사회적 논란이 되던 시점이었다. 19세기 후반 진화생물학에 의해 가족을 종족번식을 위한 생물학적 결합으로 보려 한 시도는 이미 그 당시에서 수십 년 전, 헤겔과 칸트의 인문사회학적 방식의 가족 개념 고찰에 바탕을 두고 있을 뿐이었다.

헤겔은 『법철학강요(法哲學綱要)』(1821)에서 개인, 시민 사회, 국가라는 세 가지 근본 단위를 분석하고 있다. 그는 개인은 법의 기초를 이루며, 법은 개인적일 수밖에 없다는 전제 하에, 육체는 자아를 규정하며, 자아가 스스로를 객관화시키기 위해서는 개인적 자산이 필요한데 개인은 가족에 종속되어 있기 때문에 가족은 시민 사회의 본질적인 '서클' 중 하나라고 주장하였다. 가족이 없다면 국가는 독재를 불러오기 십상인 '생명 없는 집합체', 즉 군중들만을 상대하게 될 것이라고 보았다.[5] 헤겔에게 있어 가족은 자연적 도덕의 수호자이다. 가족은 상호 합의에 의해 성립된 일부일처제 결혼에 근거를 두며, 최선의 결혼은 계획된 중매결혼이고, 애정은 결혼 후에 생겨나는 것이지 그 역이 아니라고 그는 주장했다. 헤겔에게 있어서 가족은 추억과 같은 강력한 정신적 유대 그리고 물질적 유대 관계에 의해 연결된 이성적이고 의지적인 구성물인 것이다. 경제적 · 문화적 상속을 중요하게 여긴 봉건사회의 '가문'(家門)이 아닌, 이처럼 도덕성을 바탕으로 하는 근대 시민사회의 초석으로 '가족'(家族)의 의미에 헤겔은 주목했다.

한편 칸트는 가족(family)이 아닌 가정(home)에 주목하였다. 그에게 있어서 가정은 도덕과 사회 질서의 기초이며, 사적 영역의 핵심이다. 하지만 그 사적 영역은 본능을 길들이고 여자를 길들일 수 있는 유일한 인물인 아버지에게 종속된다. 여자는 가정 내에서 규율의 대상이기 때문에 여자는 집안의 핵심인 동시에 집안을 위협하는 양면성을 지니고 있다. 여자는 가정을 빠져나가기만 하면 즉시 반란자가 되고 혁명가가 될 수 있다. 여기서 바로 근대

---

5) 헤겔, 서정혁 역, 『법철학강요』, 지만지고전철줄, 2008, 74~79면 참조.

가정의 모순이자 여자의 사법적 지위의 모순이 발생한다. 그래서 칸트는 한 개인으로서 여자는 개인적 권리를 갖고 있지만, 가족의 구성원으로서의 여자는 군주제적인 본질을 지닌 남편의 권한에 복종하게 된다고 보았다.[6] 봉건제가 이미 시민혁명에 의해서 소멸되었지만, 근대의 가족제도에서는 가정이라는 사적 영역에서 사회적으로 소멸된 봉건제가 여전히 유지되고 있는 것이다. 오늘 날 많은 페미니스트들이 국가를 '하나의 커다란 가정'으로 보는 것은 이러한 칸트의 근대 가족관에 바탕하고 있다. 그런 점에서 헤겔이 가족을 시민사회의 차원으로 그 개념을 확대시켰다면, 칸트는 가족의 미시적 관계 속에 잠재된 봉건적 질서와 근대 시민사회 도덕의 실체를 분석하였다고 할 수 있다.

2. 근대 가족 형성에서 나타나는 인정투쟁 메커니즘

앞서 살핀 여러 학자들의 근대 가족 개념은 몇 가지 중요한 맥락을 내포하고 있으며, 그들의 진술 속에 생략된 전제들 속에는 근대 가족 개념과 관련된 정치·사회적 메커니즘을 함축하고 있다. 이러한 사실을 항목화하면 다음과 같다.

(가) 근대국가는 가족을 단위로 형성된다.
(나) 가족은 결혼을 전제로 형성된다.
(다) 가족은 도덕성을 전제로 형성된다.
(라) 결혼은 성인들의 전유물이다.
(마) 결혼은 성별과 무관하게 가능하다.
(바) 결혼은 사랑을 전제로 한다.
(사) 결혼은 일대일 관계를 전제로 한다.
(아) 사랑은 육체적 관계를 전제로 한다.
(자) 사랑은 사회적 신뢰관계의 전제이다.

6) 미셸 페로, 전수연 역, 『사생활의 역사4』, 새물결, 2003, 160~161면 참조.

이들 항목을 보면 알 수 있듯 가족문제는 국가, 결혼, 사랑의 개념을 반드시 동반한다. 여기서 흥미로운 점은 이 개념들의 역학관계이다. 이들 개념들을 집합관계로 본다면 사랑이라는 개인의 심리적 차원이 국가라는 거대한 집단적 차원으로 확대된다는 점을 알 수 있다.

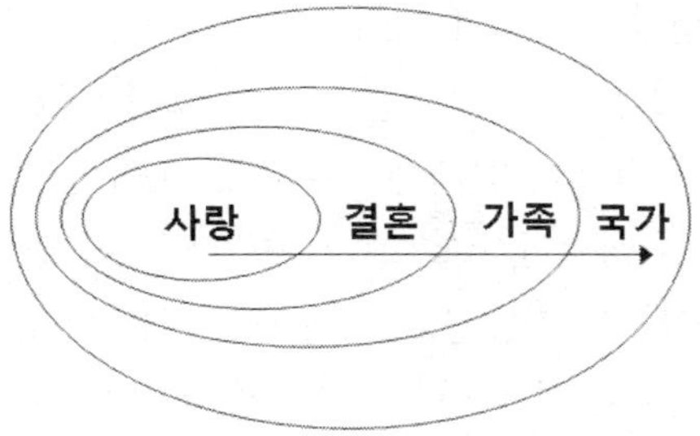

〈도표 1〉

이 도표에서 나타나듯 '사랑'에서 '국가'로의 확대는 곧 '개인→집단', '심리→정치', 그리고 '내면→제도'로 나아가는 과정이다. 그렇다면 이제 남은 문제는 이러한 개념적 확대가 어떠한 메커니즘으로 작동하고 있는가의 문제이다. 연구자는 사랑이라는 개인적, 심리적, 내면적 측면이 국가라는 집단적, 정치적, 제도적 측면으로 확대되는 과정을 '사회적 갈등의 도덕적 형식'으로서 헤겔이 제안한 '인정투쟁(recognition conflict)'의 과정으로 보고자 한다. 또한 이러한 갈등의 형식이 바로 주체와 타자의 상호작용 관계를 기반으로 한 자아의 정체성 수립과정으로 보고, 그러한 자아 정체성의 수립은 '적응(adaptation)'과 '이탈(separation)'의 방식을 취하며, 화자로서의 주체가 청자로서의 타자에게 '끊임없는 말 걸기'[7]의 과정으로 본다. 이 과정이 소위 말하는 '연애(love affair)'이며, 연애는 곧 사랑이란 한 개인의 내면이 제도적 장치로서 작동하는 국가(근대국가)를 형성하고 유지시키는 메커니즘인 것이다.

7) '말 하기'가 아닌, '말 걸기'인 이유는 화자와 청자의 관계를 고정된 역할 관계로 보지 않고, 계속해서 그 역할이 교차된다는 점에서 '말 걸기'이다.

앞서 언급하였듯 헤겔은 가족을 근대 시민 사회의 기초로 보았다. 그의 관점은 주로 법과 제도의 도덕적 정당성을 해명하기 위한 것이었다. 그런데 이러한 헤겔의 관점을 사회적 갈등의 형식으로 보고, 주체와 타자의 상호작용 관계를 인정투쟁의 관계로 본 악셀 호네트의 헤겔 재해석[8]은 근대와 탈근대 가족 개념과 나아가 개인의 내면이 어떻게 국가의 제도와 결합하는지 그 메커니즘을 해명하는 열쇠가 된다. 먼저 호네트에 의하면 '사랑은 현실 속의 이상에 대한 예감'이며, '연애는 타자 안에서 이루어지는 자기 인식이다.' 사랑은 자기 자신이 타자 속에 존재하길 바라는 객체지향성을 지니고 있지만 궁극적으로는 상호인정관계를 지향한다. 한편 연애는 일종의 역할놀이인데, 연애 당사자들은 상대방에 대해 '적응'과 '이탈'의 과정을 겪게 된다.[9] 그것은 마치 아이가 처음 마주친 인간존재, 엄마와 교감하는 방식과 동일하다. 엄마의 젖을 빠는 행위는 엄마의 신체를 공격하는 파괴욕구 행위이다. 그런데 엄마는 아이에게 자신의 젖이 빨릴 때의 고통을 참고 인내함으로써 아이를 하나의 인격체로서 존중하게 되고, 아이 역시 자신의 공격행위를 수용하는 엄마라는 존재에게 유대감을 느끼게 된다. 이러한 유대감은 엄마와의 반복되는 이러한 상호작용 관계 속에서 신뢰감으로 발전하게 되고, 이렇게 해서 형성된 신뢰감은 엄마라는 존재에 대해 아이의 경계심이 탈각되는 결과를 낳게 한다. 탈 경계화(incaution)는 아이가 자립적 주체가 되는데 반드시 필요한 과정이다. 만약 타인에 대한 이러한 탈 경계화가 형성되지 않는다면 사디즘, 마조히즘처럼 상호작용성을 부정하는 고립된 인간존재로 유폐될 수 있다. 악셀 호네트는 이러한 상호작용성이 바로 상대방을 인정하게끔 만드는 요소임을 강조하면서 우리가 누군가를 '인정하는 행위'는 주체가 객체화될 수 있는 관점을 획득하는 것으로, 자기 자신으로부터 타인을 해방(이탈)시키는 행위이면서 동시에 타인을 의식하는 정서적 구속(적응)에 빠지는 이중적 과정이라고 설명한다.[10] 이러한 인정행위는 가족으로부터 국가에 이르기까지 그 의미가 확대된다.

---

8) 악셀 호네트, 문성훈 공역, 『인정투쟁』, 동녘, 1996.
9) 악셀 호네트, 위의 책, 81~83면 참조.
10) 악셀 호네트, 위의 책, 169~170면 참조.

인정대상 / 인정방식	개인 (구체적 욕구)	인격체 (형식적 자주성)	주체 (개인적 특수성)
심리적 직관 (정서적)	가족 (사랑)		
개념 (인지적)		시민사회 (권리)	
지성적 직관 (합리적)			근대국가 (연대)

〈도표 2〉[11]

<도표 2>는 앞선 <도표 1>의 평면적 차원을 입체적 차원으로 수정하여, 사랑의 의미 확대를 구체적으로 표현한 것이다. <도표 2>에서 나타나듯 '가족, 시민사회, 근대국가'는 상호작용관계 속에서 만들어진 인정의 유형(type of recognition)이다. 이들 인정유형들은 괄호 안의 개념들과 투쟁관계를 형성한다. 가족은 사랑을 쟁취하려하고, 시민사회는 권리를 쟁취하려하며, 근대국가는 연대를 쟁취하고자 한다. 반면 그 역의 관계가 바로 인정을 획득한 상태이다. 사랑을 인정하므로 가족이 탄생하고, 권리를 인정하므로 시민사회가 탄생하며, 연대를 인정하므로 근대국가가 탄생한다. 이 두 위상개념들 간 관계는 일종의 전제와 결론의 관계에 해당한다. 즉, 사랑을 전제로 하는 가족, 권리를 전제로 하는 시민사회, 연대를 전제로 하는 근대국가 관계가 각각 성립된다. 이제 연애는 단순히 남녀가 사랑을 느끼며, 결혼을 하기까지 정신적·육체적인 관계를 형성하는 행위가 아니다. 연애는 호네트가 앞서 말했듯, 타자의 입장에서 자신을 인식하는 행위로서 주체와 타자의 상호작용행위이다. 따라서 <도표 2>처럼 개인을 인정하므로 획득한 가족이란 인정유형은 연애행위가 '인정투쟁'의 과정이며, 이러한 '인정투쟁'은 개인에서, 인격체, 나아가 근대적 주체를 인정하는 행위의 메커니즘이 된다.

11) 악셀 호네트, 위의 책, 63면 참조.

3. 근대 가족 공동체 의미의 해체와 변형 - 〈가족의 탄생〉 · 〈아내가 결혼했다〉

앞서 중심적으로 논의하였던 헤겔을 통해서 알 수 있듯 근대국가의 출현은 인정투쟁을 통해서 가능해졌다. 인정투쟁은 연애 메커니즘과 동일하며, 연애를 전제로 결혼하고, 가족을 이루는 오늘 날 현대 사회인들의 삶의 형태 역시 바로 이러한 인정투쟁의 현상이라 할 수 있다. 그런 점에서 근대국가와 위상만 다를 뿐, 근대국가 출현의 기초가 되고 심지어 그 메커니즘까지 동일한 형태를 지닌 근대 가족 공동체의 출현과 그 해체 과정은 인정투쟁 현상의 측면에서 해석되고, 새로운 의미로 재해석될 수 있다. 영화 <가족의 탄생>과 <아내가 결혼했다>는 근대적 가족 공동체 개념의 해체와 변형을 보여주는 대표적인 영화로서 사랑, 연애, 가족에 대한 근대와 탈근대의 경계선에서 이중적 담론을 내포하고 있다. 더불어 이들 영화 속 사랑, 연애, 가족에 대한 담론들은 나아가 앞으로 심화될 탈근대적 사랑, 연애, 가족의 새로운 현상을 예상할 수 있도록 다양한 해석의 지평을 제공해주고 있다.

〈가족의 탄생〉(2006, 김태용 연출)

〈아내가 결혼했다〉(2008, 정윤수 연출)

개화기 신소설과 계몽적 논설을 중심으로 근대성 형성 과정에서 연애의 새로운 의미 출현과 연애의 사회문화적 위상을 논의한 몇몇 연구자들의 견해는 이 두 영화를 분석하는데 흥미로운 지적들을 제공한다. 먼저 「연애와 근대성」[12]에서 연구자는 전근대에서 결혼과 사랑은 별개의 영역이었음을 지적하며, 근대에 와서야 낭만적 사랑으로서 연애행위가 나타났고, 연애는 부르주아 계급의 자기정체성을 확립하기 위한 정치적 · 윤리적 과정의 역사적 산물이라고 지적한다.[13] 또한 근대 초기 연애는 인간관계에 있어서 공공성을 친밀성(intimacy)으로 이행시키는 유일한 정당한 도구로 작동하였다고 말한다.[14] 다른 연구자는 이러한 연애가 특히 1920년대 식민지 조선에서는 육체적 사랑을 배제한 정신적 사랑의 의미로 주로 사용되었으며, 연애를 소재로 한 수많은 글들이 폭발적으로 인기를 끌면서 근대적 의미의 독서대중을 탄생시켰다고 주장한다.[15]

이들 선행 연구자들의 논의에서 공통적으로 발견되는 연애담론의 핵심은 연애란 근대 산업자본주의에 의해서 만들어진 인공적 개념이며, 근대적 학교 교육을 받아 합리적 이성을 추구하고 자유의지를 행사하고자 한 근대적 시민주체들의 의식적 결합방식이었다는 점이다. 따라서 이러한 연애를 기초로 한 근대적 사랑 역시 전근대인들과 다른 방식으로 내면화된 감정의 상태이며, 그러한 사랑을 바탕으로 결합하여 만들어진 근대적 가족 공동체 역시 전근대의 가족 공동체와는 다른 메커니즘으로 출현, 유지되었을 것이다. 이런 점에서 영화 <가족의 탄생>과 <아내가 결혼했다>는 이러한 근대적 사랑, 연애, 가족의 메커니즘이 또 다시 새로운 위기에 봉착하면서 탈근대적 사랑, 연애, 가족의 메커니즘이 작동되고 있음을 보여준다.

영화 <가족의 탄생>은 크게 세 개의 에피소드가 서로 다른 시공간의 형식으로 나타난다. 첫 번째 에피소드는 분식집을 운영하면서 늦게까지 시집을 가지 않고 혼자 살던 미라(문소리)에게 어느 날 문득 남동생 형철(엄태웅)이

12) 김동식, 「연애와 근대성」, 『민족문학사연구』, Vol.18 No.1, 2001.
13) 김동식, 위의 글, 300~301면 참조.
14) 김동식, 위의 글, 313면 참조.
15) 권보드래, 『연애의 시대』, 현실문화연구, 2004, 92~97면 참조.

오랜만에 찾아오면서 벌어지는 이야기이다. 남동생 형철은 군대 제대한지가 꽤 되었지만 변변한 일자리 없는 백수건달의 삶을 살고 있는 인물인데, 그는 뜬금없이 누나 미라를 찾아와 자신의 부인이라며 무신(고두심)과 어린 여자애 채현(정유미)과 함께 더부살이를 시작한다. 여기서 흥미로운 점은 형철이 부인이라고 소개한 무신과 형철은 법적으로 결혼서약을 하지 않은 단순 연인관계일 뿐이며, 데려온 여자애 채현 역시 형철과 무신 사이에서 낳은 친딸이 아니라 무신의 전남편의 전 부인의 딸이라는 점에서 미라의 집에 우연히 같이 모여 살게 된 이들 중에서 혈연관계는 오직 형철과 미라밖에 없다는 점이다. 결국 형철의 무책임하고 망나니 같은 건달 행색에 신물이 난 미라는 하나밖에 없는 핏줄인 남동생 형철만 그녀의 집에서 쫓아내고 피 한방울 섞이지 않은 다른 두 여자, 무신과 채현과 함께 살아간다. 한편 또 다른 두 번째 에피소드는 나중에 성장하여 채현의 남자친구가 되는 경석(봉태규)과 아버지가 다른 누나 선경(공효진)의 가족에 대해서 보여준다. 이 가족의 비극은 사랑 때문에 첫 남편과 이혼하고 다른 남자와 동거를 한 선경의 어머니 매자(김혜옥) 때문이다. 그런 어머니를 미워한 선경은 결국 어머니가 병으로 죽자 갑작스럽게 떠안게 된 남동생 경석과 함께 살아가면서 점차 죽은 어머니를 이해하게 되었고, 어느 새 본인 역시 그런 어머니의 삶을 조금씩 따라가고 있음을 보게 된다. 세 번째 에피소드는 이렇게 서로 핏줄이 다르거나, 뒤엉킨 비정상적 가족처럼 보이는 이들 모두가 결국 그 어떤 혈연가족보다 끈끈한 유대감을 지닌 가족으로 살아가게 된다는 후일담 같은 내용이다.

영화 <아내가 결혼했다>는 두 남자와 한 여자가 사실혼 관계에 놓인 채 결혼, 사랑에 대한 코믹하지만 풍자적인 내용을 다루고 있는 영화이다. 프리랜서로 활동하는 컴퓨터프로그래머인 인아(손예진)와 우연히 같이 일하게 된 샐러리맨 덕훈(김주혁)은 우연한 기회에 술자리를 함께하면서 연인 사이로 발전한다. 스페인 축구 프리메라리가의 클럽 FC바르셀로나의 열혈 팬 인아와 FC바르셀로나의 라이벌 관계인 같은 프리메라리가의 클럽 레알 마드리드의 열혈 팬인 덕훈은 축구 얘기를 시작으로 연애를 시작하게 된다. 결국 우여곡절 끝에 이 둘은 결혼을 하게 되는데, 덕훈은 결혼만 하면 인아의 남성편력과 술버릇이 없어질 거라 생각하였지만, 어느 날 아내 인아의 입에서 다른 사랑하는 남자가 생겼다는 날벼락 같은 소리를 듣게 된다. 때마침 인아는 경주에서 홀로 직장생활을 하면서 덕훈과 주말부부로 지내고 있었기에 평일에는 새로운 남자 재경(주상욱)과 결혼생활을 하고, 주말에는 서울로 올라와 덕훈과 결혼생활을 하겠다고 말한다. 덕훈은 이혼을 결심하지만 인아에 대한 사랑을 포기하지 못한 채 결국 한 여자를 다른 남자와 공유하는 삶을 인정하고 받아들인다.

이 두 편의 영화는 사랑을 쟁취하려는 가족과 그 사랑을 인정하므로 만들어진 가족이란 근대의 가족개념에서 '혈연'과 '도덕'을 해체하거나 최소한 새롭게 해석하고자 했다. <가족의 탄생>에서 혈연의 공동체인 가족은 더 이상 결속력을 행사하지 못한다. 오히려 혈연의 공동체였던 가족이 더 큰 비극과 상처를 생산할 뿐 근대 형성기의 가족처럼 산업자본주의 사회를 유지시키기 위한 노동역할 분담조차 최소한 이루어지지 않는다. 유일한 혈연관계인 남동생 형철의 무책임은 그런 근대 산업자본주의 사회의 가족기능에서 위배되는 모습이기에 미라는 과감히 형철과 절교한다. 대신 비록 형철이 데리고 왔지만 각자 가족 구성원으로서 역할을 충실히 하는 무신과 자녀의 역할을 다하면서 사회적으로 성장한 채현과 함께 미라는 남자와의 결혼을 포기한 채 살아간다. 무신과 미라는 둘 다 여성이지만 채현에게는 둘 중 한명이 남성적 젠더로서 아버지 역할을 담당하면서 채현을 사회적 존재로 성장시킨다. 채현은 남성 아버지와 여성 어머니와 함께 자란 일반적 가정의 자녀보다 더 이타적인 존재로 성장한다. 성인이 된 채현은 남자친구 경석의 강한 불만을 살만큼 주변 사람들을 진심으로 보살피고 챙기는 이타적 존재이다. 그녀의 이러한 이타성은 가부장적 질서가 배제된 가족 환경의 결과이며, 이 사실은 가부장적 질서 속에서 오랫동안 유지되고 있는 근대의 가족관계와 그러한 가족 환경에서 성장한 근대인들의 이기성에 대한 비판과 풍자라 할 수 있다.

한편 <아내가 결혼했다>에서 도덕의 공동체인 가족은 더 이상 권위를 지니지 못한다. 한 남자만을 사랑할 수 없으며, 만약 결혼을 하고 싶다면 사랑하는 모든 사람과 결혼하는 것이 옳다는 인아의 주장은 근대의 가족 공동체에서 강조되었던 도덕이란 결국 남성 중심의 권력구조를 유지시키기 위한 도구적 도덕에 불과하다는 사실을 역설한다. 사실 몇 십 년 전까지만 하여도 한국 사회에서 '두집살림'이란 명칭은 한 남성이 복수의 여성과 사실혼 관계를 유지하였다는 명백한 증거를 보여준다. 남성 중심의 권력구조가 지배적인 한국 사회에서 한 남성이 사랑하는 두 여자와 동거생활을 한다는 것은 사회적 지탄의 대상이 되기도 하였지만, 암묵적으로 자행되던 현상이기도 했다. 오히려 그러한 남성을 능력있는 남자로까지 평가하는 사회적 시선이 작동하였기에, <아내가 결혼했다>에서 인아라는 존재는 일부일처제 가족제도가 실제로는 여성의 자유로운 가족생산을 원천적으로 제거하고자 한 남성 중심의 신화임을 폭로해주는 증거이다.

근대 가족의 전 과정은 연애이며, 연애의 전 과정은 사랑이란 개인의 내면적 상태이다. 이 내면의 현상이자 결과로서 가족은 상호작용을 일으키는 개인들 간 인정투쟁의 장이다. 가족 간 인정투쟁은 개인의 정서적 방식으로 나타나며, 궁극적으로 신뢰를 획득할 때 비로소 유지, 발전될 수 있다. 그런데 <가족의 탄생>과 <아내가 결혼했다>에서 나타나는 근대 가족의 혈연과 도덕의 해체는 혈연공동체로서 근대 가족의 이기성, 도덕공동체로서 근대 가족의 허구성을 폭로하면서 근대 가족 형성의 중심축인 성인 남녀의 이러한 인정투쟁의 붕괴현상을 보여주고 있다. 이기성과 허구성은 타자의 입장에서 자신을 인식하는 행위로서 주체와 타자의 상호작용행위를 무화시키는 현상이며, 타자 안에서 이루어지는 자기 인식으로서 연애를 중단시키며, 자기 자신으로부터 타인을 해방(이탈)시키면서 동시에 타인을 의식하는 정서적 구속(적응)이라는 인정행위를 퇴색하게끔 만든다. 이러한 근대 가족의 해체와 붕괴는 나아가 근대적 시민사회의 해체, 더 나아가 근대 국가의 붕괴로까지 확대될 수 있다. 우리가 지금까지 믿어 의심치 않았던 도덕과 혈연의 공동체로서 근대 가족 공동체가 실은 현대 사회의 수많은 문제들을 발생시킨 갈등의 원천이었다는 사실은 매우 놀라운 일이다. 실제로 혈연중심의 가족이기주의는 미시적으로 특히 학교, 주거, 일상과 같은 분야에서 독버섯처럼 인간관계를 헤치고 있으며, 거시적으로는 국가 간, 민족 간 전쟁과 내란을 발생시키는 주요 원인이 되고 있다. 그러므로 이러한 反상호작용적, 反

정서적인 근대 가족 서사가 해체되는 오늘 날의 사회 현실은 새로운 가족 서사의 패러다임을 요구하고 있다. 따라서 앞서 설명한 인정투쟁이 정상적으로 작동하든가 아니면 완전히 다른 가족 개념의 등장을 필요로 할 것이다. 근대와 탈근대의 경계 혹은 이미 탈근대의 문턱을 지나고 있는 우리들은 지금 근대 가족 서사의 해체라는 딜레마에 빠져있다.

감각적 이미저리와 환상의 정치학

-오정희론-

오 현 선 / 나 소 정*

1. 들어가며

오정희는 1968년 중앙일보 신춘문예에 「완구점 여인」이 당선되어 등단한 이래 2009년 현재에 이르기까지 40여 년 동안 꾸준한 작품 활동을 해오며, 두루 고르고 깊이 있는 수준과 그 미학적 성취로 말미암아 평단과 학계의 지속적인 관심을 받아왔다.[1] 독특하고 난해한 문제작들을 생산하는 것으로 정평이 난 오정희의 소설세계는 독자를 긴장시키는 다양한 소설적 장치와 수사들, 특유의 관념적이고 지적인 문장과 심도 있는 주제의식으로 한국 현대소설사에 뚜렷한 흐름을 형성하며 독보적인 위치를 점하여 왔다. 무엇보다도 오정희의 작품세계에 두드러진 경향은 권태로운 일상으로부터의 탈출 욕망이나 파괴적 충동을 가진 인물들의 등장이라고 할 수 있는데, 그녀는 문제적 상황에 처한 인물의 심적 갈등을 예리한 통찰력으로 포착해내고 이를 통해 일상적 삶의 표면과 그 이면이 상치될 때 불거지는 모순 드러내기

---

* 강남대학교

1) 오정희는 1982년 「동경」으로 동인문학상, 1996년 「구부러진 길 저쪽」으로 오영수 문학상, 같은 해 「불꽃놀이」로 동서문학상, 1997년 「저녁의 게임」으로 이상문학상을 수상하였으며, 2003년 중편 『새』로 독일의 리베라투르상을 수상한 바 있다.

에 집중해 왔다는 점에서 주목을 요한다. 일련의 모순적 사실들이 만들어내는 비극적 면모를 통해 삶의 본질적 비극성을 "정서적 차원으로, 숨겨진 내면의 추상으로, 그리고 해석의 영역으로서가 아니라 존재의 영역으로 바라보게끔"[2] 만드는 오정희의 소설은 그 초기작에서 근작에 이르기까지 일관되게 자아와 세계가 갖는 관계의 불안정성에 관심을 보이며 인간 실존의 문제를 일상의 삶에 자리 잡고 있는 부정의식과 연관시켜 감각적으로 형상화하여 왔다. 김윤식이 그녀의 소설들에서 "세계와의 불화로 인해 파편화된 자아의 문제"를 읽어내며 "자아와 세계의 불화를 손쉬운 방식으로 해결해버리지 않고 심각하게 고민해야 할 대상으로 인식할 때 자아의 내면을 심각하게 파고드는 성찰의 문학이 생겨나는 것"[3]이라고 평가한 것도 같은 맥락에서 이해해 볼 수 있다.

오정희 소설에 관한 기존의 연구는 문체와 서술기법, 시공간의 구조, 색채 이미지와 반복적으로 등장하는 모티프의 분석 등, 형식을 중점적으로 다룬 논의와 존재론적인 불안-의식을 가진 여성주인공을 페미니즘적 관점에서 접근한 논의가 주류를 이루고 있다. 전자의 경우, 주로 그 미학적 특질을 이루는 기법과 형식, 가령 회상의 구조, 회고의 형식 등 시간의 변조 기법, 정확하고 치밀하며 시적인 완결성을 지닌다고 평가받는 문체, 다양한 색채 이미지와 상징의 소설적 장치를 집중적으로 논의하고 있으며, 후자의 경우, 그녀의 단골 주인공인 중년의 중산층 여성 화자를 즐겨 등장시키는 특징에 주목하여 여성의 정체성과 모성성을 다루고 있는 페미니즘의 관점으로, 존재론적 불안과 비극적 세계인식으로 요약되는 주제의식으로 확장되는 논의가 대표적이다.

이 글은 후자의 관점을 견지하되 오정희의 소설 세계를 관통하고 있는 감각적 이미저리에서 드러나는 주체의 환상에 주목한 것으로, 특히 육체적 감각을 매개로 이루어지는 주체의 세계인식과 관련하여 특유의 환상성이 나타나는 양상을 살펴본 것이다. 육체란 "삶의 구체적 조건들을 경험하며, 그 경험들과의 상호작용을 통해 자아가 구성되는 현장"[4]인 동시에 그 자체가 "자

2) 김병익, 「세계에의 비극적 비전」, 『동경(銅鏡)』, 동서문화사, 1983, 344면. (해설)
3) 김윤식 · 정호웅, 『한국소설사』, 문학동네, 2005, 448-451면.

아와 세계의 교통방식"[5]이라는 점에서, 육체를 통해 조율되는 삶의 감각화는 주체의 세계인식과 불가분의 관계에 놓인다고 할 수 있다. 이 글은 오정희 소설에 만연해 있는 부정적 사유가 환상을 통해 변주되는 양상을 살피고 이에 공통적으로 나타나는 특유의 감각적 형상화의 제 경향과 그 의미를 현실세계 질서에 대항하는 방법으로서의 저항적 측면에서 살펴보고자 한 것이다. 오정희 소설에서 환상은 작품의 주요 모티프나 기법의 차원에서 사용되고 있음에 근거하여 모호성과 불분명함으로 점철되는 오정희식 글쓰기를 해명하는 데 적절한 시도가 되어줄 것으로 기대하며, 이를 통해 오정희 소설 특유의 비극적 세계인식의 전모와 그 실체를 새로운 각도에서 재조명하고자 한다.

2. 존재론적 탐구의 계기로서 부정적 사유

오정희 소설에는 현실에 대한 절망적인 인식과 그에 대한 부정적 사유가 일관되게 흐른다. 오정희의 인물들은 불확실한 이유로 위협을 느끼거나 이로 인해 두려움과 불안을 빈번히 경험한다(<어둠의 집>, <불의 강>, <散調>). 그들은 갑자기 떠오르는 과거의 기억에 괴로워하거나 이유도 없이 적의를 느끼는데(<未明>, <저녁의 게임>, <別辭>) 초조함(<중국인 거리>, <꿈꾸는 새>, <비어있는 들>), 이러한 정서들은 오정희 소설에 등장하는 인물 군에서 일관되게 나타난다. 이러한 인물들의 의식은 현실 세계에 매몰되어 존재하지 않고 깨어있는 '주체'의 각성상태를 의미한다. 이들은 현실에 존재하는 자신의 '부정성'을 폭로하여 일상적 가치를 부정하는 방법을 취한다. 다음의 예문은 그러한 부정적 사유를 상징적으로 보여준다.

> 잠 안 오는 밤, 어두운 천장을 바라보노라면 잠결에 내뱉는 어머니의 괴로운 한숨소리, 알 수 없는 웅얼거림이 물리칠 수 없는 업원(業冤)처럼 내리누르고 나는 사

---

4) 한국여성철학회, 『여성의 몸에 관한 철학적 성찰』, 철학과 현실사, 2000, 34면.
5) 이승환, 『감성의 철학』, 민음사, 2007, 138면.

는 게 이런 것인가, 이것의 끝은 무엇일까를 막막하게 생각하곤 했다.

오빠가 갑작스레 떼돈을 벌겠다고 나서고 허발이 들린듯 무모하게 돼지들을 쓸어 모을 때에도, 돈을 구하느라 초췌해지고 눈에 핏발이 서서 뛰어다니는 것을 보면서 그 참담한 사정에도 불구하고 오빠의 걸맞지 않은 정열이 내게는 어느 정도 희극적으로 보여졌던 것이 사실이다. 때문에 오빠 자신은 굳게 믿고 있었지만 오빠가 그토록 좇고 바라고 있는 것은 돈이 아닌 다른 어떤 것이다, 오빠는 세상의 어떤 것으로도 채울 수 없는 기갈에 허덕이고 있는 것이다, 오빠 역시 자신이 원하는 것이 진실로 무엇인지 알지 못하는 것이다 라고 남몰래 생각하곤 했었다.

(겨울 뜸부기, 106, 121)

<겨울 뜸부기>의 화자인 '나'가 오빠의 모습을 묘사한 장면이다. 오빠는 "생활의 안정"을 "우선적으로 이루"면서 살 수 없는 자로 "세상의 어떤 것으로도 채울 수 없는 기갈에 허덕"인다. 그런 오빠의 모습을 바라보는 위치에 지리하고 있는 화자는 욕망을 좇는 그를 보면서 "타락해간다는 느낌"을 가지며 "세상의 모든 아름다움에 대한 포기"를 의미하는 "타락"의 "기회가 없어지기를 기다"린다. 타인을 바라보는 이 같은 시선은 상징적 질서와 욕망의 주체와 거리를 둠으로써 인물이 처한 현실의 위치를 역으로 드러낸다. 다시 말해서, 전복할 수 없는 현실세계의 질서 속에 존재하는 억압의 힘을 '광인'으로 비춰지는 오빠의 모습을 통해서 역으로 드러내고 있으며 일상 속에서 허구적으로 살아가는 부정적 인물의 모습을 반증하고 있는 것이다.

이러한 부정적 사유는 예컨대, 소설 속 인물들이 자신을 소신대로 살 수 없는 "어리석은 구두장이"(<夜會>)의 모습으로 인식하거나 내가 아닌 '나'로 "가면"(<바람의 넋>, <안개의 둑>, <봄날>, <직녀>, <銅鏡>)을 쓴 채 살아가야 한다고 인식하는 것 속에서 더욱 분명히 드러난다. <불의 江>의 주인공은 태어날 아이를 창 안에서 밖을 바라보며 "나날이 죽어가는 병약한 소년"과 동일시하고 있으며 "곱사등"이나 "척추가 퇴화한 연체동물"과 같이 불구성을 지닌 짐승의 차원으로 생각한다. 이는 종일 양복점에서 "끊임없는 재봉틀질로 하얗게 쇠고 늙어가"는 남편과 "날지 못하는 학의 날개를 매우며" "질서와 제도라는 감옥에 유폐(幽閉)되어 있는"[6] 공간에 존재하는 자신에

대한 부정적인 자각에 따른 것이다. 이처럼 오정희에게 '몸'이란 현실 세계에 존재하는 우리에게 주어진 사회적 위치이자 세상과 소통하는 통로로서 중요한 요소로 인식되고 있으며 이는 소설 전반에 걸쳐 생성의 가능성이 배제된 '불구'나 '죽음'의 모습으로 나타난다. 죽음이 드리워진 모습과 불구성은 현실에 대한 비판의식에서 출발하며 이는 절망적인 현실에서의 정체성을 전면적으로 거부하는 의미를 갖는다. 즉, 불구적인 존재, 죽어있는 존재로 인식하는 것은 일상의 위장된 평온함 속에서 실존적 위기의식을 느끼는 주체의 모습에 다름 아니며, "꿈과 욕망"을 "잃어버린" 결핍된 존재로서의 자신을 불구적으로 인식하고 있음을 통해 세계를 향한 부정을 드러내고 있는 것이다. 그들은 거짓으로 "전혀 믿지 않는 것을 믿는 체하며"(<꿈꾸는 새>) "지루한 날"들 속에서 '죽은' 자의 모습으로 또는 무언가 잃어버린 결핍된 존재로 살아가는, 삶의 '주체'로서 살아갈 수 없음에 따라 저항의식을 드러내는 것이다.

이처럼 오정희는 "타성적"으로 삶을 살아가는 주체의 모습과 태생적으로 '불구'를 갖고 있는 모습, 어떠한 사건에 의하여 신체의 결함을 갖고 있는 자의 모습들을 통해서 "세계와의 교통방식"[7]이 원활하지 않는 불화를 상징적으로 보여준다. 또한 이것은 "자기 자신보다도 더 주체적인"[8] 무의식적 타자의 존재를 지각하는 "깨어있는 시선"[9]에 의한 것으로 분열된 자신의 존재론적 탐구의 방법으로 해석할 수 있다.

3. 비극적 현실의 환상적 변주

이와 같은 부정적인 사유는 오정희 소설의 대표적인 특징인 환상을 통해

6) 박영호, 「현대소설에 나타난 환상의 양상과 의미에 관한 연구」, 『한국문예창작』 제8호, 한국문예창작학회, 2005.12, 109면.

7) 정대현, 『감성의 철학』, 민음사, 1996, 138면.

8) 슬라보예 지젝, 주은우 역, 『당신의 징후를 즐겨라 : 헐리우드의 정신 분석』, 한나래, 2006, 212면.

9) 슬라보예 지젝, 『이데올로기라는 숭고한 대상』, 인간사랑, 2002, 93면.

현실의 비극적 양상을 더욱 극명하게 드러낸다. 오정희 소설의 대표적인 특징으로 '환상'을 꼽는 근본적인 이유는 '시적(詩的) 비유와 이미지가 편중되어 있'10)는, 즉 구체적인 실체화된 대상으로 설명할 수 없는 치환적 이미지, 환상적 이미지 때문이다.

오정희 소설에서 환상은 경계가 무너지는 지점에서 가장 효과적으로 드러난다.11) 인물들은 비가시적인 영역을 가시적인 영역으로 끌어들여 알 수 없는, 보이지 않는 무엇을 '보고', '듣고', '느낀다'. 보이는 것 이상의 것을 보고 느끼는 이들은 현실과 환상의 경계를 모호하게 만들어 무엇이 참이고 무엇이 거짓인지 알 수 없게 만든다. 오정희 소설의 글쓰기는 이러한 현실의 경계가 무화되는 지점에서 이루어지고 있으며 이는 필연적으로 환상성을 띠게 되는 것이다. 이러한 환상성은 현실의 도피가 아닌, 현실의 허구성과 모순성, 육체의 한계, 시공간의 제약등과 같은 문제들에 관한 비판적인 관점을 드러내는 통로이자 방법으로 사용된다. 오정희 소설에서 현실의 틈을 뚫고 들어온 환상은 현실의 비극성을 더욱 강력하게 강조하고 있으며 현실의 부정성을 강력하게 드러내는 기능으로 작동한다. 오정희 소설의 환상성은 현상으로 존재하는 것을 부재로, 부재하는 것을 존재로 나타내면서 무너지는 경계의 지점에서 발생된다. 즉 존재와 부재하는 것의 경계가 무화되는 지점에서 발생하는 환상이 오정희 소설에 나타나는 환상의 기본구조를 이루고 있는 것이다. 이것은 현실이라고 믿는 어떤 것을 불투명하게 만들어 이질적인 것을 침투시켜 기존의 '경계'를 해체하려는 의도에 의한 것으로 볼 수 있다. 현실의 경계에 대한 성찰은 현실이 비현실일 수 있는 가능성과 비현실이 현실일 수 있는 가능성을 가시화하는 것으로 기존 담론의 경계를 해

---

10) 양선규, 「오정희 소설의 소설화 과정 분석」, 『현대소설연구』 16호, 한국현대소설학회, 1997.6, 145면 참고.

11) 이러한 경계선 상의 글쓰기는 「오정희 소설의 욕망하는 주체와 경계의 글쓰기-≪불의 강≫(1977)을 대상으로」(정연희, 『현대소설연구』 38호, 2008)에서 다루어진 바 있다. "일상과 비일상, 현실과 환상, 상징계와 실재계 등의 상반된 욕망이 충돌하는 경계의 지점에서 주체는 분열되어 있"으며 "분열의 지점에서 수행되는 주체의 글쓰기를 '경계의 글쓰기'"라 칭하고 있다. "또한 '경계의 글쓰기'는 범속하고 나른하며 비속한 생활 속에 살의에 가까운 긴장과 활기를 도입하고 시원적인 존재의 비극성과 삶의 공허함을 버텨내는 의지를 가동하는 것"으로 보았다(위의 책, 365-387면 참고).

체한다는 의미를 내포하고 있는 것이다. 이처럼 현실의 부당함, 가치의 양면성에 대한 폭로는 시각, 청각, 후각의 감각적 이미저리를 통해 환상성을 띠고 나타난다.

1) 상징적 질서의 무력화 - 어둠, 안개

시각에 의해 드러나는 환상은 오정희 소설을 이루고 있는 시간의 흐름과 관련을 갖는다. 오정희 소설에서 시간성은 "불분명하고 모호하고 막연한 시간"인 "개와 늑대 사이의 시간"[12)]으로 논의된 바 있다. '개와 늑대 사이의 시간'이라고 부르는 시간은 "해가 설핏 기울기 시작하고 땅거미가 내리면서 저만큼 보이는 짐승이 개인지 늑대인지 잘 분간이 가지 않는 미묘한 시간"을 가리키는 것으로 오정희 소설에서 "저녁부터 밤에 이르는" 시간, 해가 지면서 깔리는 "어슴프레한 빛"과 "창백한 회백색"의 어둠으로 표현된다. 해가 지면서 어둠이 오는 시간은 환하게 밝은 대낮도 아니지만 그렇다고 한밤의 어둠처럼 캄캄하지도 않다. 이처럼 오정희 소설에서 시간은 빛과 어둠이 교차되는 지점, 어둠이 서서히 잠식해오는 지점으로 불분명성을 띠고 있으며 이것은 작품의 해석을 난해하게 만든다. 오정희의 소설이 "아직까지 해명된 부분보다는 해명되지 않은 채 새로운 독법을 요구하는 미지의 영역을 많이 간직하고"[13)] 있다는 말 또한 이러한 환상이 갖는 맥락의 연장선상에서 논의해볼 수 있다.

이러한 오정희의 시간은 <비어있는 들>에서 소설 중반부, 아이가 좋아하는 "초능력의 로봇 만화 영화가 시작되는 시간"인 "다섯시 십분"의 시간과 소설 후반부, 시간을 묻는 주인공의 질문에 대한 답 속에서 나타나는 시간의 동일성을 통해 멈추어 있는 시간을 드러내면서 현실세계의 질서가 적용되지 않는 비현실적인 공간을 형성한다. 주인공이 낚시를 떠나는 새벽은 "어둡고 음습한 열정 따위를 암시하는 듯한 무대의 배면처럼 비현실적인 색조로 새파"란 빛을 띠고 있는 공간으로 묘사된다. 이러한 비현실적인 공간

12) 김화영, 「개와 늑대 사이의 시간-오정희론」, 『문학동네』 제8호, 문학동네, 1996. 가을, 47면.
13) 김경수, 「여성적 광기와 그 심리적 원천」, 『작가세계』 25호, 세계사, 1995. 여름, 109면.

에서 그녀는 낚시터에 "명주처럼 흰 안개"가 깔린 강에서 강 가운데 위치해 있는 섬을 "신기루처럼" 바라보며 "해(年)를 두고 기다려"온 '그'가 자신을 찾아오리라는 망상에 사로잡혀 있다. 이는 일상공간에 안주할 수 있게 유지하는, 상징계를 돌아가게 하는 축[14]인 시간의 "맥을 잃어버"리고 짙은 안개 속에서 환시를 경험하게 되는 <안개의 둑>에서도 나타난다.

> 세탁소를 끼고 옆으로 난 골목을 꺾어들자 이내 선창이었다. 인부들이 하역 작업을 하고 있었다. 짙은 안개 때문에 그들의 느린 몸놀림에서는 불길한 모의가 엿보였고 그들이 간간이 오치는 소리는 우리가 알 수 없는 공간의 어느 한 점에서부터 들려오는 것 같았다. 정박한 배들은 불을 밝히고 있었음에도 폐선처럼 보였다. 나는 물결에 조금씩 떠밀려 움직이는 원목들을 내려다보며 방죽을 따라 걸었다. 거의 삼 미터 간격으로 늘어선 가로등이 아니라면 한걸음 앞도 분별할 수 없을 만큼 안개는 짙었다. 방죽이 거의 끝나갈 무렵 나는 문득 무엇인가 내 곁을 휙 스쳐간 듯한 느낌에 멈춰 섰다. 내가 무엇을 본 것은 아니었다. 다만 무심히 스쳐간 망막에 남은 잔상 때문이었다.
>
> (안개의 둑, 70-71)

주인공 남편은 여행 도중 머리가 아픈 아내를 위해 약을 사러 나왔다가 선창에 짙게 깔린 안개 속에서 환시를 경험한다. 이는 상징적 질서의 무의미화를 의미하는 것으로 상징계적 시간이 작동하지 않는 "실재적 시간"[15]에

---

14) 오정희 소설에서 시계를 강박적으로 바라보는 인물들이 종종 등장하고 있음을 발견할 수 있다. 시계는 일상에 "단단하게" 흐르고 있는 시간을 표상하며, 이는 아래에서 보듯이 사회적 질서에 억압되어 길들여진 인물을 드러냄과 동시에 그것과 적대적인 위치에 존재하는 인물을 역으로 드러내고 있다.
"정애는 탁자 밑으로 손을 내려 살며시 시계를 보았다. 아홉시였다. 밤시간은 빨리도 흘렀다. 조바심을 내는 게 아니라 단지 밤 외출 습관이 들어 있지 않기 때문이라고 정애는 스스로 타일렀다. (…) 택시를 타기 위해 승차장에 줄을 서며 정애는 또 다시 시계를 보았다."(새벽별, 144면), "혜순은 버릇처럼 손목시계의 태엽을 돌렸다. 태엽은 이미 더 돌아갈 수 없을 만큼 팽팽히 감겨 있었다."(夏至, 71면)

15) 라깡의 실재적 질서(The Real Order)는 인간이 인식할 수 없는 범위 너머에 있는 것으로 칸트의 '물자체'와 같은 영역이다. 실재계는 표현되거나 설명될 수 없는 불가능의 영역으로 우리의 인식에서 항상 결여, 부재로 남아있다. 그래서 실재계는 '말로 나타낼 수 없는 영역, 불가능성의 영역, 포착될 수 없는 영역'으로 표현된다. 여기서 '실재적 시간'은 이러한 라깡의 '실재계'의 개념에서 가져온 것으로 현실 세계에서 재현 불가능한 '실재'를 연상하게 하는 시간 개념으로 논의하였다(이미선, 「자크 라캉의 사랑학」, 『인문학연구』 1호, 경상대학교 인문과학

놓여 있는 것으로 볼 수 있다. 이처럼 상징적 질서에 대한 부정의식은 빛과 어둠이 교차되는 지점, 어둠이 서서히 잠식해오는 지점에서 발생하는 어둠과 안개로 표상된다.

오정희 소설에서 안개는 보이는 대상에 대한 명확한 판단이 불가능하게 만들며 일상을 낯선 것으로 인식하게 한다. 이러한 '낯설게 하기'는 자동화된 인식에서 벗어나 현상을 보게 하며 현실을 "신기루"처럼(<비어있는 들>) 비현실적으로 인식하게 한다.[16] 안개가 짙게 깔린 공간은 이미 현실감을 상실한 공간으로 눈에 보이지 않는 무언가가 안개 속에 감춰져 있다고 인식하게 된다. 현실의 표면 위로 드러나지 않은, 그 잠재된 이면에 볼 수 없는 무엇이 은폐되어 있다고 믿게 되는 것이다. 때문에 정박한 배들을 "폐선"으로 보고 자신을 스쳐 지나간 '알 수 없는' 무엇으로 인해 공포를 느끼고(<안개의 둑>), 그 이면에 존재하는 무엇을 은폐하기 위해 전면(前面)을 등나무 줄기로 위장한 것처럼(<夜會>) 느끼기도 한다. 인물의 시선에 갑작스럽게 지각되는 낯선 대상은 일상을 관찰하는 주체에게 발생한 변화를 보여주는 표지이며 일상과 거리를 두고 존재하는 주체의 존재를 드러내는 것이라고 할 수 있다. 즉 현실의 질서를 '교란'하는 의미를 지닌다. 비실재적인 것으로 실제 삶의 경계선을 해체하고 단일한 의미의 단위들을 전복함으로써 일상성을 거부하고 그에 대항하고자 하는 저항 의지를 드러내고 있는 것이다.

오정희 소설에서 안개는 이처럼 기존의 중심 담론의 선/악, 진실/거짓, 존재/부재의 대립적인 의미의 인식구조 속에서 어떤 것이 명확하게 진실이라고 확정할 수 없는, 확정성이 유보되어 있는 지점을 표상한다. 이는 사회적 질서가 작동되지 않는 비현실의 공간임을 드러냄과 동시에 이분법적 분할 방식으로서 기존 담론의 경계를 해체하는 힘을 상징하는 것이라고 할 수 있다. 따라서 오정희 소설에서 기존 담론이 해체를 의미하는 안개가 이루고 있는 공간에 나타나는 환상성은 사회가 요구하는 도덕상, 윤리적인 기준에

연구소, 1995, 163-164면 참조).

16) 「지금은 고요할 때」의 주인공 연희가 아파트 공사 현장에서 "이제껏 존재하던 것이 감쪽같이 사라질 수 있다는 데 대한 전율"을 느끼며 "어제의 풍경이 사라지듯 지금의 실재도 하나의 헛보임, 가시(假視) 현상이 아닌가 하는 의혹"을 품고 사는 인물로 그려지는 것도 같은 맥락이다.

억압되어 존재하는 인물의 저항의식을 보여주고 있는 것이라고 할 수 있다.

이와 같이 오정희는 일상적 세계를 이루고 있는 것들을 향해 의심의 시선을 던짐으로써 그 체계를 흔들어 놓으며 그 배후에 시각을 흐리는 안개와 어둠을 배치해 경계를 무화시키고 교란시키면서 나타나는 환시를 통해 저항의식을 보여주고 있는 것이다. 오정희 소설의 환상성이 문제 삼고 있는 현실의 경계는 비합리적인 사회의 모순성과 허위성을 드러내고 있기 때문이다.

2) 내적 불화의 신호 - 울음소리, 신음소리

오정희 소설에 나타나는 청각적 심상은 '울음'과 '신음'의 형태를 띠고 나타나는 특징을 보여주며, 인물이 지각하고 있는 소리는 인물의 정서와 자신의 존재론적 자각에 따른 심리적 변화라는 측면과 밀접하게 관련되어 나타난다.

끓어오른 물의 김이 빠지는 소리를 "가스가 새는 소리"(<어둠의 집>)로 인식하는 것이나 균열로 인해 집안으로 떨어지는 물소리를 지속적으로 의식하면서 집안에 위험요소를 자신을 위협하는 '타자의 침입'[17]으로 받아들이고 있는 것은 일상적 삶의 균열에 대한 불안의식을 단적으로 보여주는 예들이다. 일상에서 들리는 소리에 대한 인물의 의식과 반응이 '울음'과 '신음'[18]으로 나타나는 까닭은 현실 세계의 부정 속에 존재하는 자신의 처지를 상징

17) "물 떨어지는 소리는 계속 들렸다. (…) 물소리는 이제 천장의 어디랄 것도 없이 곳곳에서 들려왔다. (…) 똑, 똑, 천장 반자로 물 떨어지는 소리가 새삼 불안스레 신경을 자극했다. 아래층에서 마루를 저벅거리며 돌아다니는 발소리가 들리는 것도 같았다."(어둠의 집, 250-252면) 화자가 물 떨어지는 소리를 지속적으로 의식하면서 집안에 흐르고 있는 위험요소를 자신을 위협하는 타자의 침입으로 받아들이고 있는 것은 화자의 "비탄, 막연한 불안과 분노, 비애"를 느끼며 존재하는 인물의 내면의식을 나타낸다. 집에 침입한 타자가 존재한다고 믿으며 그의 시선을 느끼는 인물의 모습은 작품 곳곳에서 드러난다. "누군가 방안으로 들어온 듯한 느낌, 그 기분 나쁜 한기는 집요하게 등줄기로 파고들었다."(위의 책, 248면) "아마 그 여자 자신 누군가 이미 이 집안에 들어와 있어 자신의 행동을 낱낱이 엿보고 있다는 느낌에 사로잡혀 있는 탓인지도 몰랐다."(위의 책, 251면)

18) "밤이 되면 차소리는 한층 둔중하고 낮아지며 어둠 속으로 침잠하고 부상하여 마치 도로 전체, 세상 전체가 한없는 적의로 이를 가는 듯한 신음 소리로 들리곤 한다."(未明, 28면)

하는 것이기 때문이다.

<봄날>의 주인공은 일상에 흐르는 "완벽한 고요와 평화 속에서 소리없이 해체되어 가"며 "나른한 피로와 행복감에 빠져들어" 가는 자신을 일깨우는 "새의 울음소리"에 예민하게 반응한다. 새의 울음소리는 일상에 둘러쳐진 보호막인 "유리막"을 "열심히 쪼아 부수어뜨리려는 소리"로 그녀에게 "생생한 통증"을 느끼게 하며 그 속에서 "내가 왜 여기 있는가." "나는 누구이며 왜 이곳에 있는가"라는 본질적인 물음, 존재론적인 질문을 스스로에게 던져 "마취에서 깨어"나는 것과 같이 자기 존재를 자각하게 한다.[19] 여기서 '울음'소리는 상징적 질서에 길들여져 있는 부정한 자신을 일깨우는 내면의 (울음)소리인 것이다. '울음'소리는 현실의 삶에 불만족스럽게 존재하는 인물의 내면을 형상화하고 있는 동시에 자신을 일깨우는 소리로도 작용한다.

이러한 내면의 소리는 '아기 울음소리'(<새벽별>, <지금은 고요할 때>)와 알 수 없는 곳에서 들려오는 소리(<散調>)와 보이지 않는 곳에서 들리는 '신음'소리(<유년의 뜰>)로도 나타난다. <유년의 뜰>에서 화자가 부네가 갇혀있는 방에서 들리는 소리를 탄식과 신음소리로 인식하고 있는 것은 '나'가 부네와 자신을 동일화하여 생각하고 있는 것과 관련을 갖는다. 언니와 오빠들처럼 타락의 길을 걷게 될 것이라는 자신에 대한 부정적 인식이 타락한 까닭으로 갇혀 지내는 부네의 모습에 투영되면서 자신 역시, 그녀처럼 될 것이라는 인식에서 비롯된 것이다.

<散調>와 <走者>의 경우 또한 금기시 되어 있는 욕망[20]과 관련하여 소리를 인식한다. <散調>에 등장하는 주인공의 곱사둥이 누나는 다른 사람들은 "삘리리 가락"을 "처녀 꾀어내는 수작"이라고 문을 걸어 잠그는 것과 다르

---

19) 이 외에도 「未明」의 주인공은 새의 울음소리를 "천년의 잠에서 깨어나듯" "수선스럽게 깃을 치며 울어"대고 있다고 인식하고 있다. 새가 "잠에서 깨어나듯" 울고 있다는 인식은 "마취에서 깨어"나는 것이 의미하는 바와 같은 맥락에서 해석해볼 수 있다. 즉 두 작품에서 '새'는 '화자'인 자신을 상징한다고 보인다.

20) 환상은 "욕망이 만족되는 장면이 아니라 욕망을 드러내고 무대화하는 장면"이기 때문에 "주체의 욕망을 조정하고 그 대상을 특화시키며 그 속에서 주체가 취하는 위치를 지정하는 것이야말로 환상의 역할"로 보고 "환상을 통해서 우리는 어떻게 욕망할 것인가를 배우는 것"이라고 주장한 지젝의 논의는 주체의 위치를 문제 삼고 있는 것으로 오정희 소설에서 드러나는 환상성을 논의하는데 유효하다.
슬라보예 지젝, 김소연, 유재희 역, 『삐딱하게 보기』, 시각과 언어, 1995, 23-24면.

게 조바심을 치며 "두터운 땅을 밟고 둥둥 달려나"간다. 화자가 풍각쟁이의 가락을 "도무지 방향을 알 수 없는", "가늠할 수 없는 곳에서 들려오는" 소리로 인식하는 것은 누나의 욕망이 투사되어 있기 때문이다. 즉, 현실 세계에서 허용되지 않는 것을 욕망하고 있는 그녀로 인해 알 수 없는 미지의 세계로부터 들려오는 소리로 인식하는 것이다. <走者>의 화자 역시 동성애 관계에 있는 그의 집을 방문하면서 밟는 계단의 "삐걱삐걱 소리"와 건물 가득 들어선 방마다 들려오는 "아이 우는 소리"와 "아이를 때리는 여자들의 소리"는 의식의 균열 상태에 이르게 하고 일상적인 삶을 "모래알처럼 부서져" 내리게 하는 것으로 인식한다. 이는 '동성애'라는 금기된 욕망에 의한 것으로 현실의 삶에 불만족스럽게 사는 인물의 내면적 갈등을 형상화하는 아이 우는 소리와 아이를 때리는 여자들의 소리로 구체화되어 환상적으로 그려내고 있다.

감각의 영역 중에서 소리는 관념적 반영의 한 형식으로서, 세계에 대한 인식과 결합되어 있다. 감각에 의한 세계의 인식은 본질적으로 세계를 '능동적으로' 자기화하는 정신적 과정으로 볼 수 있다. 위에서 보듯 오정희 소설에서 소리는 주체를 깨어나게 하는 중요한 장치로 기능한다. 인물의 내적인 갈등과 심리적 동요가 울음소리의 형태를 띠면서 외적으로 표출되고 있음을 보여주고 있는 것이다.

3) 억압된 욕망의 흔적 - 오염된 냄새

메를로-퐁티에게 육체는 그것을 매개로 하여 객체와 관계를 맺는 조건이자 맥락이다. 인간이 육체로 살아가는 한, 육체는 타자와의 관계를 만들어주는 시점이나 지평을 제공한다.[21] 이러한 의미에서 육체는 상징적 질서의 압력에 의해 각인되어지는, 상징적 구조와 담론을 형성하는 장소로 이해해 볼 수 있다.[22] 인간의 육체성은 "상징계와 일체화 되"[23]어 존재한다는 의미에

21) 메를로 퐁티, 『지각의 현상학』, 류의근 역, 문학과지성사, 2003, 703-709면 참조.
22) 이러한 인식은 페미니즘에서 나타나는 것으로 그로츠(E. Grosz)와 바르트키(Sandra L. Bartky), 보르도(S. Bordo) 등에 이론에서 찾아볼 수 있다(엘리자베스 그로츠, 『뫼비우스 띠로

서 "가장 근본적인 오염물"[24]로 부정성을 띠고 드러난다. 오정희는 이러한 육체를 지닌 인간의 삶을 바라보는 부정정 의식을 이상의 공간에서 나는 '부패의 냄새'로 형상화하고 있으며 인간이 삶을 유지하기 위해 발산하는 배설물과 원초적 본능 욕구에 의해 발생되는 냄새를 혐오스럽게 드러낸다.

크리스테바의 말에 따르면, 육체의 부산물로 더럽고 천하며 역겨운 대상인 애브젝트(abject)에 대면한 주체가 애브젝시옹(abjection)을 체험하면서 저항적 태도를 갖는 까닭은 그것이 원초적 억압의 대상이기 때문이다.[25] 애브젝시옹을 유발하는 애브젝트는 단순히 청결함이 결여된 것이 아니라 정체성 · 상징적 체제 · 질서를 어지럽히는 요소를 의미한다.[26] 오정희 소설에서는 이러한 부정적인 애브젝트를 사회의 규범과 규율에 따라 통제되는 육체에 투사하여 그것에 대한 저항적인 태도를 갖는다. 이것은 자신의 주체를 부정하고 현실의 질서를 거부하는 의도에 따른 것으로 보인다.

<밤비>의 주인공 민자는 "7년 전 이래 영화관에 가기 위해 시간보다 일찍 문을 닫고 거리에 나가본 기억이 한번도 없"을 만큼 약사로서의 삶에 매여 사는 인물이다. 그녀는 타인에 의해 보여지는 자신을 "인형처럼 무생물적"으로 별다른 특징없이 "흰 가운을 입은 침울한 표정의 중년의 약사"로 인식한다. 이는 자신에게 "가학"적인 태도를 나타냄과 동시에 현실의 궤도 속에 제단된 자신의 육체에 대한 혐오를 드러내는 것으로 보인다. 그녀가 실제로는 아무 냄새도 나지 않는 일상 공간 안에서 나고 있다고 믿는 "부패의 냄새"는 일상 속에 썩은 물처럼 고여 있는 듯한 자신의 육체를 부정하고자 하

서 몸』, 임옥희 역(여성문화이론연구소, 2001), 수잔 보르도, 『참을 수 없는 몸의 무거움』, 박오복 역(또하나의문화, 2003) 참고).

23) 줄리아 크리스테바, 서민원 역, 『공포의 권력』, 동문선, 2001, 166면.

24) 위의 책, 166면.

25) 더러움과 청결함의 구분은 문명형성의 기본 틀로써 프로이트는 ≪토템과 터부≫에서 문명은 불순한 근친상간적 요소들을 추방하는 것에 기초한다고 지적한 바 있다. 따라서 문명화 과정에서 배제된 애브젝트는 원초적 억압을 상징하며 원시와 문명의 경계를 표상한다(줄리아 크리스테바, 위의 책, 210면 참고). 이러한 애브젝트는 상징계적 질서 밖에 존재하는, 즉 실재계적 의미와 맞닿아 있다고 볼 수 있다.

26) 애브젝트가 더럽고 천하며 역겨운 대상을 의미한다면 애브젝시옹은 애브젝트에 대한 주체의 반응을 의미한다. 애브젝시옹은 주체가 그 대상에 대해 갖는 육체적이면서 상징적인 느낌이다.

는 의식에서 비롯된 것이다.

> 민자가 조제실에서 약을 지을 동안 또는 포장하는 동안 약을 사러온 사람들은 바닥에 함부로 담뱃재를 털고 침을 뱉고 더러운 흙발자국을 남기었다. 때문에 민자는 하루에도 여러 번 물걸레질을 하지 않으면 안 되었다. 그러나 그녀가 소독약에 빤 걸레로 자주 닦아내는 것은 그녀가 자신의 생활에서 때때로 맡게 되는 막연한 부패의 냄새에 더 깊은 까닭이 있었다.
>
> (밤비, 44)

<저녁의 게임>의 주인공은 역시 자신이 머물고 있는 집을 "침몰하는 선체"로 인식하며 가족이라는 굴레에 묶여 사는 자신의 처지를 절망적으로 인식한다. 이는 집을 훌쩍 나가버린 오빠처럼 집을 탈출하듯 달아날 수 없는 자신의 처지를 "야채줄기와 뒤엉킨 머리칼 뭉치"가 개수대 구멍에서 빠져나가지 못하고 나는 썩은 냄새로 드러내고 있는 것이다.

이처럼 오정희 소설에서 후각적 심상은 인물의 욕망과 밀접하게 관련된다. 끼니를 해결한 후 빈 도시락에서 나는 "비릿한 냄새"와 자신의 입 안에서 나는 "구역질이 날 듯"한 냄새(<완구점 여인>), 타락한 사람들이 가득한 밤의 저잣거리에서 나는 "정욕의 냄새, 살아있는 우리들의 냄새"(<유년의 뜰>)는 살아있는 육체의 욕망에 대한 인식으로 짐승의 차원[27]에서 나는 원초적인 냄새로 나타난다. 즉 육체를 짐승의 차원에서 부정적으로 인식하고 있음을 "맹렬히 이빨 가는 소리", "땀 냄새", "살 비듬내", "방귀 냄새", "정욕의 냄새"를 통해 드러내고 있는 것이다. 이것은 "식욕과 성욕"만이 "허용되는" 듯한 그의 집 공간에서 나는 "역겨운" "생활의 냄새"(<走者>)와 일치한다. 생활의 냄새, 욕망의 냄새를 혐오스럽게 인식하는 인물들은 금지된 욕망, 파괴적 욕망을 품었던 자기 자신을 부정하고 있다고 보아야 할 것이다.

여기서 특이한 것은 엄마와 관련된 욕망의 냄새는 부패의 냄새가 아닌

27) 실제로 오정희의 「바람의 넋」에서는 짐승의 냄새에 대해 언급하고 있다. "인생은 어느 정도 늑대 가죽의 냄새를 풍기기 때문에 때때로 환기를 시킬 필요가 있다던가."(바람의 넋, 248면) 여기서 짐승의 냄새는 "늑대 가죽"의 냄새로 인간을 늑대와 같은 '짐승'으로 인식하고 있는 인물의 의식을 통해 확인할 수 있다.

"마른 꽃냄새"(<저녁의 게임>)로 인식하고 있다는 점이다.

> (1) 딱딱한 손이 스웨터 소매로 파고들었다. 그는 떨고 있었다. 그 흥분을 부끄러워하듯 몹시 성급하게 서둘렀다. (…) 그가 작업복 윗도리를 벗어 등에 받쳤다. 뚫린 하늘에서 크고 맑은 별들이 눈 위로 내려앉았다. 밤의 어둠 속에서는 늘 마른 꽃냄새가 났다. 안드로메다, 오리온, 카시오페아, 큰 곰…… 너는 무슨 별자리니, 전갈좌. 당신은 벽이 두껍고 조그만 창문이 있는 주택을 갖게 되며 카섹스를 즐깁니다. 수줍고 내성적이나 항상 로맨틱한 사랑을 꿈꿉니다. 꽃이 안 어울려요. 그래 꽃을 꽂기에는 너무 늙었어. 미친 여자나 창부가 아니면 머리에 꽃을 꽂지 않지.
>
> (저녁의 게임, 148)

> (2) 아가, 날 데려가줘, 여긴 무섭고 쓸쓸하단다. 어머니는 막 글을 배우기 시작한 아이들처럼 크고 비뚤비뚤한 글씨로 비명으르 질렀다. 그리고 여백마다 동체는 없이 공처럼 둥근 머리와 나뭇가지같이 뻗은 팔다리로 물구나무선 사람들을 그려넣었다. 나는 종이 뭉치를 코에 대고 그 흐릿하게 피어나는 마른 꽃냄새를 들이마셨다. 장식 없는 펜던트의 뚜껑을 열면 희끗희끗한 잿빛 머리털에서도 역시 마른 꽃냄새가 풍기었다. 우리가 도착하자 기다렸다는 듯 관뚜껑에 못질이 시작되었다. 시취를 풍기기 시작한 어머니에게서는 역시 연기처럼 매움한 꽃냄새가 났다. 뙤년들보다 더 더러웠지. 죽자고 목욕을 안 해도 향수는 꼭 뿌리곤 했어. 워낙 사치하고 허영심이 많았거든. 훗날 아버지는 말했다. 그렇다면 살비듬내와 뒤섞인 향수 냄새일까.
>
> (저녁의 게임, 150)

위의 예문 (1)에서 알 수 있듯이 그녀는 공사장에서 일하는 노무자와 정사를 벌이는 어둠의 공간에서 마른 꽃냄새를 맡는다. "밤의 어둠 속에서 늘 마른 꽃냄새"는 욕망의 냄새로 그녀가 "십 년 전" 경험한 어머니의 죽음과 연관성을 갖는다. 십 년 전, "머리통이 물주머니처럼 무르고 크게 부풀어오른" 기형아를 낳은 어머니는 그 충격으로 아이를 살해한다. 정신병원에 감금되어 생활하던 그녀는 그곳에서 죽음을 맞이한다. 그 후 그녀를 종종 찾아오는 "마른 꽃냄새를 풍기"는 "열아홉 살" 소녀는 바로 어머니의 죽음을 경험하는 시점에서 그녀 자신의 모습이다. 아이에게서 "사치하고 허영심이 많"

고 "뙤년들보다 더 더러"울만큼 타락한 어머니를 상징하는 마른 꽃냄새를 맡는 것은 어머니의 타락함, 금기되어 있는 욕망의 냄새가 자신에게도 존재하고 있다는 인식 때문이다. 즉, 어머니의 욕망이 자신의 내부에도 존재하고 있음을 인식하고 있는 것이다. 김현은 오정희 소설에서 나타나는 '붉은 색'을 "몸 안에서 강렬하게 타오르는 파괴 본능"28)으로 논의한 바 있는데 아이의 머리에 묶인 "붉은 리본"은 김현 논의의 맥락에서 해석해볼 수 있겠다.

> 대개 잠옷 차림에 머리에는 붉은 리본을 묶고 있었는데 늘 바람이 불고 어디선가 흐릿한 꽃냄새가 풍겼다. 벗은 채로인 발바닥 아래에서 부드러운 흙이 갯지렁이처럼 미끄럽게 꿈틀거렸다. 종달새 소리가 자욱이 눈 위로 덮이어 그애는 눈을 껌벅이며 내게 말했다. 리본이 안 어울려요. 그래, 나는 붉은 리본을 달기에는 너무 나이를 먹었어. 어린애처럼 붉은 리본으로 묶는 것은 미치광이나 창부뿐이지.
>
> (저녁의 게임, 143)

머리에 붉은 리본을 묶고 있는 아이가 그녀에게 "리본이 안 어울려요"라고 말하는 것은 리본을 묶고 있는 아이가 곧 그녀 자신임을 나타낸다. 즉 '붉은 리본'을 머리에 묶고 있는 그녀는 공사장에서 일하는 노무자와의 정사를 통해 억압된 욕망을 드러내고 있는 것이다.

4. 저항적 일탈을 통한 존재증명

일상성이 인물의 의식에 자각될 수 있는 것은 일상이 지니는 미적 차원 때문이다. 그러나 일상생활에 매몰되어 있는 인물들의 의식에는 일상의 문제가 특별한 것으로 인식되기 쉽지 않다. 때문에 일상성에 대한 자각은 일상 속에 매몰되어 있을 때가 아니라 거기서 벗어나 있을 때 드러난다. 따라서 오정희 소설에 등장하는 인물들의 일탈 행위는 일상에 매몰되지 않은 인물들의 일상에 대한 관찰에서 발생한 존재론적인 문제의식에서 비롯된

28) 김현, 「일탈과 콤플렉스에서의 해방」, 『사회와 윤리』, 일지사, 1974, 250면.

것이다.

이렇게 인물들이 자신의 의식에 드러나고 있는 일상의 영역을 예민하게 감지하고 있는 까닭은 일상과의 '거리'를 두고 있는 자신과 그 거리 사이의 틈을 인식하고 있기 때문이다. 즉 일상에 만연한 '일상성'에 대한 재인식은 일상을 무의미하게 바라보는 인물들의 자의식에서 비롯된 것이라고 볼 수 있다.

오정희가 보여주고자 하는 일탈적 욕망의 세계는 궁극적으로 현실에서 불가능함 속에서 고통스럽게 살아가는 인물들의 세계이며 이는 일탈을 허용하지 않는 현실이 갖고 있는 황폐함을 극명하게 드러내는 하나의 상징으로 나타난다. 오정희 소설의 일상적 삶이 죽음으로 극단적인 형태를 취하고 있는 이유도 이 때문이다.

오정희 소설을 이루고 있는 일상의 모습은 조용하고 권태로운 공간으로 "절대 깨어질 리 없는 평화, 영원히 괴어 있는 물의 진부함"이 충만한 공간, 신선한 공기의 흐름이 차단된 죽음 공간으로 나타난다. 이와 같은 일상에서 느끼는 무의미한 일상에서 인물들은 자신의 존재 인식을 위한 움직임을 탈출욕망을 통해 드러낸다. 이는 '외출'이나 '가출'이라는 형태로 표출되거나 파괴를 통한 의식의 표출로 드러난다. 인물들의 일상을 벗어나는 욕망의 비일상성은 일상의 삶으로부터 탈출하려는 욕망을 나타내는 것이다.

<꿈꾸는 새>의 주인공은 학생들을 데리고 도서지방의 채집 여행을 다니는 교수 남편 때문에 아이와 함께 이사 온 지 얼마 안되는 낯선 곳에서 휴일도 평일과 같이 무료한 일상을 보낸다. 그녀의 일상은 할 일 없이 담 블록 구멍 사이에 숨어 있는 파리를 뒤져내어 파리채를 휘두르거나 트럭 놀이조차 싫증나 하품을 하며 손가락을 빠는 아이의 모습으로 그려진다. 일상은 그녀에게는 단조롭고 무료할 뿐만 아니라 "입안의 모래알처럼" 자신의 삶과 융합되지 않은 낯선 공간이다. 이러한 일상에 "길들여지지 않겠다는 마음의 반작용"으로 그녀는 외출을 감행한다. 이는 진정한 지식욕이 사라진지 오래지만 무의미하게 흘러가는 생을 바라보고 있을 수만은 없다는 자각으로 인해 1주일에 1번, 교양 강좌를 듣기 위해 외출을 하는 <夏至>와도 같은 맥락에서 논의할 수 있다.

한 가지 흥미로운 것은 일상적 삶에서 탈출하고자 하는 욕망이 '새'의 이미지를 통해 작품 곳곳에서 형상화되어 나타난다는 것이다. 오정희 소설에서 '새'는 비상(飛上)하고자 하는 열망과 자유에 대한 욕망을 반영한다. "해질녁이면 강으로부터 소나무 숲으로 길게 선을 그으며 날아가"는 "흰새의 모습"을 응시하는(<夜會>) 주인공 명혜가 자신의 "내부에 무언가 불러일으키는 힘이 되리라"는 기대심리를 갖는 것을 보아도 쉽게 알 수 있다. 그러나 이는 비상의 이미지를 갖고 있더라도 가볍고 경쾌하게 비상하는 것이 아니라 "한낮의 적요로움이 쇳빛 날개에 무겁게 얹혀"진 형상으로 무거운 무엇에 짓눌린 '새'로 묘사된다. 천공을 가르며 비상의 상징적 의미를 담고 있는 '새'를 어둡고 무겁게 묘사하고 있는 것은 오정희가 강하게 시사하고 있는 상징적 질서의 억압과 무관하지 않다. <불의 江 >의 주인공 '나'는 "불안하고 부자연스"럽고 "날개가 부러진" '학'의 모양을 자신과 동일시하고 있는 존재로 "통속적인 흐름"[29]일 뿐 일상 안에서 죽은 존재이다. "반쯤 수를 놓다 만 학의 날개"를 부러진 듯 보는 것은 일상에서 자유롭지 못한 자신의 모습을 투사한 것에 다름 아니다.

이렇게 행해지는 '외출'은 사회적 규범을 벗어나는 '일탈'의 방식으로 행해지기도 한다. 이것은 "때때로 자정 넘어, 새벽 2시, 3시쯤에도, 술취한 사람이 함부로 운전하는 자동차와 경비원의 플래시 불빛을 피하여 펄럭이며 아파트의 빈 광장을 돌아"(<전갈>)다니는 행위나 남편의 후배를 유혹하는 행위(<봄날>), 아이를 유괴하는 행위(<적요>), 혼자된 며느리에게 아이를 낳게 해주고 싶어 하는 기이한 욕망에 사로잡힌(<관계>) 인물을 통해 나타난다.

중요한 것은 일상이라는 상징적 질서 속에서 일어나는 '일탈'이 갖는 비일상적 결과이다. 일상적인 생활에서 '이탈'시키는 '일탈'행위는 비일상적인 삶으로 전환시키는 결과를 가져와야 하지만 오정희 소설에서의 일탈은 일회적인 충동에 그칠 뿐 일상의 논리를 극복할만한 힘을 가지고 있지 않다. 그러나 이러한 일탈적 행위를 감행하여 사회적 금기 체계에 대한 직접적인 거

29) 성민엽, 「존재의 심연에의 응시」, 『바람의 넋』, 문학과지성사, 1986, 280면. (해설)

부 방식을 드러내는 것은 현실 지배 원리에 반항의 표시이자, 거부의 지점에 자신을 위치지음으로써 자신을 지켜내겠다는 의지의 표현으로 읽을 수 있다. 무조건적으로 지배되는 사물화 된 존재가 아니라는 주체성의 표현으로 정치성을 띠고 있는 것이다. 다시 말해서, "이 세계가 누락시키고 있는 질서의 이면, 기호화된 존재의 그림자를 찾아주는"30) 기능으로써 일상의 무의미함을 드러내며 질서의 강요와 억압에 의해 결핍된 존재로 살아가는 인물들을 통해 상징적 질서의 폭력성을 폭로하는 방법으로 사용되고 있는 것이다.

5. 결론

이상으로 오정희 소설에서 나타나고 있는 부정적 사유가 감각적 이미저리를 기반으로 한 환상을 통해 변주되는 양상과 그것이 현실세계 질서에 대항하는 방법으로서의 저항적 측면에서 그 의미를 살펴보았다. 오정희 소설 특유의 부정적 사유는 생성의 가능성이 배제된 '불구'와 '죽음'의 모습으로 나타난다. 죽음이 드리워진 모습과 불구성은 현실에 대한 비판의식에서 출발하며 이는 절망적인 현실에서의 정체성을 전면적으로 거부하는 의미를 갖는다. 즉, 불구적인 존재, 죽어있는 존재로서의 인식은 일상의 위장된 평온함 속에서 실존적 위기의식을 느끼는 주체의 모습에 다름 아니며, "꿈과 욕망"을 "잃어버린" 결핍된 존재로서의 자신을 불구적으로 인식하고 있음을 통해 세계를 향한 부정을 드러내는 것이다. 이러한 현실 세계에 대한 부정적 사유는 환상을 통해 드러나게 되는데 오정희 소설 속 환상성은 기존 담론의 경계가 무화되는 지점에서 발생하며 시각, 청각, 후각의 감각적 이미저리를 통해 현실세계의 부당함과 가치의 양면성을 드러내는 통로이자 방법으로 사용되는 것이다. 오정희의 환상성은 부정적 현실의 도피처로서 이상적인 세계의 창조가 아니라 현실과 공존하며 현실에 대한 비판의식을 드러내

30) 최기숙, 『환상』, 연세대학교출판부, 2003, 154면.

고 그것에 치명적인 균열을 가하는 정치성을 지향하고 있다. 따라서 오정희의 환상성은 절망적이고 부정적인 현실로부터의 도피가 아니라 오히려 현실의 부정성을 강력하게 드러내는 방법으로 볼 수 있다. 오정희 소설의 인물들은 사회적 삶 속에 존재하는 자신 내부에 '또 다른 나', 즉 타자의 존재를 느낀다. 사회적 삶에 존재하는 자신을 죽어 있는 존재, 불구성의 존재로 인식함에 따라 실존적 삶 속에 살아있는 자신을 내부에서 느끼는 것이다. 따라서 오정희의 환상성은 억압되고 결핍되어 소외된 존재들이 그리는 존재론적 탐구 과정에서 드러난다. 일탈을 금지하는 상징적 질서에 응하지 않음과 그러한 질서에 자신을 의탁하지 않겠다는 저항의 표시라는 점에서 자기 존재의 증명 수단으로 볼 수 있다.

이러한 부정적 사유와 환상, 저항적 일탈행동의 결합은 비극적 세계관에 더한 '부정'을 낳는 것이 아니라 기존 담론에 끊임없이 저항하며 부딪치면서 생기는 진정한 '주체 의식'의 결론을 갖게 되는 것이다.

영화 <밀양Secret Sunshine>에 나타난 여성 현실

-등장인물들의 대화를 중심으로-

조 정 현*

"권력은 거부될 수도, 철회될 수도 없다. 다만 재배치될 뿐이다."

- 주디스 버틀러

1. 머리말

인간은 권력이 규정한 관계 속에서 삶을 영유한다. 이는 사회에서의 모든 인간의 사고와 행동이 만든 사회적 규범과 제도 등에 제한된다는 의미이다. 21세기 들어서 현대의 현실 정치가 표방하는 가장 중요한 주제는 인간 권리의 보편적인 상정과 분권에 있다. 이러한 보편성의 기준은 지배 권력 구조 즉, 지배/피지배 구조에 있어서 딜레마적 상황에 처하게 한다. 왜냐하면 보편적인 권리의 획득에 있어서 지배/피지배의 관계에 있어서의 피지배 혹은 타자의 입장에서는 지배 혹은 주체와 '같아질 것인가, 다른 그 무엇이 될것인가'라는 선택적 상황에 직면하게 되기 때문이다.

요즘 우리 현실의 권력 구조는 불균형성, 불평등성, 불안정성, 부당성 그리고 다양한 상호 복잡성 등의 문제들 속에서 여전히 불변하는 듯 보이는

* 경희대학교

지배적 구조로서 건재하다. 이같은 관계 구조를 가장 잘 반영하는 남성/여성의 관계는 성적 차이가 없는 무성적인 인간 권리의 보편화를 꾀하는 지금·여기의 현실을 직시하는 데 매우 적합한 영역의 하나라고 할 수 있다. 여성의 권리를 언어 보편화하려는 노력은 남성 침해나 역차별이라는 논리로 끊임없는 다툼에 부딪혀왔다. 공적 영역에 참여하는 여성에 대한 제도적 지원과 할당은 남성에 대한 또다른 보편적 권리의 역차별이라는 것이다. 이는 지배/피지배에서의 피지배 즉 여성의 권리를 보장하고 인정하는 것은 곧바로 남성 권리의 자체의 약화를 의미하며 여기서 약화된 남성 권리는 기존의 잔류된 남성 권리에의 도전을 야기하고 이 도전은 결국 남성끼리의 자기 손해를 초래하기 때문이다. 이는 지배 권력의 타자에 대한 폭력·억압·거부·획일·일방적 형태로 나타나기 마련이다.

이에 본고는 권력이 지니는 지배/피지배 관계 구조의 양상을 남성/여성이라는 관계 구조에 대응해 보고, 이러한 관계 구조가 어떻게 남성지배 구조화되어 가는 지를 영화 <밀양>[1]을 통해 살펴보고자 한다. 그리고 이를 위해 먼저 영화의 장면분석표[2]를 제시한 다음 이 영화의 권력 지배구조의 양상을 살펴보겠다.

시퀀스	씬	장소	등장인물	세부묘사	의미	기타
1밀양 가는 길 (00:00:03 ~)	1	도로(외부/낮)	신애 준 기사	하늘 승용차 고장	하늘1	
	2	개울(외부/낮)	신애 준	장난	모성 거부하기	
	3	도로(외부/낮)	신애 종찬 준	승용차 수리	남성적 유대	
	4	차 안(외부/낮)	신애 종찬	콘크리트 도시	남성적 공간	음악<밀양 Secret Sunshine>
2피아노학원 (7:31~)	5	거리(외부/낮)	신애 준	전단지 붙이기		

1) 영화 <밀양Secret Sunshine>, 이창동 감독, 2007 파인하우스 필름
2) 이 장면분석표는 영화 <밀양> DVD를 위주로 연구자가 직접 재구성하였으며 영화진흥위원회의 영화 <밀양> 시나리오가 영화진흥위원회의 한국시나리오 선집에 실리지 않은 관계로 부득이 http://cafe.daum.net/sikhu/JXs7/2를 참고하였다.

	6	양장점(내부/낮)	신애 양장점여자	양장점 인테리어	이방인 행세하기	
	7	카센터(외부/낮)	종찬 다방아가씨	카센터		
	8	카센터(내부/낮)	종찬 다방아가씨 남자들	카센터	음담하기	
	9	거리(외부/낮)	신애 준	거리		
	10	피아노학원(내부/낮)	신애 종찬	상장	거짓말 시키기	
3준이 (13:34)	11	웅변학원 복도(내부/낮)	신애	복도		
	12	웅변학원 교실)내부/낮)	박도섭 아이들	웅변	지배, 일방, 획일	
	13	차 안(외부/낮)	신애 박도섭 정아	폭력	동일시	
	14	피아노학원 앞(외부/낮)	신애 김집사			
	15	은혜약국(내부/낮)	신애 김집사 강장로	햇볕		
	16	신애 집(내부/낮)	신애 준		유괴 암시	
4신애의 이야기 (20:59~)	17	피아노학원(내부/밤)	신애 민기 준		밀양, 남편의 불륜	
5속물 (24:20~)	18	벌판(외부/낮)	신애 민기 종찬 신사장	벌판		
	19	옻닭집(내부/낮)	신애 민기 종찬 신사장		밀양	
	20	밀양역 광장(외부/낮)	민기 종찬		민기의 종찬거부	
6발표회 (27:58~)	21	피아노학원(외부/아침)	신애 준		밥(모성)거무하기	
	22	미용실(내부/낮)	신애 아줌마들			
	23	웅변학원(내부/낮)	신애 준			
	24	음식점(내부/낮)	신애 박도섭			
	25	음식점 입구(내외부/낮)	신애 박도섭			
7늦은 귀가 (33:07~)	26	아파트(내부/낮)	신애 종찬 시의원			

	27	호프집(내부/저녁)	신애 아줌마들			
	28	노래방(내부/밤)	신애 아줌마들			
	29	도로(외부/밤)	신애 아줌마들			
8전화 (36:52~)	30	신애 집(내부/밤)	신애		유괴	
	31	거리(외부/밤)	신애			
	32	카센터(외부/밤)	신애 종찬		종찬 부재	
	33	거리(외부/밤)	신애			
9수사 (41:50~)	34	은행(내부/낮)	신애			
	35	차 안(외부/낮)	신애			
	36	고수부지 주차장(외부/낮)	남자들		음담하기	
	37	차 안(외부/낮)	신애 정아			
	38	신애 집(내부/낮)	신애			
	39	경찰서 수사과(내부/낮)	신애 종찬			
	40	경찰서 복도(내부/낮)	신애 종찬			
	41	피아노학원(외부/낮)	신애 정아	신애 정아	범인 밝히기	
	42	신애 집(내부/낮)	신애			
	43	피아노학원(내부/낮)	신애 경찰들			
10저수지 (52:23~)	44	차 안(외부/낮)	신애	하늘2		
	45	저수지(외부/낮)	신애 경찰들		준의 죽음	
11왜 그랬을까 (56:10~)	46	화장장(내부/낮)	신애 가족들			
	47	화장장 마당(외부/낮)	신애 종찬 가족들		남성 이데올로기	
12햇볕 한 조각 (59:06~)	48	신애 집(내부/낮)	신애			

	49	아파트 문 앞(내부/낮)	신애			
	50	아파트(내부/낮)	신애 재영	아파트	거짓말	
	51	거리(외부/낮)	신애	거리		
	52	은혜약국(내부/낮)	신애 김집사	약국	전달하기	
13마음의 상처 (1:06:00~)	53	거리(외부/낮)	신애 종찬	동사무소 가기		
	54	동사무소(내부/낮)	신애 직원	사망신고/따라온 종찬		
	55	거리(외부/낮)	신애 종찬	부흥회 현수막	종속, 종찬 동행	
	56	부흥회 입구(내부/낮)	신애 종찬	교회		
	57	부흥회(내부/낮)	신애 사람들	교회		
14평화, 은혜 (1:11:34~)	58	카센터 사무실(내부/낮)	종찬 남자들	카센터		
	59	피아노학원(내부/낮)	신애 교인들	학원		
	60	교회 앞(외부/낮)	종찬 교인들	주차안내	일방, 통제, 획일	
	61	교회(내부/낮)	교인들	예배		
	62	양장점(내부/낮)	신애 아줌마들	잡담하기	남성 이데올로기	
	63	밀양역(외부/낮)	종찬 찬양대	광장	음담하기	
	64	밀양역(외부/낮)	종찬 친구들	광장		
	65	신애 집(내부/낮)	신애	착각	환상	
15용서 (1:21:51~)	66	도로(외부/낮)	신애 정아 행인	골목, 횡단보도	피해자와 가해자	
	67	카페(내부/낮)	신애 교인들	생일		
	68	목사 사무실(내부/낮)	신애 목사	사무실	'용서' 결심하기	
	69	교회(내부/낮)	신애 교인들	교회		
	70	교회 앞 계단	신애 교인들	교회 앞 배웅		

		(외부/낮)				
	71	구치소 주차장(외부/낮)	신애 종찬	구치소		
	72	대기실(외부/낮)	신애	대기실		
	73	접견실(내부/낮)	신애 박도섭 종찬	박도섭, 칸막이, 신애, 종찬	절대적 남성	
	74	구치소 주차장(외부/낮)	신애	꽃다발	절망, 배신	
	75	병원(외부/낮)	종찬	전화통화	모성(밥)거부하기	
	76	응급실(내부/밤)	신애 종찬	냄새 맡기	성적 대상	
	77	피아노학원(내부/밤)	신애			
16용서? (1:38:26~)	78	신애 집(내외부/밤)	신애			
	79	교회 앞(외부/낮)	신애			
	80	예배당(내부/낮)	신애	절규	거부, 종찬 부재	
	81	신애 집(내부/낮)	신애			
17답답함 (1:43:36~)	82	음반가게(내부/낮)	신애	신나라 음반가게	거짓말 하기	
	83	공터(외부/낮)	신애 교인들	부흥회	거짓말	
	84	천막 안(내부/낮)	신애	CD틀기	거짓말	
	85	공터(외부/낮)	신애	CD틀기	거짓말	김추자'거짓말이야'
18꿈 (1:48:44~)	86	신애 집(내부/밤)	신애	착각		
	87	종찬 집(내부/새벽)	종찬	전화통화	'밥' 제안	
	88	주방(내부/낮)	종찬 친구	주방		
19잘 보이냐구 (1:52:37~)	89	은혜약국(내부/낮)	신애 강장로	약국	유혹하기	
20저항 (1:59:01~)	90	차 안(외부/낮)	신애 강장로		유혹하기	
	91	공터(외부/낮)	신애 강장로		유혹하기	

	92	음식점(내부/저녁)	종찬 친구		'밥'거부하기	
	93	카센터 사무실(내부/밤)	종찬 신애		음담하기, 폭력	
	94	골목(외부/밤)	신애	혼잣말	아버지, 남편	
	95	아파트 주차장(외부/밤)	신애			
	96	아파트(내부/밤)	교인들	돌 던지기		
21생명 (2:04:57~)	97	신애 집(내부 밤)	신애	자살 시도	자아 포기하기	
22비밀의 별 (2:09:03~2:23:23)	98	차 안(내부/밤)	종찬 민기	몇 개월 후/교회 물어보기	남성적 유대	
	99	정신병원(내부/낮)	신애 종찬 민기	퇴원/민기의 돕기	누나 맡기기	
	100	밀양역(외부/낮)	신애 종찬 민기	배웅	누나 맡기기	
	101	미용실(내부/낮)	신애 정아 종찬	머리카락자르기	악순환	
	102	미용실 밖(외부/낮)	신애 종찬			
	103	거리(외부/낮)	신애 양장점 여자	양장점 인테리어		
	104	신애 집 마당(외부/낮)	신애 종찬	따라 온 종찬/머리 자르기/시멘트 위 흙바닥	종찬 의지하기/남성적 공간	

2. 여성에 대한 남성지배 : 폭력성, 일방성, 배타성, 위선, 가부장적 지배

이 영화에 등장하는 모든 남성 인물은 여성의 모든 것을 즉 성적 여성, 모성을 비롯하여 남성적 여성이고자하는 욕망과 환경마저도 철저하게 파괴하고 고립시킴으로써 남성사회로 종속시키는 남성지배적인 즉 폭력적, 배타적, 일방적, 위선적인 모습을 통해 전형화 한다.

1) 극단적 폭력성 : 박도섭-신애

이 영화에서 신애에게 가하는 획일적이고 지배적인 폭력성을 표면적으로 대표하는 인물이 박도섭이다. 신애의 아들인 준을 살해하는 박도섭의 행위는 남성이 지니는 여성에 대한 무자비하고 극단적인 폭력성을 직접적으로 보여준다. 박도섭은 웅변학원 원장이다. '웅변'이 갖는 남성성은 박도섭이 아이들에게 웅변을 지도하는 씬12와 씬26에서, 씬30의 신애와의 통화에서 납치범으로서의 우월적 위치에서 준의 목소리 듣기 거절, 일방적 지시 등 일방적 · 획일적 · 강압적 · (언어)지배적인 모습[3] 등에서 잘 나타난다.

웅변학원을 운영하는 박도섭은 '돈'문제로 신애의 아들 준을 납치 · 살해한다. 남편을 잃고 남편의 고향이라는 이유로 아들을 데리고 정착하려는 신애에게 모성의 대상을 상실케 한 인물이다. 그는 단지 아들을 납치하여 돌려주는 대가로 오히려 돈을 요구하였다. 그리고 신애에게서 자신이 원하는 액수만큼 돈을 빼앗지 못하였다는 이유로 준을 살해까지 한 다음 시체를 '개울'에 유기하고 만다. 이 '개울'은 영화 도입 부분에서 신애 모자가 승용차 고장으로 잠시 머무르며 밀양에 진입하기 위한 시작의 공간이었다. 모성의 대상을 상실케 하여 남편을 상실한 여성마저 남성사회로의 진입을 거부하는 것이다. 사실 신애에게 '밀양'은 죽은 남편의 고향이었다는 이유 외에 자신이 못다 이룬 자아실현의 대체이자 도피 공간이었기 때문에[4] 철저하게 모든 것을 잃게 만든 것이다. 또한 박도섭은 납치 · 살해범으로 체포되어 붙잡혀 경찰서 복도에서 끌려가면서 마주친 신애에게 오히려 위협적인 시선을 보이기도 한다.

이 영화에서 박도섭이 신애에게 가하는 폭력의 극단성은 특히 신애가 직접 박도섭을 찾아가 '용서'를 시도하는 씬73의 구치소 접견실 내부 장면에서 절정을 이룬다.

---

3) 씬 12에서 신애가 학원 교실 안을 들어서는 순간 박도섭은 아이들에게 웅변을 지도하면서 역설적이게도 "나도 몰라 나도 몰라 몰라 몰라 나도 몰라……"를 따라하게 한다.
4) 이에 대해서는 시퀀스4, 씬17의 민기와 신애의 대화 장면에 잘 나타나 있다.

박도섭 저도 믿음을 가지게 되었거든예. 여, 교도소에 들어온 뒤로…… 하나님을 가슴에 받아들이게 됐심더. 하나님이 이 죄 많은 인간한테 찾아와 주신거지예.

신애 ……그래요? 하나님을 알게 되었다니 다행이네요.

박도섭 예, 얼마나 감사한 일입니꺼? 하나님이 저한테, 이 죄 많은 놈한테 손 내밀어 주시고, 그 앞에 엎드리가 지은 죄를 회개하도록 하고, 제 죄를 용서해 주셨습니더.

신애 하나님이…… 죄를 용서해주셨다고요?

박도섭 예! 눈물로 회개하고 용서 받았습니더. 그라고나서부터 마음의 평화를 얻었심다. 잠도 잘 자고…… 아침에 일어나자마자 기도하고…… 하루하루가 얼마나 감사한지 모릅니다. 인제 아무 여한이 없습니다. 어떤 처벌을 받더라도, 사형이 돼도 달게 받을 마음의 준비를 하고 있습니다. 정말로…… 장기기증까지 다 해 두었심더. 이 죄 많은 인간의 몸이라도 하나님이 주신거라 가치 있게 쓰일 수 있으면 좋겠다, 그런 생각했심더. 하나님한테 회개하고 용서받았으이 이렇게 편합니다, 내 마음이.

신애 …….

박도섭 요새는 내가 기도로 눈 뜨고 기도로 눈 감습니더. 준이 어머니를 위해서도 기도 마이 합니더. 빼놓지 않고 늘 합니더. 죽을 때까지 할 낍니더. 그런데 인제 이래 만나고 보이, 하나님이 역시 제 기도를 들어주시는갑심더. (씬73)

신애는 도저히 극복할 수 없어 보이는 접견실 칸막이를 사이에 두고 박도섭과 마주한다. 박도섭의 극단적이고 무자비한 폭력성에 대해 먼저 신神을 빌어 용서를 하겠다는 신애에게 박도섭은 그 신神에 의해 이미 '용서'를 받고 '회개'를 하였으며 '평화'를 찾았다고 말한다. 남성은 살해라는 극단적 폭력성마저도 그 스스로가 '가해-반성-용서-평화'라는 자기 정화와 치유 능력 그리고 절대적이고 지배적 우월성을 지닌 존재인 것이다.

2) 일방성, 위선, 폭력성, 성적 대상 : 종찬-신애

영화의 시퀀스1부터 시퀀스22까지 종찬은 신애의 밀양에서의 모든 일상에 간섭한다. 신애의 의사에는 관계없이 종찬 자신의 일방적 의사표현과 행동만이 존재할 뿐이다. 신애를 의사소통 즉 대화의 상대로 여기지 않는 것이다.

영화의 시퀀스1부터 신애에게 호감을 갖는 종찬은 카센터를 운영한다. 종찬은 영화가 전개되는 시퀀스1부터 마지막 시퀀스22까지 자의든 타의든 줄곧 신애가 의지하게 되는 대상이다. 신애가 승용차 고장으로 인해 밀양에 진입하기 전 도로에 멈춰 있을 때 신애는 트럭을 운전하는 어떤 남자의 도움으로 카센터의 도움을 받게 되고 그 카센터를 운영하는 종찬의 도움을 받게 된다. 그리고 신애의 차를 견인하여 콘크리트 건물들이 모여 있는 남성사회로 들어간다. 그 과정에서 밀양이 어떤 곳이냐는 신애의 질문에 밀양은 보수적이고 거친 언어가 지배하는 도시라고 설명한다.

영화에서는 종찬은 내내 신애의 뒤에 있다. 그리고 신애의 의사와는 상관없이 종찬의 임의대로 준을 잃은 신애의 입장과도 상관없이 신애의 일상에 관여한다. 특히 몇몇 장면에서는 그의 신애에 대한 일방적 의사방식과 폭력성이 드러난다. 씬10에서 종찬은 신애의 의사와는 상관없이 경연대회 수상 경력이 있는 상장을 만들어서 피아노학원 벽면에 못질을 해서 걸어 놓는다. 거짓이 아니냐는 신애에게 그러한 거짓이 오히려 밀양이라는 공간에서 인정을 받는 방법이라고 말하면서 거짓행위를 강요한다. 또한 씬47에서 신애에게 비난하는 시어머니의 발언에 간섭하는 장면과 씬101에서 정신병원에서 퇴원한 신애가 들른 미용실에서 뒤에 앉아 신애의 머리모양에 간섭하는 장면 등을 통해서 영화 전반에 걸친 그의 일방적 의사소통방식이 신애의 의사와는 상관없이 신애의 가정문제에 관여하고 신애의 신체에까지 관여하게 됨을 지속적으로 드러낸다.

> **종찬** 저기예……. 준이 할머님 되십니꺼? /**시누이** 예…… 그런데요? /**종찬** 손주 잃어뿌리고 참 마음이 아프시지예? 저도 이해를 하거든예. 그런데예…… 지금 이 상황에서는 누구보다도 애 엄마가 제일 안 슬프겠습니꺼? 그지예? /**시누이** 누구세요? 누구신데 그런 말씀 하세요? /**종찬** 예, 저는 그냥…… 거 뭐꼬……. /**시매부** 이거 우리 집안일이거든요. 누구신지는 모르지만…… 남에 가족 일에 안 끼어들었으면 좋겠네요 /**종찬** 예…… 저도 이해하거든예. 이해하는데, 역지사지라는 말도 있듯이예……. (씬47)

정아 얼마나 자르실 건데요? /신애 그냥…… 적당하게…… /정아 적당하게 보기 좋게요? /종찬 그래, 적당하게, 보기 좋게! (씬101)

그리고 씬93에서 정신적 혼란과 공황상태에 빠진 신애가 카센터의 종찬을 찾아간 장면에서는 신애에 대한 몰이해로 인해 카세터 사무실 집기들을 부수는 폭력성을 드러내기도 한다. 그러나 더 주요한 이유는 신애가 카센터에 들어오기 전 자신의 어머니와의 통화에서 빚어진 모성에 대한 거부감 때문이었으며, 그러한 감정은 폭력성으로 발전하여 신애에게 그대로 반영되었다. 신애에 대한 몰이해는 씬73에서 극명하게 드러난다. 박도섭의 사과조차 없는 절대적이고 지배적 우월성에 아무런 반감을 갖지 않고 오히려 박도섭의 신앙에 즉 남성의 절대적 권위에 동조하며 신애의 입장에 대해서는 전혀 이해하고자 하는 입장조차 없다. 신애가 필요로 했던 장면에서 종찬은 항상 부재의 인물이며 종찬 자신만을 위한 이기적 인물이다. 씬76에서 보듯이 박도섭에 대한 충격으로 교도소 면회를 나오자마자 남성적 여성으로서의 순종적 용서를 의미하는 꽃다발을 떨어뜨리며 혼절하여 누워있는 신애에게 성적 성향만을 가질 뿐이다. 신애가 종교에 가담했을 때 종찬도 순순히 동참한 것은 교회에 가자마자 시작한 일이 통제적이고 일방적 성향의 주차안내였던 것처럼 신애에 대한 이타적 입장이 아니라 종교 자체가 종찬 자신과 동일성을 지녔기 때문이다. 그것 역시 남성적 지배 이데올로기의 전형적인 존재이기 때문이다. 결국 영화의 시퀀스1에서 시작된 신애의 종찬에 대한 불가항력적 의지하기는 신애의 남성 의지적인 습성에 기인했다고 볼 수 있다. 종찬은 신애가 중요하게 필요로 하는 곳에는 부재하지만 그 외의 곳에는 항상 '뒤'에 조력자이면서 지배자이자 감시자처럼 존재하며 그러한 종찬의 존재를 강하게 거부하지는 않기 때문이다. 그러면서도 신애는 종찬에게 진심어린 관심은 두지 않으면서, 도움이 필요할 때는 종찬을 찾게 된다. 이러한 관계는 영화의 마지막 시퀀스22의 씬104로 이어져 결말을 맺는 장면에서도 드러난다. 정신병원에서 퇴원 후 미용실은 들른 신애는 박도섭의 딸 정아와 마주치고 이어 신애는 종찬을 뒤로 한 채 자신의 집에서 스스로 머리카락을 자른다. 이때 씬53과 씬54에서처럼 종찬은 신애의 의사에 상관없이 따라오고 머리카락을 자르는 신애의 거울을 앞에서 들어준다. 그러나 이 장면은 씬73의 구치소 접견실 내부처럼, 씬101에서 신애를 비추는 거울에 나타나는 신애의 뒤에 있는 종찬처럼 항상 신애의 뒤에서 일방적으로 간섭하고 감시하고 지배하는 모습에 지나지 않는 머리를 자르는 신애가 자아가 비추어진 거울의 뒤에 있는 모습인 것이다. 이 영화 <밀양>에서의 여성은 남성 지배에서 결코 벗어날 수 없음을 보여준다.

3) 모성에 대한 배타성 : 종찬-(종찬의) 어머니

종찬이라는 인물이 지니는 여성에 대한 일방성은 이 영화의 전반에 거쳐 나타난다. 신애가 필요로 하거나 신애에 대한 종찬의 이해가 필요한 장면에서는 항상 종찬이 부재하거나 몰이해로 일관되어 제시되며, 신애가 이해를 요구하는 장면에서는 종찬은 항상 일방적인 소통방식을 제시한다. 이러한 종찬의 여성에 대한 태도는 그의 어머니와의 관계에서 그 원인을 찾을 수 있다.

종찬과 종찬의 어머니와의 관계는 씬75과 씬93의 대화에서 살펴볼 수 있다.

종찬 ……일하고 있심더. 일하고 있다고! 밤이라도 바쁘마 일해야지. 아, 조용하이 조용하지, 와 조용하나이? 뭐, 뭐 카센타는 맨날 시끄러분 줄 압니꺼? ……무슨 꿈을 꿋는데? 아, 무슨 꿈을 꿋는데? 하참, 힘들이가 일하고 있는 사람한테 맨날 그런 식으로…… 아무 일 없어요. 아무 일 없다 카이! ……밥 묵었지, 그라마 엄마는 내가 밥도 몬 묵는 줄 압니꺼? 통화 고마 하입시더. 아, 알았다 카이……. (씬75)

종찬 내가 그래 잘못했습니꺼? ……아이모, 와 항상 그래 말하는데예? 내가 얼매나 잘못하고 살았으면, 식구들이 항상 그래 나를 바라보냐고? 내가 그래 못나게 보이능가? 엄마는 엄마 기분만 생각하고 내가 어떻다는 거 한번도 생각 안 하나? 오늘 내 생일날이라고 신경 써주는 거는 좋지만, 내 기분도 생각을 해줘야지. ……묵었어예, 묵었어! 생일날이라고 어 뭐꼬 오징어두루치기도 묵고, 소주도 한잔 하고, 친구들하고…… 친구들 마이 있어요, 내 옆에

지금……. 그래 알고…… 통화 고만하입시더. (씬93)

종찬이 어머니와 전화통화를 하는 이 두 장면에서 종찬이 갖는 여성에 대한 일방적 태도가 모성에 대한 억압적 인식에서 기인했음을 볼 수 있다. 종찬의 어머니는 성인인 종찬에게 항상 '밥'문제를 비롯한 일상에 관여하거나 일방적으로 종찬의 행동을 의심하려 한다. 이에 종찬은 그러한 모성을 억압으로 받아들이게 되면서 거부적인 태도를 취하는 것이다. 신애에 대한 종찬의 일방적 행동방식은 이러한 모성을 억압으로 인식한 태도에서 비롯된 것이다.

4) 모성에 대한 잠재적 배타성 : 준(아들)-신애(어머니)

신애의 아들 준은 남편을 잃고 가족에게 기별도 없이 내려온 밀양에서 정착하며 사는 유일한 가족이자 모성의 대상이다. 하지만 아들 준을 박도섭에 의해 잃게 되자 절망적인 상실감을 갖게 된 대상이기도 한다. 어머니로서 아들은 남편을 잃은 삶의 모든 것이나 다름없었기 때문이었다. 그런데 이 영화에서 준에 대하여 주목해야 할 점들이 있다. 씨퀀스1에서 준은 어머니 신애에게 신애가 강압적 행동을 보일 때까지 전반적으로 배타적 행동을 보인다. 특히 준은 씬2에서 승용차 고장으로 도로변 개울에서 카 서비스를 기다리던 중 신애가 준에게 햇볕이 좋지 않느냐는 말을 하자, 신애에게 "아빠가 없"지 않느냐며 부성의 부재를 언급하고, 그러한 준에게 볼을 부비는 신애의 얼굴을 냉소적으로 밀어 버리는 행위, 씬3에서 고장 난 승용차를 수리하고 있는 종찬이 말을 걸자 낯선 인물임에도 불구하고 선뜻 빌미로 대화를 받아준다든지, 씬8에서 종찬의 호의적 행동에 즉각 반응하는 행위 등 남성 유대적인 즉, 남성 이데올로기의 전형적인 모습을 보여주고 있다. 그리고 어머니가 주는 '밥(양수)'을 거부하는 씬21 등에서도 나타나는 바와 같이 모성을 거부하는 잠재적인 모습이 뚜렷이 드러난다. 이는 위의 종찬과 종찬 어머니와의 전화통화 장면들에서 나타나는 모습과 흡사하다.

5) 위선의 대상 : 피아노학원생(남자아이)-신애

신애의 피아노학원생인 재영은 씬50에서 거짓말로 일관한다.

신애 빨리 고백해. 박재영씨, 숙제 안했죠? /재영 했어요. /신애 진실만을 말해야 되요. 했어, 안했어? /재영 진짜 했는데……. /신애 숙제를 한 사람이 한 마디도 못 쳐? 마지막 기회야. 진실을 말하면 용서해주고 거짓말 하면 바로 엄마한테 핸드폰 누를 거야. /재영 (신애를 빤히 보다가 자신 없는 목소리로) ……했어요. /신애 언제? 몇 월 며칠 몇 시에? /재영 어제 학교 갔다 와서……. /신애 아무도 없을 때. /신애 너 절대로 누구 있을 때 숙제 안 하지? 너 오늘은 내가 안 혼낼 줄 알았지? 천만에 말씀……. 쳐 봐.

'진실'을 말해주길 요구하는 신애에게 재영은 자신의 잘못이 명백하게 밝혀진 상황에서도 결코 사과하거나 자신의 잘못을 인정하지 않는다. 거짓으로 일관하는 여성에 대한 이러한 남성적 태도는 위의 준과 신애의 관계에서 보여지는 모습과 함께 이 영화 전반에서 여성에 대한 거짓과 모성에 대한 거부 방식이라는 남성적 태도의 전형적이고도 잠재적인 모습을 보여 주는 것이다.

6) 가부장적 지배 - (신애의)아버지 · 남편 · 남동생 - 신애

이 영화에서 신애의 아버지와 남편이 직접적으로 언급되거나 등장하지는 않는다. 그러나 이 영화에서 신애라는 인물이 처하게 된 여성현실의 직접적인 계기를 제공하는 인물들이기에 매우 중요하다.

민기 이거 뭐야? 최우수상……. 누나 전에 이런 것도 받았었어?
신애 나 피아노 잘 쳤어. 준이 아빠하고 일찍 결혼만 안 했어도 피아노 계속 했을 거야.
민기 어이구, 그러니까 누가 일찍 결혼하래?
신애 아버진 어떠시니?
민기 난리 났지. 야반도주 하듯이 아무도 모르게 떠났잖아? 앞으로 평생 아무도 안 만나고 살 작정이었어?

……

민기 나 솔직히 누나 이해 못하겠어. 매형이 왜 그렇게 보고 싶어? ……그리고, 매형 고향이라고 여기 밀양까지 내려와 사는 건 또 뭐야? 매형……, 누나 배신하고 딴 여자랑 바람났었잖아.

신애 아냐, 임마. 그거 다 사람들이 잘못 안 거야. 준이아빠는…… 우리 준이랑 나만 사랑했어. 그런 사람 아니야.

민기 아니긴 뭐가 아냐? 제발 인정할 건 좀 인정해라.

신애 너 가! 그런 소리할려면 지금 당장 서울 올라가!

민기 지금 어떻게 가? 차 없어.

신애 난 서울이 싫어. 여기가 좋아. 여기가 왜 좋은지 아니? 날 아는 사람이 아무도 없거든. 나 여기서 새로 시작할 거야. (씬17)

씬17에서 신애는 죽은 남편의 고향이라는 이유만으로 밀양에서 정착하기로 결심한 것이 아니었다. 신애에게 밀양은 불륜을 저질렀던 죽은 남편의 고향이라는 불신의 공간이자 그리움의 역설적 공간이다. 남편이 죽은 후 불륜이라는 불신보다는 자신과 아들만을 사랑했었으리라 믿고 싶은 자기 위안의 공간이자, 여성 혼자서 아들을 키우기에 힘들었던 서울 생활로부터의 도피의 공간이기도 하다. 그러나 가장 중요한 이유는 그 밀양이 신애 자신을 아는 사람이 아무도 없는 공간이기도 하다는 것이다. 신애 자신은 결혼 전에는 피아노를 잘 친다고 자부했던 꿈 많은 예술가 지망생이었으나 일찍 결혼하게 되어 예술가로서의 삶의 희망을 포기해야 했던 인물이었으며, 그러한 결혼 생활도 남편이 불륜을 행하여 결코 행복하지만은 않았고 결국은 그 남편마저 죽어버린 현실에 처한 기존 사회의 시선에서는 낙오되고 동정받을 만한 인물이다. 따라서 신애는 그런 기존 사회의 시선을 피하여 자신의 처지에 대해 아무도 모르는 공간에서 아들을 키우며 불륜을 저지르지 않은 죽은 남편을 대신하여 가정을 꾸려가는 당당하고 삶의 주체이고자 한다. 그래서 밀양에 오자마자 주위 사람들에게 '땅'을 구입하겠다며 경제적으로 여유 있는 척하며 종찬의 소개로 지역의 유명인과 동네 아줌마들을 만나 접대하며 자신의 결핍을 보상하려 한다. 그러나 이러한 신애의 행위는 결국 아들을 납치 · 살해하는 박도섭의 오해를 불러 일으켰던 요소로 작용되어 신애의 삶이 더욱 피폐하게 된다.

그러나 여기서 눈여겨볼 만한 중요한 장면이 있다. 영화 전개에서 신애의 삶이 박도섭의 행위 즉 남성의 극단적 폭력에 의해 직접적으로 피폐하게 된 것처럼 보이지만, 궁극적인 원인은 씬94에서 은밀히 숨겨져 있다. 신애는 박도섭을 용서하러 직접 찾아간 교도소에서 이미 스스로 용서와 구원을 받았다는 박도섭의 태도에 충격을 받고 정신적으로 혼란과 분열을 일으킨다. 시퀀스20은 이러한 상황에서 신애의 저항 양상을 보여주는데 그 중에서 씬94는 정신 분열을 일으키면서 차들이 마주오는 위험에도 아랑곳하지 않고 어두운 차로를 비틀거리며 걸어가는 장면이다. 여기서 신애는 혼잣말을 한다.

> 신애　12살 때 그때 운다고 욕실에 가둬 놓고 벌줬잖아. 자긴 집에서 막 담배 피우면서……숟가락으로 머리 때리구……씨……웃기시네……씨……치……버크리 음대 왜 갈려구 그러냐구? 내가 간다구 했는데 당신이 못가게 했잖아. 이 씨X놈……이 씨……X 같은 놈……색골. 난 너한테 안 져, 절대 안 져. (씬94)[5)]

신애는 피폐한 자신의 삶의 원인을 자신의 아버지에게 두고 있다. 죽은 남편과의 이른 결혼이나 죽은 아들에 대한 절망적인 상실감에서 더 나아가 결혼 전 피아니스트라는 예술가로서의 삶을 살고 싶었던 신애의 자아실현을 좌절케 했던 아버지에게 그 궁극적 원인을 두고 있는 것이다. 그러면서 남편의 불륜이라는 과거 행적에 대해 두둔했던 씬17에 비해 씬94에서는 남편을 '색골'로 표현하였고, 아들을 잃고 한때 의지했던 '믿음'에 배신을 당했다고 생각하는 신을 상징하는 하늘을 보며 지지 않는다는 말을 한다. 이 장면에서 분열증을 보이는 신애에게 아버지-남편-신은 각각 구분이 없는 하나의 남성적 기제로 작용한다. 한 남편의 아내로서의 삶이나 자식을 키우는 어엿

---

5) 씬94의 대사는 실제 영화를 관람하는 관객에게는 청각적으로 전혀 들리지 않을 정도로 처리되어 자막으로 확인할 수밖에 없다. 따라서 이 대사 부분은 영화 <밀양> CD의 한글 자막 버전을 바탕으로 인용한 것이다.

한 모성으로서의 삶보다는 신애 자신 즉 한 개인으로서의 주체적 삶을 살기 위해 자아실현을 시도했던 자신을 억압했던 부성의 지배적 권위에 그 원인이 있다는 것이다. 그리고 그 부권에 대해 불가피한 도피성이었든 강제적이었든 이른 결혼으로 인해 자아실현은 더욱 멀어져, 혼자 남겨진 밀양에서의 상황까지 이어졌다는 것이다. 종찬이 갖는 여성에 대한 일방적 행동방식이 모성의 억압에서 비롯된 것이라면 신애의 이른 결혼도 부성의 억압에서 비롯된 것이라 할 수 있다.

신애의 남동생 민기 또한 주목할 만한 부분이 있다. 남동생 민기는 이 영화에서 신애에 대해 가장 잘 이해하는 인물로 묘사된다. 민기는 밀양역에서 배웅하는 종찬에게 "사장님은요, 우리 누나 취향이 아니에요. 절대 아니에요. 혹시 도움이 될까 해서 말씀 드리는 거예요."라는 말을 한다. 이에 종찬은 당황스러우면서도 모호한 미소를 지으며 민기의 바라본다. 민기는 아버지와 남편을 잇는 신애에 대한 또 다른 지배 이데올로기로 작용한다. 씬17에서 남편의 고향에 내려온 신애를 이해하지 못하는 민기는 종찬에게 신애의 가치관을 파악하고 있다는 태도를 취하면서 영화 전반부에서는 종찬을 꺼려한다. 그러나 후반부의 시퀀스22의 씬99에서는 정신분열 증세와 함께 자살을 시도했던 신애가 그로부터 몇 개월 후 정신병원에서 퇴원을 하는 장면에서 신애에게 꽃을 주지 못하고 머뭇거리는 종찬에게 꽃을 전달하라며 관계 진전에 도움을 주려한다.

민기 (말없이 창 밖을 보고 있다가) 밀양이 어떤 곳이예요?

종찬 (백미러로 민기를 쳐다보며 웃는다.) 밀양이 어떤 곳이냐꼬예? /민기 왜 웃으세요?

종찬 내가 신애씨 처음 만났을 때, 신애씨가 여 밀양에 처음 오던 날, 신애씨도 나한테 똑같이 물었거든예.

민기 ……. /종찬 밀양이 어떤 곳이냐? 뭐라 카겠노…… 똑 같아예. 딴 데하고……. 사람 사는 데 다 똑같지예.

민기 요새도 교회 나가세요? /종찬 예. 처음에는 신애씨 때문에 다니게 됐는데, 인제 버릇이 되가 그냥 다닙니다. 그냥…… 안 나가믄 섭섭하고, 나가믄 마음이 쪼매 편안하고…… 그렇대예. /민기 ……. (씬98)

이는 앞의 씬98에서 정신병원으로 가기 전 마중 나온 종찬과 남성적 이데올로기를 확인하고 공감하는 장면으로써 결국 신애를 종찬에게 '맡기게' 된다. 종찬은 여기서 현실의 모든 곳이 남성적 공간으로 "똑 같"다는 영화 전반부 씨퀀스5, 씬19의 대사를 반복한다. 신애의 아버지·남편·남동생이라는 가족들은 신애에게 주체로서의 여성적 공간은 처음부터 존재하지 않았으며, 타자화 되지도 못했던 존재로서 주체로서의 가능성은 애초 부재했던 근원적 원인을 재배치하는 인물들인 것이다.

3. 남성적 유대-여성적 유대

1) 남성적 유대 : 남성 이데올로기의 공유, 성적 공유

앞서 말한 바와 같이 신애의 남동생 민기는 종찬에 대해 신애의 가치관과는 맞지 않는 인물이라 판단하여 호감을 갖지 않는다. 실제로 신애는 종찬에게 어떠한 진전된 호감도 보이지 않은 채 영화는 끝을 맺는다. 그러나 민기는 전반부에 보였던 종찬에 대한 냉소적 태도와는 달리 후반부에서는 누나인 신애를 매형의 공간인 밀양에서 종찬을 대신하여 맡기는 태도를 보인다. 이는 신애를 가장 잘 이해하는 듯 보였던 민기마저도 결국은 남성적 이데올로기의 전형이었으면 남성적 공간에서 여성은 철저하게 남성과 유대할 수 없음을 보여주는 것이다.

신애의 아들 준과 종찬은 두 번 만난다. 씬2에서 승용차를 수리하는 종찬을 관심있게 바라보며 종찬의 말걸기에 응하는 모습이나, 씬8에서 어린 준을 '총각'이라고 하면서 씬2에서 준이 말했던 '껌'을 잊지 않고 챙겨주는 종찬과 그것을 선뜻 받는 준의 모습은 서로 낯선 상황에서 익숙한 남성적 의사소통이 이루어짐을 볼 수 있다. 이는 또한 앞서 말한 바와 같이 종찬과 준이 각각 모성에 대한 거부성 또한 유사한 인물이라는 점에서 그 남성적 유대의 공유라는 측면에서 관계맺을 수 있다.

종찬의 남자들 또한 남성적 유대를 전형화하는 인물들이다. 카센터에서 다방아가씨와 음담나누기(씬8, 씬58), 고수부지 남자들의 음담나누기(씬36), 종찬 친구들의 밀양역 광장 찬양대 옆에서 음담나누기(씬64)에서 보여지는 이 영화의 주변 남성은 모두 어떤 상황에서도 여성을 성적 대상으로만 여길 뿐이다. 특히 씬76에서 박도섭에 대한 충격으로 인해 입원한 신애에 대한 이타적인 관심이 없는 종찬의 '냄새맡기' 행동은 여성에 대한 성적 태도를 극명하게 보여준다.

2) 여성적 유대 : 남성 이데올로기로서의 여성

씬15에서 은혜약국의 약사인 김집사는 집요하게 신애에게 선교 활동을 한다. 환자에게 약사는 치유의 방법 등을 전달하는 매개체로서 외형적뿐만 아니라 정신적으로도 고통받는 신애는 김집사에게 선교는 당연한 활동이다. 그러나 그러한 행위는 결국 신애에게 남성사회로의 종속과 피지배를 야기하여 철저하게 유린된 삶으로의 여성을 낳게 한 결과로 작용한다. 이러한 김집사의 행위는 남성사회에서의 극복방안은 또 다른 남성적 대안의 반복밖에 없다는 모순을 보여주는 것이다. 남성사회에서 여성의 이러한 대응방식은 씬30과 씬62에서 아줌마들의 잡담나누기 장면에서 살펴볼 수 있다.

> 신애 앞으로 많이 가르쳐 주세요. 저 아무 것도 몰라요. /**아줌마1** 밀양토박이는 아이라 캐도 준피아노 원장이 밀양사랑은 우리보다 낫다. 남편도 없는데 남편 고향이라고 내리와 살겠다는 기 어데 쉽나? /**양장점여자** 그기 밀양사랑이가? 남편사랑이지! /**아줌마2** 남편사랑도 우리보다 낫고! …… /**종업원** 필요한 거 있으면 말씀 하세요. / **양장점여자** 오빠! 여기 맥주 마이 갖다놓으소! 오늘 좀 취할란다. /**아줌마3** 남자만 보면 오빠라 카네. /**양장점여자** 오빠! 카민서 불러주는 기 우리 여자들의 유일한 무기 아이가. 알랑가 모를랑가……. (씬30)

> 신애 하나님이 원하시는 건 우리가 행복하게 사는 거예요. 믿음을 가지면요, 살면서 어떤 어려움이나 고통이 와도 행복할 수 있어요. 고난이 와도 감사할 수 있거든요./ **아줌마1** 그래, 준피아노 보마 나도 하나님 함 믿어보고 싶기도 해. 얼굴이 확 밝아졌어. 딴 사람 맹쿠로……./**신애** 그럼요, 절 보세요. 제가 증거예요. 제가 지금 얼마나 행복한데요? /**양장점여자** 그런데 준피아노. 나는 솔직히 잘 이해가 안가거든. 자꾸

행복하다, 행복하다 카는데, 뭐가 행복하단 말이고? /신애 예, 그건요…… 그냥 느끼는 거예요. 꼭 연애하는 거 같아요. 연애를 하면 그렇잖아요, 누가 나를 사랑해주고 생각해준다는 느낌 때문에 행복하잖아요. 아침에 눈을 뜨는 순간에 사랑하는 사람이 생각나고 행복해지잖아요. 꼭 그런 감정이예요. 하나님이 절 사랑하고 지켜봐 주신다는 느낌…… 그걸 순간순간 너무 분명히 느끼고 그게 얼마나 행복한지 몰라요. /양장점여자 아, 나도 연애 한번 해봤으마 좋겠다! /신애 그럼 교회 나오세요. 남편 눈치 안보고 마음 놓고 연애하실 수 있어요. /양장점여자 그래, 교회 나가께. 나가는데, 지금은 안 되고 나중에…… 시부모 돌아가신 뒤에…… 바로 교회 다니께. 그라마 제사 안 지내도 될끼고…… /아줌마2 마음을 그래 쓰면 안되지. 제사 안 지낼라고 교회 다니나? /양장점여자 참 이상하네. 와 하나만 생각하고 둘은 생각을 못하는데? 내가 그래 하는 거는 내 좋으라고 하는 기 아이고…… 자식들 때문이다. 내가 먼저 시행을 해갖고……(씬62)

씬30에서 여성은 남성부재의 공간이 여성의 삶에서는 큰 결핍이자 불완전한 요소이며 항상 남성의 입장에서 남성적 방식에 의한 행동하고 의식하려는 모습을 보인다. 씬62에서 여성은 시댁과의 갈등을 다시 말해서 남성지배 이데올로기와의 갈등을 또 다른 남성지배 이데올로기로 해결하려는 모습을 보인다. 따라서 여성은 남성사회 안에서 남성과의 갈등과 해결을 반복할 수밖에 없는 의식성향과 환경을 지닌 것이다.

이러한 여성의 남성적 유대는 씬47의 화장장 앞마당에서 시어머니와 신애와의 관계에서 살펴볼 수 있다.

시어머니 니는 우째 눈물도 없노? 어? 우째 눈물 한 방울 안 흘리노…… 생떼 같은 자식 죽이놓고……어? 서방 보내고 자식까지 보내고…… 남에 집 대 끊어지게 만들어놓고…… 어? 눈물 한 방울이 안 나나꼬! (씬47)

신애와 유사한 피해자적 입장인 신애의 시어머니는 아들과 손자를 잃은, 대를 이어야 하는 남성사회에서의 모성의 입장만 존재할 뿐 자기 자신으로서 또는 남편과 아들을 잃은 신애의 입장을 고려한다는 것이 현실적으로 불가능한 인물인 것이다.

4. 신애의 저항하기

신애 내가 왜 그랬을까요. 내 손으로 죽여도 시원찮은데 경찰서에서 그 인간 만났을 때 왜 내 몸이 피했을까요. 갈기갈기 찢어 죽이고 싶었는데. (씬47)

신애는 신체적으로 정신적으로 남성에게 불가항력적인 약자의 입장에 있다. 이러한 인식을 바탕으로 한 신애의 '저항'은 남성사회가 자신에게 행한 가해의 방식을 답습할 뿐이다.

아들의 사망신고를 위해 동사무소에 간 신애는 자신의 주민번호가 생각이 나질 않는다. 당황한 신애는 남성적 코드를 망각한 자신이 혼자서는 아무것도 할 수 없음에 절망하는 순간에 거리에서 '상처받은 영혼을 위한 기도회'라는 현수막을 보게 되고 마침내 종교(남성적 지배 이데올로기)에 소속된다. 그 이후 신애는 마음의 평화를 얻은 듯 일상을 되찾으려 한다.

씬66에서 신애를 골목에서 남자들에게 무자비한 폭력을 당하는 박도섭의 딸 정아를 보고도서 묵인하고 지나친다. 신애는 박도섭에게 획일적이고 폭력적인 지배를 받으며 자라는 정아를 처음 본 순간부터 어렸을 적 자신[6]과 동일시된 피해자적 입장을 갖는다.[7] 그리고 그러한 정아를 보고도 황급히 그 현장을 벗어나려는 순간 횡단보도에서 행인부부를 승용차로 칠 뻔하는데 여기서 신애는 가해자적 입장과 유사한 경험을 하게 된다. 이러한 역설적 경험에서 신애는 박도섭을 찾아가 먼저 '용서'하겠다는 결심을 하게 된다. 그러나 신애보다 먼저 '용서'와 '평화'를 스스로 얻은 절대적이고 배타적인 또한 여성에겐 지배-피지배의 관계를 넘어선 피해자적 입장만 존재할 뿐 가해자가 없는 현실인 것이다. 이러한 극단적 권력 앞에서 신애의 배신감은 '저항'으로 이어지는데 신애의 저항방식은 다음과 같다.

6) 씬94
7) 이러한 피해자적 입장내지 같은 여성으로서의 도덕적 입장은 씬41에서 정아가 신애를 찾아와 자신의 아버지가 범인임을 암시하는 행동을 하게 되는데 작용한다.

1. 교회에서 절규하기(씬80) ←——→ 교회에서 절규하기(씬57)
2. 음반가게에서 거짓말하기(씬82) ←——→ 남성(재영)의 거짓성(씬50)
3. 남성 이데올로기(종교) 거부하기(씬85) ←——→ 남성 이데올로기(종교) 수용하기(씬55)
   (노래 '거짓말이야') (현수막 '상처받은 영혼을 위한 부흥회')
4. 약국 강 장로 유혹하기(씬91) ←——→ 남편의 불륜(과거)
5. 종찬의 식사 제안 거부하기(씬92) ←——→ 준(종찬)의 '밥-모성' 거부하기(씬21)
6. 종찬에게 음담하기(씬93) ←——→ 종찬 · 남자들의 음담하기(씬8)
7. 주변인들에게 돌 던지기(씬96) ←——→ 주변인들과 유대하기(씬59)
8. 자살 시도하기(씬97) ←——→ 아버지로부터의 폭력 · 감금(과거)
   (자아 포기하기) (자아 억압하기)

5. 마무리

이러한 신애의 저항은 곧 복속의 반복에 지나지 않는다. 아버지에 의한 자아실현의 억압, 남편의 불륜과 죽음이라는 억압과 상실 때문에 찾아간 밀양은 신애의 복속 노력에도 불구하고 아들의 상실을 강요받고, 피해자적 입장에서의 남성지배에 대한 복속마저 철저하게 유린 · 거부당하며 그 남성적 지배 이데올로기 현실에 또다시 지배된다. 이는 지배와 복속의 반복이라는 지배/피지배 관계 구조의 악순환을 의미하며, 여성 등으로 상징되는 타자의 현실이 지배 주체의 권력을 넘어설 수 있다는 것이 환상에 불구하며, 영원히 벗어날 수조차 없는 듯 보인다.

이에 대한 좀 더 본격적인 논의는 다음 연구에서 많은 영화 텍스트들과 이론들을 토대로 진전시키도록 하겠다.

여성의 몸을 읽는 세 가지 방법
-탈근대 시대의 여성시-

최 종 환*

1. 여성과 몸

최근 여성 시인들의 창작열이 고조되면서 여성 시의 약진이 두드러지고 있다. 여성시는 한때 붙여진 '여류'라는 렛텔을 떼어버리고 독립적 행보를 시작한 지 오래이다. 그만큼 문단에서의 주목 또한 커지고 있다. 여기에 낯익은 질문 하나를 새로 던져본다. 왜 여성 시인가? 여성만의 자리엔 무엇이 놓여있는가? 이 질문은 여성의 몸이 보여주는 가능성과 연결된 된 질문으로, 이 글의 집필 목적이기도 하다. 구조주의 페미니즘이 넓게 수용되면서 여성의 몸이 지닌 실재(the Real)성이 주목되기 시작하였다. 그 실재성은 남성적 표상에 포획되지 않는 '잉여적 에네르기'를 담보하고 있다. 그것은 쥬이상스(jouissance) 장으로서 그간 당연시돼 왔던 남성의 상징 질서를 교란시킬 수 있는 에네르기의 장으로 인식돼 온 것이다.[1] 우리의 여성 시 논의에서 그

* 경희대학교

1) 이 글에선 여성시의 정신분석적 접근을 시도한 것으로, 이후 주된 분석틀로서는 J.라캉의 정신분석학을 차용하였다. 라캉에 따르면 '실재'란 상징계 속에서 들어와 상징계를 넘어설 때 나타난다. 여성 주체가 보여주는 실재의 공간은 남성의 가부장제 속에서 분열의 모습으로 드러나는 동시에 그 세계에 의해 번역당하는 것에 저항한다. 그 실재는 근원적으로 여성과 관련된 쥬이상스의 영역을 열어 보인다. 최근 페미니즘 문학비평이 주목하는 것도 바로 그 쥬

에네르기는 여성의 몸에서 작용하고 있다는 정신분석학의 입장과 관계해 왔다. 그 때문에 여성 시에 대한 접근은 단지 여성 문제에 국한되는 것이 아니라 이 세계의 폭압적 상징 질서를 교란시킬 수 있는 가능성에 대한 탐색으로 이어진다. 그 가능성은 90년대 후반에 논의되기 시작한 여성의 '몸 담론'과 결합하여 지금까지도 이어지고 있다. 이렇게 본다면 탈근대 시대 여성시를 읽는 방법은 여성의 몸을 읽어나가는 방식이라고도 말할 수 있을 것이다. 여성 몸에 대한 사유는 여성의 성 정체성이나 에로티시즘 문제와도 깊게 닿아 있다. 우리 시단에선 이와 관련된 성찰을 보여주는 시인으로 90년대 최승자, 최영미, 신현림, 이선영이, 2000년대엔 김선우, 김이듬, 문혜진 등이 언급돼 왔다. 지면 관계상 이 글에서는 최근 여성시인 중 몸의 사유를 독특한 표정으로 보여주는 시인을 집중적으로 살펴보고자 한다.

최근 여성 시에서 몸은 대략 '세 가지'의 유형으로 그려진다. 첫째는 재래적 모성 신화에 집착하면서도 탈 근대적 가능성을 보여주는 경우이다. 많은 부분 그것은 남성적 욕망으로 환원되어 나타난다. 둘째는 억압되지 않은 원초 대지로서의 여성의 몸이 작동하는 경우이다. 여기선 신비로운 여성의 몸이 긍정되지만 위와는 달리 모성 이데올로기가 응시되지는 않는다. 소녀성으로서의 여성성이 부각되는 경우라 할 수 있다. 셋째는 세계에 의해 찢어지고 그것이 일상화되어 가는 몸에 대한 공포와 그 저항성이 발현되는 경우이다. 남성에게 번역되기를 거부하는 여성의 충동(drive)이 두드러진 경우이다. 이 글에선 첫째의 예로서 '최금녀'의 시를, 둘째의 예로서 '김선우'와 '문정희'의 시를, 셋째의 예로서 '김혜순'의 시를 차례로 검토해 보고자 한다.

2. 모성이라는 '남근'

탈근대 시기의 여성 시엔 이전 여성 시와의 비판적 교섭의 지점이 나타난다. 최근의 여성시가 보여주는 '살부 욕망'과 '모성 거부' 모티프도 그 접점

이상스의 화두이다.

에서 시작된 것이다. 그것은 가부장제를 긍정하는 동시에 그것을 넘어서는 노력들이다. 최금녀의 시[2]는 재래적 여성 시 언술을 답습하면서도 그 '내면의 외곽'을 발견하고자 하는 의식을 드러낸다. 그것은 '피해자 의식'이다.

> 물드무엔 늘 물이 가득했다 / 자식들이 오면 물이 모자라지 않게 / 옹배기로 길어다 부우시던 / 어머니 / 한 생애, 가없는 수평선만 넘실거렸을 / 어머니의 수심 깊은 물살을 / 들여다본 적이 없었다 / 볼 겨를이 없었다 // 몇 십 년 만에 무위도를 찾아간다 / 수평선 가득 물을 품어안고 / 한평생 외로이 떠 있는 / 물항아리 같은 / 섬, / 물길을 열어놓고 늘 기다리며 / 내가 놓친 수평선까지 / 물을 재우고 있는 / 섬, / 어머니를 향해 떠난다
>
> *물드무 : 둘레가 넓고 입이 큰 물 항아리
>
> -「무위도 行」 전문

인용 시에서 "어머니"의 몸은 세상의 수면 위에 떠 있다. 어머니를 가둔 "수평선"은 희생을 강요하는, 남성의 질서에 다름 아니다. "수심 깊은" 물살"로 "한 평생 외롭게 떠 있는" 섬인 어머니는 여성적으로 굴절된 남근(phallus)이다. 한 평생 남성이란 타자(other)에 의해 반향돼 온 몸이기 때문이다.[3] 화자가 그 섬을 향해 가는 것은 남근의 명령을 내면화하는 일이다. "내가 놓친 수평선까지 / 물을 재우고 있는 / 섬, / 어머니를 향해 떠난다"가 그것을 보여준다. 그러한 어머니 재현의 욕망은, 인용 시를 탈근대 여성시의 범주로 논의하는 것에 의문을 제기할 수 있다. 그것은 종래적 여성시의 귀향 서사에 다름 아니기 때문이다. 하지만 인용 시는 어머니를 '피해의 대상'으로 그리고 있는 점에 주목되어야 한다. 고통으로 얼룩진 어머니의 몸이 화자의 몸과 오버랩 되는 것을 간접적으로 보여줌으로써 남성의 상징계에 대한 질문을 던지는 지점이다. 비참하게 버려진 모성의 모습을 드러냄으로써 한스

---

2) 최금녀의 시는 가정-어머니-생명으로 연장되는 여성의 실존 문제를 피해자의 언술로 보여주면서도 그것을 극복하고자 내면을 노출한다는 점에서 고통의 아우성과 난해성으로 점철된 최근 여성시인들의 전위성과는 구별된다. 최금녀의 시는 가부장적 질서에 순응하면서 그것을 넘어서는 잉여들을 보여준다는 점에서 여성의 억압된 음성이 도사린 텍스트이다. 그 점에서 그녀의 시는 우리 시사(詩史)가 주목해야 할 한 자산이다.

3) 민승기 外, 『욕망이론』, 문예출판사, 1996, 269면 참조.

러운 여성의 욕망을 '징후적'으로 드러내고 있는 것이다. 시에 나타난 어머니가 남근의 질서로 환원되는 것, 아울러 화자가 다시 피해자로서의 그 몸을 욕망하는 모습은 가부장적 폭압성을 폭로하는 역설적 전략이 될 수 있다.

여성적 한의 언어로 점철된 기존의 여성 시에선 피해자 의식을 같은 여성 화자의 의식과 등가화시키는데 소극적이었음에 비해, 최금녀의 시는 그 희생을 미학적으로 전경화해 낸다. 아울러 그 피해 체험이 여성의 원체험임을 말해주고 있다. 관련된 시 한편을 더 살펴보자.

> 달력의 칸마다 그림이 그려져 있다 / 만남과 헤어짐, 꽃, 물음표와 마침표, / 달나라. 어머니, 영혼, 물고기, 나무…… // 어떤 칸에는 따스한 체온이 남아 / 새벽녘 별빛처럼 깜빡거린다 / 가슴을 태운 흔적이 남은 / 그 칸에는 아직 살얼음진 눈물이 가득 고여 있다 // 문을 닫은 칸, 불을 끈 칸 / 검은 리본을 걸어 놓은 칸 / 그 중에는 / 돌아가신 어머니를 만난 칸도 있다 // 사는 일이란 물음표와 마침표 찍으면서 / 온기보다 냉기, 웃음보다 울음인 저 칸들을 / 한번씩 껴안아 보는 것일까 / 살얼음진 가슴으로 만나고 헤어지며 // 새로이 삼백예순다섯 개의 빈칸이 / 내게로 오고 있다.
>
> -「삼백예순다섯 개의 빈칸」 전문 (시안, 2005년 여름호)

위 시에서도 시인은 여전히 어머니에게 집착하는 모습을 보여준다. 어머니는 평생 가부장적 표상을 작동시키다가 남성에 의해 굴절되어 시간 밖으로 사라진 존재이다. "달력"이 표상하는 '가정'이란 공간은 희생이 강요되는 가부장의 상징계에 다름 아니다. 화자는 "검은 리본"으로 회억되는 "어머니"의 자리를 끝없이 바라보고 있다. 그 자리는 화자에게 어떠한 "존재의 결핍과 갈망"[4]을 느끼게 하는 자리로 다가온다. 화자는 그 칸 속에서 지내다 쓸쓸하게 사라진 한 피해 여성의 슬픔을 반추하고 있다. 달력의 "불 꺼진 칸"을 껴안는 것은 그 슬픔을 여성인 스스로에게 확인시키는 행위이다. 그런데 그 온정어린 시선이란 것은 사실상 '남근 지향성' 자체는 아닐까? 그러나 어머니에 대한 화자의 시선은 그러한 '가부장성'과 그대로 일치하는 것은 아니다.

---

4) 고창수, 「원융 무애, 혹은 달관의 미학」, 『저 분홍빛 손들』(최금녀 시집 해설), 문학아카데미, 2006. 105면.

인용 시에 나타난 온정주의는, 가족 권력의 필연성과 희생을 정당화한다는 점에서-일군의 페미니즘 시각에서는-비난 대상이 될 수 있을지 모른다. 그러나 최금녀의 시에서 그 온정은 단순한 연민이나 화해에서 연원한 감정만은 아니다. 왜냐하면 적어도 화자에게 '현상되는 어머니'는 세계에 순응하는 도덕적 주체(moral subject)만은 아니기 때문이다.

레비나스의 이론을 빌려 보면, 인용 시엔 '고통받는 얼굴'로서의 어머니라는 윤리적 주체가 한 켠에 현현된다. 그 얼굴은-남성의 표상에 포획되면서도-'여성주체'의 모습을 세우고 있기 때문이다. 인용 시를 다시 한번 보자. 불 끈 달력의 칸에서 그 얼굴이 화자에게 말을 걸고 있다. 화자가 달력 속의 어머니 얼굴을 끌어안는 것은 그 말걸기에 대한 화답이다. 피해자로 나타난 어머니는, 그녀를 가족 속으로 환원시키는 '남근'의 시선을 그대로 수용하지만은 않는다. 그 얼굴은 남성의 세계에 복속되기를 거부하기 때문이다. "울음", "살얼음진 가슴"을 한 어머니는 그럼으로써, 남성의 상징계에서 자신의 여성적 실존을 그대로 드러내 보인다. 어머니의 얼굴은 화자에게 '여성-타자'의 윤리를 받아들일 것을 요청한다. 초라한 그 얼굴은 '여성 주체'로 '살아 있는' 자신의 모습이 더 이상 굴절된 남근이 아님을 확인하기를 요청하는 것이다. 다시 말해 "불을 끈 칸"을 껴안는 행위는 여성적 타자로서의 자신을 보게 하는 윤리(ethics)의 문제 앞에 서게 한 것이다.[5] 그 점에서 화자가 "삼백예순다섯 개의 빈칸"을 끌어안는 것은 폭압의 세계를 그대로 수용하는 것이 아닌 피해자로서의 여성의 자리를 끊임없이 재확인해 나가야 한다는 나름의 결단이다. "온기보다 냉기, 웃음보다 울음인" 칸들을 끌어안는 온정적 몸짓은 남성의 상징계에 "물음표"를 끊임없이 찍어가는 여성의 히스테리적 열림이다. 그 미온적인 몸부림이 실재성에 대한 접근에까지는 이르지 못한다 하더라도, 그 행위는 여성 주체가 진정한 자의식적 주체로 변하는 것을 보여준다. 아울러 그 내면이 가부장적 질서가 수행시키는 기존 여성시의 내면과는 다른 것임까지 알게 한다.

5) E. 레비나스, 『타자윤리학』, 인간사랑, 2001, 217-230면 참조.

3. 여성이라는 육체

90년대 이후의 여성 시 중엔 위 최금녀의 시와는 또 다른 표정이 나타나고 있다. 여성 몸에 대한 응시는 최금녀의 그것과 유사하지만, 가족 이데올로기에 포획되지 않는다는 점에서 특징이 놓인다. 다시 말해 이 세계의 질서에 포획당할 수 없는 여성의 몸 자체를 긍정하는 시선이다. 김선우의 시를 예로 들어보자.

> 오래도록 알몸의 유목을 꿈꾸던 빗장뼈가 열렸다 / 환해진 젖꽃판 위로 구름족의 아이들 몇이 내려와 / 어리고 착한 입술을 내밀었고 / 인적 드문 초겨울 마른 억새밭 / 한기 속에 아랫도리마저 벗어던진 채 / 구름족의 아이들을 양팔로 안고 / 억새밭 공중정원을 걸었다 몇 번의 생이 / 무심히 바람을 몰고 지나갔고 가벼워라 마른 억새꽃 / 반짝이는 살비늘이 첫눈처럼 몸속으로 떨어졌다 / 바람의 혀가 아찔한 허리 아래를 지나 / 깊은 계곡을 핥으며 억새풀 홀씨를 물어 올린다 몸속에서 / 바람과 관계할 수 있다니! …(중략)… 세상이 처음 있을 적 신께서 관계하신 / 알 수 없는 무엇인가도 내 허벅지 위의 햇살처럼 / 알몸이었음을 알겠다 무성한 억새 줄기를 헤치며 / 민둥한 등뼈를 따라 알몸의 그대가 나부껴 온다 / 그대를 맞는 내 몸이 오늘 신전이다
>
> -「민둥산」 부분

「민둥산」의 이미지들은 여성의 몸이 스스로 완성해가는 쥬이상스적 충동이다. "억새"밭에서 "바람"과 "햇살"과 함께 유희하는 화자는 더 이상 남성의 '향유 대상'6)이 아니다. 그 몸에 대한 원초적 긍정은 "젖꽃판", "입술", "아랫도리" '허리 아래의 깊은 계곡'이란 원초적 여성성을 화자에게 되돌려 준다. "젖"과 "입술"과 "아랫도리"는 대지와 인간을 구분하는 상징계적 배치를 넘어서고 있다. 이는 화자 스스로가 '향유하는 주체'로 바뀌고 있기 때문이다. 인용 시를 단순히 자연 친화의 시 정도로 보기 어려운 이유가 여기에 있다. "바람의 혀"와 "관계"하는 그녀의 몸이 가부장 질서 속에 놓였던 '제

---

6) 신명아, 「라깡의 정신분석이론과 성차개념 연구」, 한국라깡과 현대정신분석학회 9집, 2007, 여름, 21-27면.

단'으로서가 아니라 스스로를 고양시키는 "신전"이라는 점에 있을 것이다. 김수이는 위와 같은 몸짓을 "우주적 여성성과 모성성을 호출해 현재형으로 살아내는 주술"[7]이라고 언급한 바 있다. "바람"과 "젖꼭지", "허벅지"로 들어오는 관능적 자연은 가부장 질서와는 단절돼 있다. 그러한 자기 향유의 문제는 아래 문정희의 시에서도 나타난다.

> 딸아, 아무 데나 서서 오줌을 누지 말아라 / 푸른 나무 아래 앉아서 가만가만 누어라 / 아름다운 네 몸 속의 강물이 따스한 리듬을 타고 / 흙 속에 스미는 소리에 귀 기울여 보아라 / 그 소리에 세상의 풀들이 무성히 자라고 / 네가 대지의 어머니가 되어가는 소리를 / 때때로 편견처럼 완강한 바위에다 / 오줌을 갈겨 주고 싶을 때도 있겠지만 / 그럴 때일수록 / 제의를 치르듯 조용히 치마를 걷어올리고 / 보름달 탐스러운 네 하초를 대지에다 살짝 대어라 / 그리고는 쉬이 쉬이 네 몸 속의 강물이 / 따스한 리듬을 타고 흙 속에 스밀 때 / 비로소 너와 대지가 한 몸이 되는 소리를 들어보아라 / 푸른 생명들이 환호하는 소리를 들어보아라 / 내 귀한 여자야
>
> -「물을 만드는 여자」 전문

크리스테바에 따르면 이 세계의 언표장은 여성의 몸에서 나오는 분비물을 터부시하면서부터 펼쳐진다. 여기서 여성은 '비참한 신체'(悲體)로 분열된다. 그리고 그 사건에 대한 인정이 남성적 상징 질서로 들어오는 여성 주체의 제의적 조건이 된다.[8] 크리스테바 외에도 남성의 언표 질서에 기입된 여성의 몸이 남성적 주체로 구성되면서 분열돼 버린다는 것은 정신분석학이 공통적으로 함의하는 내용이다. 우리 여성시사는 그 같은 메커니즘 위에서 남성의 이데올로기를 수행시켜 온 도정이기도 하다. '해방 전후 한국의 노천명이나 모윤숙 시인 등이 보여준 민족서사와 애국서사 등이 그것 아니었던가. 남성이 금기시 해 온 여성의 목소리를 남성의 보이스로 발화할 수밖에 없었던 여성시인은 분비물로서의 자기 몸의 실재를 거대 담론의 표상 체계

---

7) 김수이, 「알몸의 유혹, 자궁의 서사」, 『도화 아래 잠들다』(김선우 시집 해설), 창작과 비평사, 2003, 103면.
8) 최도식, 「사모(思母)시에 나타난 어머니와 시적 주체와의 관계에 대한 연구」, 현대문학의연구 33집, 한국문학연구학회, 2007, 369면 참조.

속에 가둬온 것이다.'[9)]

그에 비해 인용 시 「물을 만드는 여자」에선 터부시되는 여성의 분비물을 세상에 흘리고 있다. 남성의 상징계 표면에 존재하는 쥬이상스의 지점을 찾고 있는 것이다. 그 때문에 인용 시에서 생명을 창조하는 시원(始原)의 물은 남성적 시선에 환원당하기를 유보하고 있다. 화자는 더 이상 남성적 상징 질서를 수행시키는 사제가 되기를 거부하고 있다. 그것은 언표화된 남성적 질서에 저항을 통해 여성 주체의 해방의 가능성을 찾는 일련의 모색이다. '오물'로서 명명된 것을 주저 없이 흘려줌으로써 이 가부장적 세계에 저항하고 있는 것이다. 이같은 여성시의 인식은 비단 김선우에게만 나타나는 모습은 아니다. 일찍이 70년대 강은교의 시에서부터 최근 이선영 등에 이르는 여성 시에서도 발현된 것으로, 가부장적 질서의 작동을 중지시키는 전략으로 언급돼 온 것이다. 김희정 또한 '질척거리는 늪'과 같은 여성 분비물을 '비체'(悲體) 개념과 연결하여 상징계 교란 행위의 가능성을 타진한 바 있다.[10)] 여성의 "하초"에서 흐르는 물은, 남성의 세계 속으로 흐르며 가부장 질서를 흔들어 놓는다. 상징계가 거북해 하는 분비물, 화자는 그 물을 이 세계의 신성하게 흘려보낼 것을 말하고 있다 "딸아, 아무 데나 서서 오줌을 누지 말아라"라고 말하는 것은 여성의 몸이 김선우가 말한 "신전"임을 알고 있음에서 가능해진다. "치마를 걷어올"릴 때 여성 "하초"에서 흘러내려오는 물은 몸의 "강물"이다. 그 강물은 "따스한 리듬을 타고 흙 속에 스"며 "너와 대지가 한 몸이 되는 소리"를 만들어 낸다. 남성에 의해 균열된 여성의 몸은 여성 스스로 만든 "물"을 통해 다시 재통합되는 것이다. 그것은 여성의 몸에서 일궈진 열락(bliss)이다.

9) 동덕여대한국여성연구소편, 『성과 사랑의 시대』, 학지사, 2004. 291-310 참조.

10) 김희정은 강은교의 「短歌 三編」에서 여성성을 질척거리는 늪과 관련지어 비체의 문제와 상징계 교란의 관련성을 언급하고 있다. 김희정, 「통과제의적 죽음과 '모성(母性)'의 회복」, 이화어문논집 24-25집, 이화어문학회, 2007, 113-114면.

4. 여성이라는 징후

살펴 볼 마지막 계열의 시는 시적 주체가 병리적이며 언술 또한 상당한 징후성을 동반하고 나타나는 시이다. 우리 시단에서 김혜순의 시는 그 한 극점을 보여주는 예가 된다.

김혜순의 시는 여성성의 향유가 불가능한 상황에 대한 절망에서 일어난다. 더욱이 문면에선 기존 여성시가 보여줘 온 '비극→화해'의 구도조차 거의 발견되지 않는다. 기표들은 고통스런 환유 사슬을 따라 운동하고 있을 뿐이다. 그것은 잡힐 듯 잡히지 않는 여성성의 실재에 대한 추구와 그것이 번번이 무너지는 것의 공포를 보여준다. 텍스트는 매번 그 메커니즘이 일상화되는 것에 예기불안 속에서 작동된다. 시인은 그에 대해 위악적 반응을 보여주는데, 그 반응은 어떨 땐 히스테리컬하고 어떨 땐 분열증적이다. 이는 김혜순의 시가 기존 여성시인들의 시에 비해 상당한 전위성을 띠어왔음을 보여주는 부분이다. 아울러 그러한 모습은 90년대 이후 한국 여성시의 탈 근대적 지반을 공고화시키는데 기여해 온 것도 사실이다. '성'-'권력'-'일상'의 문제로 이어지는 탈 근대적 섹슈얼리티(sexuality)의 화두는 김혜순의 시에 와서야 비로소 본격화된다. 앞서 살펴본 여성 시의 목소리가 다분히 신비성을 보여주었다면, 김혜순의 텍스트는 그것을 광기어린 충동(drive)으로 전치시킨다. 기존의 여성시가 보여주어 온 사랑과 그리움의 풍경은 이제 철회된다.

> 꿈속에서 울어본 적 있나요 / 너무 울어서 잠에서 깨어났는데도 저 바다 밑 깊은 곳에서 / 웡웡 목소리가 올라오는 것처럼 / 아무도 내가 부르는 소리 / 못 알아듣던, 그런 적 있었나요 // 꿈속에서 도망친 적 있나요 / 올라가도 올라가도 어딘가 / 도착하지 않은 적 있었나요 / 꿈속에선 늘 갔던 곳인데 / 내려가는 에스컬레이터를 타고 / 올라가는 것처럼 그렇게 / 힘든 적 있었나요 그런 적 있었나요 // 그러다가 그러다가 / 그만 당신에게 덥석 / 잡아먹힌 적 있었나요 / 이상하지요 / 당신이 날 잡아먹었는데 / 내가 당신 속에 있는 것이 아니라 / 당신이 내 속에 날아든 것 같았어요 / 당신의 얼굴이 새처럼 작아지고 / 그 새가 내 몸속을 날아다녔지요 // 내 심장 기슭에 올라앉아 그 가느다란 손가락으로 / 핏줄을 움켜쥐더니 정맥의 강가에 열꽃을 피웠

지요. …(하략)… 휘젓는 팔이 한없이 펄럭거린 것 있었나요 // 아무래도 내가 새가 되려는가 봐요.

- 「새가 되려는 여자」 부분

남성의 표상을 짊어지고 살아가야 하는 여성의 몸은 '분열'되어 있다. 그 분열의 틈엔 남성의 표상이 가득 차 있다. 팔과 다리는 그 표상의 질서에 따라 배치된다. "휘젓는 팔이 한없이 펄럭거"리는 모습은 그 질서화된 일상을 견뎌내야 하는 처절함이다. 그녀에게 세계는 "도망쳐야"하는 공포의 공간, 팔을 흔들어 봤자 "잡아먹"히는 세계이다. 남성의 언표에 등기된 그녀의 몸은 저항할수록 절망의 "바다" 속으로 가라 앉아버린다.

그런데 인용 시에서 시인의 대응은 매우 특이한 모습으로 나타난다. 화자는 "정맥의 강가에 연꽃"으로 피워내고 스스로를 "새"로 날리는 모습을 보여준다. "펄럭거리는 손", "정맥의 강가", "몸 속을 날아다니는 새", "심장의 기슭" 등이 보여주는 몸의 언어들은 기존 여성시인들이 보여준 오감(五感)의 이미지와는 달리 위악적으로 배치된다. 김혜순의 시가 동시대 여성시인들과 다른 점이 있다면 바로 이 반향의 지점일 것이다. 그 공포스런 제스처의 이면에는 교활한 세계를 내파하고자 하는 충동(drive)이 도사리고 있다. 그것은 상징계 속에서 여성의 흔적을 찾는 최금녀나 김선우 등과는 달리, 상징계 자체를 아예 폐기시키고자 하는 분열증적인 임계점이다. 화자가 보여주는 언술은 광기이며 그것이 일어나는 순간 일단 세계의 상징적 문법은 탈구된다. 세계에 의해 공격 받던 여성 주체는 김혜순의 시에 와서야 그 공격성을 정면으로 세계에 되돌려준다. 세계를 죽일 수 없는 여성 주체는 자신을 학대함으로써 세계에 맞서고자 한다. 그것은 자신의 분열을 극대화시킴으로, 선명하게 등기된 남성적 무의식을 내파해 보려는 전략이다.

김혜순의 시에 자해적 행위가 끊이지 않는 이유는 '여성적 에고'의 상처가 극단화되어 있기 때문이기도 하다. 그 상처는 '에고의 극대화'를 부른다. 그에서 극단화된 목소리는 차라리 여성 몸의 절망 확인을 통해 여성성을 확인해 가는 최승자의 언술을 연상시킨다.11) 자기를 훼손함으로써 세계의 상

11) "오늘도 극장 문은 열리지 않았고 / 저 혼자 숨어서 하는 리허설뿐이로군요. / 그래도 다시 한

징 질서를 훼손하려는 에고는 순응을 거부하는 주체가 된다. 그 마조히즘적 주체는 일상이 강요하는 여성의 사랑과 낭만성을 탈성화(脫聖化)시켜 버린다.[12] 김혜순 시의 그로테스크함은 그 병리적 차원에서 이해되지 않으면 안 된다. 절망의 주체는 이 세계 대신에 자신을 파괴함으로써, 세계의 교활성을 고발한다. 그럼으로써 화자는 그 질서에서 풀려나온 주체, 더 이상 그 질서의 굴절물이 됨으로 얻는 안락을 포기한다. 그것은 '여성-개별자'로서의 욕망을 충족시켜 나가는 도정이다. 즉, 김혜순의 시가 그로테스크한 서정을 추구하는 것은 그 욕망의 도저함 때문이다. "내 주먹 속 작은 마침표 하나 / 내가 내 심장의 안전핀을 뽑아 움켜쥔 점 하나"(「움켜쥔 마침표 하나」), "내 몸에 푸른곰팡이가 확 슬고 / 나는 도통 추위를 못 느끼고 영하의 거리를 쏘다녔다."(「슬픔」)에서 발견되는 자학적 언술은 이 세계에 대한 자학적인 대응이다. 그렇다면 그러한 제스처 앞엔 어떤 전략이 놓여 있는 것일까? 이와 관련하여 김혜순의 최근작 한편을 살펴보며 글을 맺기로 한다. 아래 작품(2009. 02.23)은-계간 ≪현대문학≫ 55주년 기념의 일환으로-인터넷 포털(DAUM, 문학속세상)에 발표한 신작이다.

> 아침에 눈 뜨면 / 침대에 가시가 가득해요 / 음악을 들을 땐 / 스피커에서 가시가 쏟아져요 나 걸어갈 때 / 발밑에 떨어져 쌓이던 가시들 / 아무래도 내가 시계가 되었나 봐요 / 내 몸에서 뾰족한 초침들이 / 솟아나나 봐요 / 그 초침들이 / 안타깝다 / 안타깝다 / 나를 찌르나 봐요 / 밤이 오면 자욱하게 비 내리는 초침 속을 헤치고 / 백 살 이백 살 걸어가 보기도 해요 // 저 먼 곳에 / 너무 멀어 환한 그곳에 / 당신과 내가 살고 있다고 / 행복하다고 / 당신 생일날 / 그 초침들로 만든 케이크와 촛불로 / 안부 전해요
>
> -「생일」 전문[13]

인용 시의 제목은 왜 「생일」로 되어 있는 것일까. 아마도 "생일"이란 여성

번 지켜봐주시겠어요? / (I go, I go 나는 간다. / Ego, Ego, 나는 간다.)" 최승자, 「해마다 유월이면」, 『내무덤 푸르고』, 문학과 지성사, 1993.

12) 윤시항, 「잔인한 쾌락」, 독일어문학, 23집, 한국독일어문학회, 2003. 11, 178-179면 참조.

13) http://story.media.daum.net/Poet/view.html?storyid=10039&serialid=300

의 몸이 원래의 자리로 위치되게 될 미래의 어느 날일 것이다. 자세히 보면 시에서 발견되는 '시계'는 두 가지로 해석이 가능해질 수 있다. 하나는 남성의 상징 질서 속으로 들어가기를 강요하는 일상의 시계이다. 남성의 세계에 동화됨으로 화자는 남성의 방식으로 여성의 욕망을 실현시켜야 한다. 그것은 그녀의 몸을 "뾰족한 초침"들로 찔러대는 행위로 구체화된다. 일상을 구성하는 "침대", "음악"은 그 초침들로 박혀 있으며, 화자는 그럴수록 그 시간에 포위된 자신을 "안타까"워한다. 그럼에도 이 시는 그 상황을 벗어나고자 하는 극단적 욕망을 한 분기점을 드러낸다.

그 지점에서 상징 질서와 무관하게 돌아가는 영원의 시계가 또 숨어 있다. 그것은 여성 주체의 몸이 돌리는 시계로서 그 시침과 초침들은 남성의 시계 판에서 탈구되어 돌아간다. 그 시계는 분열되고 찢긴 여성 몸 너머의 지평을 보여준다. 그것은 이른 바 여성의 시간인 '밤'의 시간을 통해 나타난다. 화자는 "밤이 오면 자욱하게 비 내리는 초침 속을 헤"칠 결심을 한다. 그 시계는 "저 먼 곳", "너무 멀어 환한 그곳"을 바라보게 만든다. 그곳은 어디인가? 화자는 그곳으로 "백 살 이백 살 걸어가" 본다. 그곳은 "너무 멀어 환한 그곳"이며 "당신과 내가 살고 있"는 곳이다. 화자는 상징질서의 규율이 없는 곳, 그곳으로 가기 위해 상징계의 "초침"을 회수해 버린다. 그리고 그것으로 새롭게 펼쳐질 그녀만의 일상을 만들어 낸다. 그것은 "초침들로 만든 케이크와 촛불"이다. 그렇게 새로 발견하게 될 일상 속에서 그녀는 새로 태어나게 될 자신의 몸을 본다. 그것이 제목 "생일"의 의미이다.

최근 여성 시에서 반복적으로 나타나고 있는 자학적 심리는 여성 주체가 분열에 시달리고 있음을 보여주는 분명한 표징이다. 그 점은 자본주의가 탈근대적 장으로 넘어간 우리 시대 이후 여성시의 언술 또한 징후적일 것이라는 전망을 보여준다.

참고문헌

감은교, 『풀잎』, 민음사, 1974.
김선우, 『도화 아래 잠들다』, 창비, 2003.
김혜순, 『불쌍한 사랑기계』, 문학과 지성사, 1997.
김혜순, 『달력공장 공장장님 보세요』, 문학과 지성사, 2000.
김혜순, 『한 잔의 붉은 거울』, 문학과 지성사, 2004.
문정희, 『양귀비꽃 머리에 꽂고』, 민음사, 2004.
문정희, 『남자를 위하여』, 민음사, 1996.
이선영, 『일찍 늙으매 꽃꿈』, 창작과 비평사, 2003.
최금녀, 『들꽃은 홀로 피어라』, 정은문화사, 2000.
최금녀, 『내 몸에 집을 짓는다』, 문예운동, 2004.
최금녀, 『큐피드의 독화살』, 종려나무, 2007.
최승자, 『내무덤 푸르고』, 문학과 지성사, 1993.
김수이, 「알몸의 유혹, 자궁의 서사」, 『도화 아래 잠들다』(김선우 시집 해설), 창작과 비평사, 2003.
고창수, 「원융 무애, 혹은 달관의 미학」, 『저 분홍빛 손들』(최금녀 시집 해설), 문학아카데미, 2006.
김승희, 「김혜순 시에 나타난 여성 신체와 여성 환상연구」, 『한문문학이론과비평』 22집, 한국문학이론과 비평학회, 2004.
김희정, 「통과제의적 죽음과 '모성(母性)'의 회복」, 『이화어문논집』 24-25집, 이화어문학회, 2007.
동덕여대 한국여성연구소편, 『성과 사랑의 시대』, 학지사, 2004.
민승기 外, 『욕망이론』, 문예출판사, 1996.
신명아, 「라깡의 정신분석이론과 성차개념 연구」, 『한국라깡과 현대정신분석학회』 9집, 2007.
윤시항, 「잔인한 쾌락」, 『독일어문학』 23집, 한국독일어문학회, 2003.
최도식, 「사모(思母)시에 나타난 어머니와 시적 주체와의 관계에 대한 연구」, 『현대문학의연구』 33, 한국문학연구학회, 2007.
E. 레비나스, 김연숙 역, 『타자윤리학』, 인간사랑, 2001.
≪시안≫, 2005년 여름호.
http://story.media.daum.net/Poet/view.html?storyid=10039&serialid=300

제3부

동양 고전 속의 여성문화

허난설헌과 상심(傷心)의 시편(詩篇)

김 진 영*

1. 난설헌은 누구인가

허난설헌(許蘭雪軒, 1563-1589)은 조선 중기에 27세의 짧은 일생을 상심(傷心)과 초월의 정서로 살다간 시인이다. 난설헌은 그의 당호(堂號)요, 본명은 초희(楚姬)이고, 자는 경번(景樊)이다.

그녀는, 당대의 명문가였던 초당 허엽(草堂 許曄)의 딸이요, 손위로 허성(許筬), 허봉(許篈) 두 오빠가 있었고, 손아래로는 동생 허균(許筠)이 있었으니, 허씨 일가의 문학 기풍이 한 시대에 크게 드날렸다.

조선조 여성은 비록 양반 가문일지라도 남존여비의 엄혹한 성차대(性差待)의 굴레에서 제 이름자 하나 지니니 못함이 일반적이었다. 기껏 당호에 성씨를 붙여 일컬어지는 형편이었으니, 신사임당이니 삼의당 김씨 등이 바로 그 사례이다.

그럼에도 불구하고 난설헌은 사대부 남성들과 다름없이 이름과 또 다른 이름인 자 그리고 호를 다 갖추었으니, 허씨 집안의 가풍이 매우 선진적이고 개방적이었음을 미루어 알 수 있다. 허난설헌은 삼당(三唐詩人)으로 일컬

* 경희대학교

어지는 서얼 출신의 강개 분방한 이달에게서 동생인 허균과 함께 시를 배웠는데, 시적 천품이 빼어났다.

그러나 그녀가 안동 김씨 명문가의 김성립에게 출가한 이후로는, 부부간의 불화와 고부간의 갈등 등으로 편할 날이 없었다. 사랑을 쏟은 자녀마저 연이어 잃게 되고, 친정도 몰락하는 등 겹쳐오는 불운과 불행에 깊이 상심(傷心)할 수밖에 없었다. 이를 이겨내는 길은 현실에서는 찾을 수 없었고 현실세계에서 초월하여 신선세계에 노니는 수밖에 없었으니, 이점이 그녀의 수많은 유선시(遊仙詩)가 산출된 바탕이라 하겠다. 그녀의 유선시에 특히 신선 선(仙)자와 꿈 몽(夢)자가 거듭 사용된 것은 상처받은 영혼의 정신적 치유여행이라고 할 수 있다.

난설헌이 죽은 뒤 아우인 허균은 평소 외워두었던 난설헌의 시와 친정에 남아있던 시 200여 편을 수합하고 정리하여 한 권의 시집으로 엮었다. 마침 조선에 온 명나라 사신 주지번(朱之蕃)을 만나 건네줌으로써, 주지번이 이 시권에 서문을 붙여 1606년 <난설헌집>을 중국에서 먼저 출간하여 큰 호응을 받았고 그 이후 우리나라와 일본에서도 출간되었다.

허균은 누이 난설헌의 시에 대해 그의 시화집에서 다음과 같이 높이 칭상하면서도 불우했던 일생을 가슴 아파하였다.

「누님의 시와 문장은 모두 하늘이 내어 이룬 것이다. 유선시를 짓기 좋아하였는데, 시어가 모두 맑고 깨끗하니 사람의 솜씨가 아니라고 할 만하다./

작은 형님이 일찍이 말씀하시기를, '경번의 글재주는 배워 얻을 수 있는 것이 아니라 대체로 이태백(李太白)과 이하(李賀)가 남겨둔 글이라 할 만하다.'고 하였다.

아 슬프다. 살아 있을 때에는 부부 금슬이 좋지 않았는데, 돌아간 뒤에도 제사 받들어 줄 자식 하나 없이 되었으니, 큰 슬픔이 어찌 끝나리오」

- <학산초담>

한편 김만중은 시인 난설헌을 높이 평가하면서도 <난설헌집>에 대해서는 중국 사람의 작품이 끼어들어있다고 보아 부정적인 시각을 보이기도 하였다.

「우리나라의 규수 중에 시인으로는 오직 난설헌 한 사람이 있을 뿐이다. 다만 한스러운 것은 아우 허균이 원 · 명나라 시인들의 아름다운 글귀를 모아서 누이의 시집 가운데 끼워 넣어 그 명성을 높인 점이다.」

-<서포만필>

2. 시(詩) 감상

○ 장간리(長干里)

우리 집은 장간리에 있어
장간리 길을 오가곤 했지요
꽃 꺾어 님에게 주며 묻기도 했네요
꽃하고 나하고 누가 더 예쁘냐고

家居長干里 來往長干道 (가거장간리 래왕장간도)
折花問阿郞 何如妾貌好 (절화문아랑 하여첩모호)

지난 밤 느닷없이 남풍 불어와
배의 깃발 파수 향해 펄럭였지요
북에서 온 이 만나 물어보았더니
그대는 양자강에 계신다지요

昨夜南風興 船旗指巴水 (작야남풍흥 선기지파수)
逢着北來人 知君在揚子 (봉착북래인 지군재양자)

젊고 아리따운 아내('첩'은 아내가 남편 앞에 자신을 낮춘 말)가 장간리 마을 앞길을 낭군과 함께 오갈 때, 장난끼 넘치는 신명이 났다. 길가에 절로 핀 꽃 가지 하나 꺾어들어 낭군에게 보이며 묻는다. "여보, 이 꽃이 더 예뻐요, 제가 더 예뻐요?" 그야말로 젊은 부부의 숨김없고 애교 넘치는 사랑과 행복이 가득 배어 있는 말건넴이요, 그림같이 아름다운 풍경이다.

그러나 지금 현실은 어떠한가. 사랑하는 낭군은 집을 멀리 떠나 연락조차 없다. 뱃사람 편에 얻어 들은 이야기는 낭군이 멀리 양자강 쪽에 있다는 소식이다. 그렇다고 그리운 낭군을 찾아 나설 형편도 아닌듯하다.

사태가 이렇게 반전되는 것이 인생사란 말인가. 전날 함께 했던 행복과 오늘 떠나 있는 이별의 불행이 이렇게 교차되고 보니, 전날의 기쁨이 더 큰 안타까움과 상심(傷心)으로 전해온다.

○ 가난한 여인의 노래 [빈녀음(貧女吟)]

어찌 얼굴 자태 남에게 떨어지리오
바느질도 교묘하고 길쌈도 잘하는데
어려서부터 가난한 집에 자라와
좋은 중매쟁이 알지 못하네

豈是乏容色 工針復工織 (기시핍용색 공침부공직)
少小長寒門 良媒不相識 (소소장한문 양매불상식)

가위 손에 들고 바느질하는데
밤은 차가워 열 손가락 다 굳어지네
남을 위해 시집갈 옷 지으면서도
해마다 도리어 나 홀로 지내네

手把金剪刀 夜寒十指直 (수파금전도 야한십지직)
爲人作嫁衣 年年還獨宿 (위인작가의 연년환독숙)

밤 깊도록 쉬지 않고 베를 짜네
베틀 소리 달그락 달그락 차갑게 울리고
베틀에서 짜낸 이 비단 한 필
끝내 뉘집 아씨 옷이 되려나

夜久織未休 戛戛鳴寒機 (야구직미휴 알알명한기)
機中一匹練 終作誰阿衣 (기중일필연 종작수아의)

얼굴이며 자태 모두 아리따운 처자가 바느질 솜씨, 길쌈 솜씨까지 교묘하다. 그녀는 어려서부터 가난한 집안에서 자라왔지만, 여인이 갖추어야 할 바느질이며 베 짜는 솜씨를 두루 갖춘 재주 있고 착실한 처자이다. 그런데도 집안이 가난하고 지체가 낮고 보니 중매쟁이들은 관심 밖에 두고 찾아주지 않는다. 예나 이제나 혼사에서는 심성이나 재능보다 지체나 집안의 재력이 더 큰 매력인가. 사람보고 혼인하는 것이 아니라 재물보고 혼인한다면 과연 처자가 지닌 한(恨)은 어떻게 풀어야 할까.

가난한 집안의 여인은 좋은 가위들고 추운 밤 늦도록 바느질을 하노라니 열 손가락이 다 얼어 꽂꽂해진다. 그녀가 공들여 짓는 옷은 다른 사람이 시집갈 때 입고갈 옷이다. 그러나 가난한 그녀는 시집도 못가고 해마다 혼자 지낸다. 언 손 호호 불며 밤 늦도록 하는 바느질은 얼마간의 품삯으로 돌아올 뿐, 그녀를 가난에서 구해줄 수 없으니 어찌 나이가 찬들 시집갈 형편이 될 수 있겠는가. 생업에 건실해도 벗어날 길 없는 가난의 굴레가 시인의 마음을 아프게 한다.

가난한 집 여인은 이번에는 밤을 밝혀 베를 짠다. 베틀 소리, 바디치는 소리 달그락거리는데 울림은 차갑기만 하다. 마침내 베틀에 비단 한 필이 짜여졌다. 그러나 그 비단은 이 가난한 여인이 입을 옷감이 될 수 없다. 아마도 어느 양가집 차자가 시집갈 때 입을 옷감이 될 것이다. 곧 애써 생산하여도 그 생산물에서 소외될 수밖에 없고 시집갈 기약도 없는 가난한 현실이니 그 참담함이야 얼마나 클까.

○ 최국보의 시체를 본받아 [효최국보체(效崔國輔體)]

저에게 있는 이 하나의 금비녀는
시집올 때 머리에 꽂았던 것이지요
이제 길 떠나는 당신께 드리오니
천리 멀리서라도 늘 잊지마소서

妾有黃金釵 嫁時爲首飾 (첩유황금차 가시위수식)
今日贈君行 千里長相億 (금일증군행 천리장상억)

연못가에는 버드나무 섬기고
우물 위로는 오동잎 떨어지네
주렴 밖에 귀뚜라미 소리 들리는데
찬 날씨에 비단 이불이 얇네

池頭楊柳疎 井上梧桐落 (지두양류소 정상오동락)
簾外候蟲聲 天寒錦衾薄 (염외후충성 천한금금박)

첫 번째 작품에서는 황금 비녀로 이야기를 풀어간다. 아내는 사랑하는 남편이 먼 길을 떠날 차비를 하자 자신이 시집올 때 머리에 꽂았던 황금 비녀를 건넨다. 바로 그녀가 지닌 가장 값진 장신구이자 바로 부부의 연을 맺었음을 증언하는 그 금비녀인 것이다. 부부는 함께 지내며 사랑을 나누어야 마땅할 터, 그러나 삶의 현실에서는 항용 그렇게만 되지 못하는 사정이 생기게 마련이다.

아내는 길 떠나는 남편이 일을 마치고 돌아올 때까지의 안위를 걱정하면서 동시에 멀리 떠나있더라도 항상 자신을 잊지 말고 기억하기를 기대하는 것이다. 눈에서 멀어지면 마음에서도 멀어질까 두려워지는 것이 사랑하는 이들의 마음 아니겠는가. 남편에게 드린 금비녀에담긴 아내의 마음은 시집장가갈 때의 초심(初心)을 한결같이 지켜주기를 바라는 뜻이리라.

두 번째 작품에서는 그녀가 맞이한 차갑게 깊어진 가을날과 가을밤을 노래한다. 연못가의 버드나무는 잎이 다 져서 늘어진 가지가 성글게 엉켜있어 쓸쓸함을 더한다. 우물 위로는 오동나무 큰 이파리가 뚝뚝 떨어지고 있다. 예로부터 오동잎 한 잎 지는데서 가을이 깊어짐을 안다고 하지 않았던가. 눈앞에 펼쳐진 정경들이 하나같이 스산하고 조락의 황량함을 보여준다.

들리는 소리는 또 어떠한가. 주렴 밖에서는 귀뚜라미 소리가 처량하다. 후충이란 철을 따라 나타나는 벌레를 말함이니, 즉 봄날의 나비나 가을철의 귀뚜라미들을 가리킨다. 여기서는 바로 귀뚜라미 소리로, 서정적 자아가 그 소리와 여운에 잠들지 못하고 있음을 알 수 있다. 비단 이불이라고 해도 이불 속은 오슬오슬 춥게만 느껴진다. 남편이 멀리 떠나가서는 돌아오지 않아

독수공방하는 외로운 아내에게 잎이 다 져 앙상한 버드나무가지와 한 잎 두 잎 뚝뚝 떨어지는 오동 잎새, 푸르게 시린 하늘로 채워진 날은 막막하기만 하다. 거기에다 심금을 울리는 귀뚜라미 소리는 밤이 깊어도 잠을 이루지 못하게 하는데, 이 모든 것이 다 임이 떠난 탓이다. 더구나 정에 목마를 젊은 아내임에랴. 생이별이 비록 운명이라 할지언정 감당하기 어려운 상심(傷心)일 수밖에 없는 것이다.

○ 강사에서 글 읽는 낭군께 부침 [寄夫江舍讀書(기부강사독서)]

제비는 처마 비스듬이 쌍쌍이 나는데
지는 꽃은 어지러이 비단 옷에 떨어지네.
침방에서 기다리는 애타는 마음이여
풀은 푸르러도 강남가신 임은 돌아올 줄 모르네.

燕掠斜檐兩兩飛 (연략사첨양양비)
落花撩亂撲羅衣 (낙화요란박라의)
洞房極目傷心意 (동방극목상심의)
草綠江南人未歸 (초록강남인미귀)

대자연에 봄은 다시 찾아와 꽃은 흐드러지게 피고 또 지고, 강남 갔다가 돌아온 제비조차도 쌍쌍이 짝을 지어 난다. 봄풀도 푸르러 모두가 생명과 사랑의 약동을 화사하게 펼쳐 보이며 노래하는 듯하다.

그러나 신혼 초 집을 떠난 서방님은 독서를 핑계 삼아 돌아오지 않으니 젊은 아내는 눈이 빠지도록 기다리며 애태우는 '극목 상심(極目 傷心)'에 빠질 수밖에 없는 일이다.

이같이 간절한 그리움과 고뇌를 읊은 작품을 두고도 실학자인 이수광 조차 너무 방탕하여 시집에 실리지 않았다고 폄하했으니, 남성의 고식적 사고는 난설헌 같은 개성있고 분방하며 정 깊은 시인이 살아가기에는 너무도 엄혹한 형장이었다 하겠다.

ㅇ 아들을 곡하며 [哭子(곡자)]

지난해에는 사랑하는 딸을 잃고
올해에는 사랑하는 아들 잃었네
슬프고 슬픈 광릉 땅이여
두 무덤이 마주하고 서있구나
스산한 바람 백양나무 가지에 일고
도깨비불은 솔숲에서 번쩍이네
지전을 날리며 너의 혼을 부르고
너희 무덤 위에 술 한 잔 붓는다
너희 오누이 혼은 응당 알아서
밤마다 정답게 어울려 놀으리
비록 뱃속에 아이가 있다 한들
어찌 탈 없이 자랄 수 있으랴
하염없이 슬픈 노래 뇌이며
피눈물로 울다가 울음마저 삼키노라

去年喪愛女 今年喪愛子 (거년상애여 금년상애자)
哀哀廣陵土 雙墳相對起 (애애광릉토 쌍분상대기)
蕭蕭白楊風 鬼火明松楸 (소소백양풍 귀화명송추)
紙錢招汝魂 玄酒奠汝丘 (지전초여혼 현주전여구)
應知弟兄魂 夜夜相追遊 (응지제형혼 야야상추유)
縱有腹中孩 安可冀長成 (종유복중해 안가기장성)
浪吟黃坮詞 血泣悲呑聲 (낭음황대사 혈읍비탄성)

정 많고 재기가 뛰어난 여인이 시집와서는 상황이 급변하여 남편과 틈이 생기고 시어머니로부터 외면 받게 되었을 때, 정 붙이며 살아갈 수 있었던 것은 오직 어린 자녀들이었다. 그런데 해 걸러 딸과 아들이 일찍 죽어 귀여운 자식을 가슴에 묻고 보니, 애통 절통하는 어미의 심사는 메어질 수밖에 없었으리라. 도깨비불 번쩍이는 스산하고 무서운 숲속에 어린 자식을 둘씩이나 묻게 되었을 때, 난설헌의 비통 처절함은 극에 달하였다. 가여운 두 오누이의 혼이 서로 의지하여 노닐 줄로 알고 위안 삼을 수 있었을까. 피눈물

조차도 목이 메어 삼키면서 태중의 아이도 온전히 자랄 수 없음을 예감한다. 기실 그녀의 시는 이렇게 애상(哀傷)으로부터 비극적 정조를 넘나들고 있다 하겠다.

<이춘풍전>

-갈등과 해결의 반복을 통한 여성 억압의 열린 구조-

김 현 주*

1. 서론

<이춘풍전>에 대한 연구는 장덕순[1]에 의해 처음 시작되었다. 이후 연구는 주로 작품의 주제, 이본, 판소리와 관련하여 이뤄져왔고, 최근에는 문학치료적인 관점에서 새롭게 연구가 진행되고 있다.[2]

---

* 경희대학교

1) 장덕순, 「이춘풍전 연구」, 『국어국문학』 5, 국어국문학회, 1953.

2) <이춘풍전>과 관련된 주요 논의들은 다음과 같다.
하순철, 「이춘풍전의 일고찰」, 『국제어문』 1, 국제어문학회, 1979.
최숙인, 「<이춘풍전> 연구」, 『이화어문논집』 5, 이화어문학회, 1982.
안창수, 「<이춘풍전> 연구」, 『영남어문학』 10, 영남어문학회, 1983.
곽정식, 「<이춘풍전> 의 신연구-작중 인물의 역할을 중심으로」, 『국어교육』 51, 한국어교육학회, 1985.
김종철, 「배비장전 유형의 소설 연구」, 『관악어문연구』 10, 서울대 국어국문학과, 1985.
여운필, 「이춘풍전과 판소리의 관련 연구」, 『논문집』 24, 신라대, 1987.
권순긍, 「<이춘풍전>의 풍자성과 근대적 지향」, 『반교어문연구』 5, 반교어문학회, 1994.
서경희, 「<이춘풍전>의 남성과 여성」, 『이화어문논집』 17, 이화어문학회, 1999.
이성권, 「가정소설로 본 <이춘풍전>」, 『우리어문연구』 12, 우리어문학회, 1999.
조광국, 「19세기 향락상에 대한 평 · 천민 여성의 자의식 구현의 한 양상-<이춘풍전><무숙이타령><삼선기>를 중심으로」, 『한국고전여성문학연구』 1, 한국고전여성문학회, 2000.
장경남, 「<이춘풍전>을 통해 본 가부장권의 형상」, 『우리문학연구』 14, 우리문학회, 2001.
진은진, 「고소설에 나타난 여성의 자아 정체성 인식 과정 연구-<이춘풍전>과 <춘향전>을 중

장덕순은 <이춘풍전>을 학계에 소개하면서 작품에 나타나는 '烈'은 중세기적인 봉건제도하에서의 남편에 대한 무조건 예속이 아니라고 설명하고, 순종과 자유분방함 사이에서 중도를 지키는 아내에 대해 신시대에 호흡할 수 있는 새로운 타입의 열녀라 칭하였다. 또한 작품의 창작의도가 주색에 빠진 오입쟁이를 그리려는 데 있지 않고, 김씨라는 기발한 여성을 또 하나 내세웠다는데 독특한 의의가 있다고 하였다. 이로써 이 작품은 독자에게 참신한 흥미와 또는 신시대의 기운과 융합할 수 있는 길을 열어주었다[3]고 보았다. 하춘철과 최숙인 역시 춘풍의 아내를 스스로 자기 운명을 바꿔놓은 적극적인 여성이라 평가하고, 그녀를 새로운 여성의 비전을 제시한 인물, 새로운 여성상[4]으로 보았다.

조광국[5]은 작품의 형성시기인 19세기가 우리 사회가 근대로 이행하는 시기였음을 지적하며 <이춘풍전>에 구현된 평·천민 여성의 자의식 표출 양상을 살폈다. 이로써 <이춘풍전>을 '왈자'들의 향락적 풍류의식에 저항하는 평·천민 여성의 의식을 드러내는 작품으로 보고 이들의 자의식은 근대 이행기에서 삶의 주체성과 주도성을 드러낸다고 하였다. 장경남[6]도 조선조 사회를 지배했던 가부장제가 조선 후기에 이르러 다소 흔들리는 조짐이 보였다는 점에 착안하여 <이춘풍전>을 이러한 현상이 형상화된 소설로 여겼다. 이에 <이춘풍전>을 남편을 중심으로 한 가부장권 상실의 서사와 아내를 중심으로 한 가부장권 회복의 서사로 나눠 분석하고 이를 통해 <이춘풍전>을 가부장적 가정의 위기, 봉건 사회의 해체 과정 등 사회적 징후들을 상징적

심으로」, 『인문학연구』 6, 경희대 인문학연구소, 2002.
조은희, 「<이춘풍전>의 여성의식 변모 양상」, 『우리말글』 26, 우리말글학회, 2002.
최혜진, 「판소리계 소설에 나타난 가족의 형상과 의미」, 『여성문학연구』 13, 한국여성문학학회, 2005.
______, 「<이춘풍전>에 나타난 부부 갈등의 해결 방식과 문학치료적 효용」, 『한국언어문학』 63, 한국언어문학회 2007.
나금자, 「<이춘풍전>의 문학치료적 효용 연구-춘풍 처의 서사변화를 중심으로-」, 『태릉어문연구』 15, 서울여대 국어국문학과, 2008.

3) 장덕순, 앞의 논문.
4) 하순철, 앞의 논문; 최숙인, 앞의 논문.
5) 조광국, 앞의 논문.
6) 장경남, 앞의 논문.

으로 반영한 작품으로 보았다.

최혜진[7]은 판소리계 소설에 형상화되어 있는 가족의 문제는 조선 후기 봉건 질서의 와해와 그 변화 과정을 담고 있다고 보고 변화하는 가족상을 살폈다. 이중 <이춘풍전>에 대해서는 불건강한 가장의 행태를 묘사 비판하면서 책임 있고 성실한 가장으로 복귀시키려고 하는 것이 향유층의 소망이었을 것이라고 말한다. 한편 이 과정에서 가정의 희생자이자 피해자였던 여성의 능력을 부각시키고 부부관계를 조화롭게 재조정하고 있다고 보았다.

선행연구들을 종합해 보면 <이춘풍전>의 연구는 경박한 언행으로 가장의 권위를 실추한 춘풍에 대한 비판과 현실의 문제를 적극적으로 나서 해결하는 춘풍의 아내에 대한 긍정이 주를 이룬다. 그러나 춘풍의 아내를 여성의 표상으로 내세우는 것은 여성을 한층 더 억압하는 기제로 작용할 수 있다는 문제를 안고 있다.

이러한 점에 착안하여 본고에서는 춘풍과 아내 사이에서 야기되는 갈등과 해결의 과정을 통해 <이춘풍전>을 새롭게 읽어가고자 한다.

2. 가장의 역할 부재와 가족 갈등

가족은 혈연공동체이기도 하지만 생산과 소비를 함께 하는 경제공동체이기도 하다.[8] 가족 구성원들은 자신뿐만 아니라 공동의 안위를 위해 경제생활을 해야 한다. 만약 어떤 한 사람이 생산의 의무는 망각하고 소비만 일삼을 경우 그 피해는 가족 모두가 감당해야 하는 문제가 되는 것이다. 사회구조가 폐쇄적일수록 개인의 문제로 인한 가족 간 갈등은 가족 모두를 위기에 빠뜨리는 위험을 안고 있으며 밖으로 드러나지 않는다. 또한 가족 구성원의 수가 적을수록 그 갈등의 영향이 클 수밖에 없다.

---

7) 최혜진, 앞의 논문, 2005.

8) 이이효재, 『조선조 사회와 가족-신분상승과 가부장제문화』, 한울아카데미, 2003, 63면.
가부장제의 이념적의 성격 가운데 하나가 가족의 집합성과 공산성이다. 가부장제 가족제도의 본질적 · 경제적 존립기반은 가산(家産)이며 이것은 가장과 가족의 '동거(同居)동재(同財)'의 원리에 의해서 유지된다.

춘풍의 가족은 춘풍과 아내 둘만으로 이루어져있다. 그렇다는 것은 한 사람으로 인한 갈등은 가족 구성원 모두의 갈등으로 연결되는 것을 의미한다. 이는 또한 그것을 해결할 수 있는 사람도 갈등을 유발한 본인이거나 아니면 배우자여야 한다는 것을 뜻한다.

춘풍은 어린 시절부터 성세가 부유하지만 주위에 친척조차 없는 인물로 그려진다. 그런 그가 방탕한 생활을 일삼자 아내는 주색잡기로 망한 이들의 예를 열거하며 마음 다잡기를 권유한다. 그러나 춘풍에게는 아내의 충고가 곱게 들리지 않는다. 남편을 향한 아내의 충고는 아내를 향한 폭행으로 이어지고, 춘풍과 아내 김씨의 갈등은 이렇게 시작되었다.

다음은 청루미색 작첩과 매일 장취로 집안 돈을 모두 써버리고 집안은 돌보지 않는 춘풍에게 아내가 하는 말이다.

> 여보시요 ᄂᆡ 말삼 드러보소 남ᄌᆞ가 셰상의 ᄂᆞᄆᆡ 문무간의 힘을 써셔 츈당ᄃᆡ ᄉᆞᆫ군젼의 과거 보아 입신양명한 연후의 일홈을 후셰의 두ᄂᆞᆫ 거시 뻣뻣ᄒᆞᆫ 이리여날 그리도 못할진ᄃᆡ 치산을 놋치 말고 부모 됴업을 직히여셔 ᄌᆞ손의 젼장ᄒᆞ고 부부 두리 동신토록 하여 평ᄉᆡᆼ 됴흘시고 부귀도 공명인니 그것슬 마ᄃᆞᄒᆞ고 인역ᄒᆞᆫ 웃지ᄒᆞ여 부모의 셰젼지물을 일조의 다 읍ᄉᆡ고 슈다ᄒᆞᆫ 노비 젼답 뉘게 다 젼장ᄒᆞ고 쳐ᄌᆞ을 돌보잔코 일신을 맛치고 기쥬탐ᄉᆡᆨ 호튀쳔을 듀야로 방탕ᄒᆞ여 이엿트시 질겨ᄒᆞ니 어이ᄒᆞ여 사ᄌᆞᆫ 말가 부모형제 읍셔ᄉᆞᆫ니 뉘라셔 경계ᄒᆞ며 일가친쳑 읍셔스니 뉘라셔 살여쥬리 마오 마오 그리 마오 쳥뉴미ᄉᆡᆨ 조와 마오[9)]

아내가 춘풍에게 바라는 것은 과거 급제를 통한 입신처럼 거창한 것이 아니었다. 단지 부모의 조업을 자손에게 맡기고 부부가 종신토록 함께 하기를 원할 뿐이다. 그러기 위해서는 남편이 방탕한 생활을 청산하고 치산에 매진해야 한다. 가장이 치산으로 집안을 이끌어가는 것은 굳이 아내가 언급할 필요가 없는 가장의 기본 책무[10)]이다. 그러나 평생 가족을 돌보지 않은 춘

---

9) 신해진, 역주 조선후기 세태소설선, 월인, 1999, 229-300면. (앞으로 <이춘풍전>으로 표기함.) 이 책은 『필사본 고전소설전집 6』(김기동 편, 아세아문화사, 1980)의 493-549면에 실린 서울대 가람문고본을 대본으로 하고 있다.

10) 주희 · 유청지 엮음, 윤호창 옮김, 『소학』, 홍익출판사, 2008, 204면.
가장의 역할과 임무-집안의 어른이 되어서는 반드시 예법을 삼가 지켜 여러 자제들과 집안

풍에게는 쉬운 일은 아니었을 것이다. 결국 두 사람의 갈등은 가족 간의 기본적인 책무의 불이행에 기인한 것으로 볼 수 있다.

3. 의무 양도를 통한 해결의 모색

아내의 성화에 춘풍이 내어 놓은 대책은 가중사를 아내 김씨에게 맡기니 마음대로 치산하라는 수기를 작성하는 것이었다. 춘풍이 작성한 수기는 아래와 같다.

> 임ᄌᆞ 사월 십칠 일의 김씨젼 슈기라 우슈기 사ᄶᆞᆫ는 불청김씨지언ᄒᆞ고 됴업 슈만금을 기ᄌᆡ진귀어청누지즁ᄒᆞ니 각극시이직비 회셥제이막급ᄒᆞ여 ᄌᆞᄎᆞ일후로 가즁지사을 진부어 김씨 ᄒᆞ거혼 김씨 치산지후로 비록 쳔금지ᄌᆡ가 잇슬지라도 이 다 김씨의 ᄌᆡ물이라 가부 니츈풍은 일푼젼과 일두곡을 부루차지지의로 여시 슈기ᄒᆞ나니 일후의 약유후쥬 방탕지폐가 잇거든 지ᄎᆞ슈기ᄒᆞ고 관변졍ᄉᆞ라 ᄌᆞ필쥬의 가부 니츈풍이라[11]

수기에 따르면 춘풍은 자신의 과거를 후회하며 앞으로는 가정의 경제권을 모두 아내에게 넘긴다고 되었다. 어려서부터 부유한 집안에서 자라면서 온갖 방탕한 일은 다 경험한 춘풍이 부모의 유산까지 별다른 죄책감 없이 탕진하는 사이에 그에게는 가족에 대한 책임감이나 최소한 자신의 몸을 돌아볼 여유조차 없었다고 볼 수 있다. 그러므로 오랜 시간 숱한 재물을 주색잡기로 쓰면서도 결국엔 일품으로 출세하리라는 망상을 갖고 있는 인물이 하루아침에 반성하고, 집안의 모든 일을 아내에게 일임했다는 것은 액면 그

사람들을 통솔해야 한다. 가장은 집단 식구들에게 직책을 나누어 일을 맡기고 그 결과를 책임지도록 해야 한다. 재물을 사용하는 데 대한 규정을 만들어서 수입에 따라 지출을 하도록 하며, 가산(家産)의 유무에 맞추어 윗사람과 아랫사람의 옷과 음식, 그리고 관례·혼례 같은 길사(吉事)나 장례 같은 흉사(凶事)의 비용을 지급한다. 이 모든 것은 규정을 두어 균등하지 않음이 없도록 해야 한다. 재량해서 쓸데없는 비용을 줄이고, 화려하고 사치스러운 것을 금지시키며 항상 반드시 약간의 여유를 두어 뜻밖의 일에 대비해야 한다(『온공가의』).

11) <이춘풍전>, 332면.

대로 받아들이기 어렵다. 따라서 춘풍의 수기는 공식적으로 가장의 책무에서 벗어나겠다는 의사 표명으로 해석할 수 있을 것이다. 자신에게 가장의 역할을 요구하는 아내의 잔소리와 가장의 책임을 감당할 마음과 능력이 없는 춘풍은 아내에게 책임을 양도하는 것으로 자신에게 주어진 가장의 임무에서 벗어나려고 하는 것이다.

수기를 받은 아내는 그 말을 곧이곧대로 믿을 수가 없다. 왜냐하면 자신이 다시 또 방탕한 마음을 먹으면 관아에 알리라고 적은 것은 결국 아내로 하여금 가장을 고발하라는 뜻이기 때문이다. 남편을 고발하기에는 춘풍의 아내가 남편에게 바라는 바가 너무 소박하다. 아내는 당연히 어찌 그럴 수 있냐는 반응이고, 춘풍은 다시 "일후 약유이단지혜 잇거든 비부지ᄌᆞ"[12]라고 덧붙여 기록한다. 관변정사와 비부지자는 결국 아내에게 이중의 고통을 안겨주는 해법이다. 가장이 방탕하다고 관아에 알리거나 비루한 사람의 아들이라 욕하는 것 모두가 직접적으로 춘풍에게는 아무런 해가 되지 않기 때문이다.

춘풍이 오랜 시간을 주색잡기로 보내는 사이에 집안에는 남아 있는 것이 없고, 춘풍에게는 친구조차 남아있지 않다. 이러한 상황에서 춘풍이 수기에 적은 두 가지 약속은 자신의 과오에 대한 뉘우침이거나 아내에 대한 미안함으로 볼 수 없다. 아무 것도 남아있지 않은 상태에서 새롭게 시작할 수 있는 생활의 의지가 그에게는 보이지 않기 때문이다. 그러므로 그의 수기는 단지 지금의 상황에서 벗어나기 위한 졸속의 대안으로 보일 뿐이다. 춘풍에게 수기 작성은 가부장권의 상실이라는 거창한 차원의 문제라기보다 가장으로서 책임졌어야 하는 일들에 면죄부이며 앞으로는 아무런 죄책감 없이 방관하겠다는 일종의 선언이라고 볼 수 있다.

춘풍이 수기 한 장을 써 줌으로써 가중지사에서 쉽게 벗어났다면, 가장의 역할을 이어 받은 아내는 온갖 일로 치산에 힘쓰고 있다.

> 침자·길삼 다 ᄒᆞᄀᆡ다 오 푼 밧고 ᄉᆡ버션 짓기 ᄒᆞᆫ 돈 밧고 쓰ᄀᆡ 버션 두 돈 밧고 ᄒᆞᆫ삼 ᄒᆞ기 스 돈 밧고 ᄒᆞᆫ옷 깃기 네 돈 밧고 창옷지여 닷 돈 밧고 도포 하기 엿 돈

12) <이춘풍전>, 332면.

> 밧고 쳘뉵 ᄒᆞ기 일곱 돈 밧고 금침 ᄒᆞ기 ᄒᆞᆫ 양 밧고 볼긔 누비기 양 반 밧고 쳘뉵 ᄒᆞ기 두 양 밧고 졉옷 누비기 승 양 반 밧고 관ᄃᆡ ᄒᆞ기 봄이면 삼베 ᄂᆞ코 하졀이면 모시 누비 츄졀이면 염ᄉᆡᆨ ᄒᆞ기 동졀이면 무명 ᄂᆞ코 일령졀령 사시졀 밤맛 읍시 힘써 ᄒᆞ니13)

춘풍의 아내가 보여준 치산은 여성의 경제적 능력의 발휘라는 측면에 앞서 남편의 약속에 대한 신뢰이며, 망가진 가정이 회복되기를 바라는 마음의 간절함을 보여주는 것이라 하겠다. 그러나 아내가 가권을 이어받아 가사를 주장하고 치산에 힘써 집안을 일으킨다고 해도 그것으로 가정 내 아내의 위치가 달라지는 것은 아니다.

이덕무는 <사소절>에서 "선비의 아내는 집안의 생계가 가난하고 궁핍하면 약간 살아갈 방편을 마련하여 일을 하는 것이 안될 것이 없다. 길쌈을 하고 누에를 치는 일은 진실로 그 근본이 되는 일이요, 심지어 닭과 오리를 치고, 장과 초와 술과 기름을 사고 팔고, 또 대추 · 밤 · 감 · 귤 · 석류 등을 잘 간수하였다가 때를 기다려 내어 팔며, 또 홍화 · 자초 · 단목 · 황벽 · 검금 · 남정 등을 무역하여 모으고, 도홍 · 분홍 · 송화 · 황유 · 녹초록 · 천정 · 아청 · 작두자 · 은색 · 옥색 등 여러 가지 물들이는 법을 배워 알면, 이는 오직 생계에 도움이 될 뿐만 아니라 역시 부녀자의 수공의 한 가지"14)라고 기록하였다. 언뜻 보면 여성의 경제 활동을 인정하는 것처럼 보인다. 그러나 "대체로 사나운 부인들은 재주와 지혜가 많아서 능히 생계를 잘 경영하고, 그 남편들은 이것을 의지하여 생활하는 까닭으로, 아내는 남편을 꼼짝 못하게 지배하고, 남편은 아내를 두려워하여 굴복하니 어찌 슬프지 아니하랴?"15)라고 하여 경제적 능력이 없는 남편일지라도 가장의 권위가 무너져서는 안 된다는 의식을 표출하고 있음을 알 수 있다. 결국 가장의 권위는 능력과는 별개로 인정되는 셈이다. 이는 김씨가 춘풍에게 가장의 역할을 양도 받았지만 그것은 어디까지나 의무에 국한된 것이고 가장의 권위와는 무관하다는 것을 의미한다.

---

13) <이춘풍전>, 332-333면.

14) 이덕무 저, 김종권 역, 『사소절』, 명문당, 1993, 259면.

15) 위의 책, 246면.

4. 가장의 권위 존속과 가족 갈등

춘풍의 아내가 치산에 힘쓴 결과 집안은 몇 년 안에 풍족해졌다. 그러자 춘풍은 관망과 의복으로 치레하고 매일 술에 취하는 등 마음이 다시 교만해지기 시작한다. 결국 춘풍은 호조 돈 이천 냥을 빌려 평양에 장사하러 가려는 계획을 세우게 된다. 아내가 자신의 장삿길을 만류하자 "이십 전에 ᄉᆞᆫ직ᄒᆞᆫ 일 통입골슈 ᄋᆡ달거든 이다지 슬허할가? 쳔금산진환부ᄅᆡ라 고셔의 일너스니, ᄂᆡᆫ들 ᄆᆡ양 ᄑᆡ할ᄉᆞᆫ가?"[16]라고 말하며 설득한다. 그러나 지금까지 집안의 돈을 쓸 줄만 알았지 한 번도 돈을 벌지 않았던 남편이 전혀 물정 모르는 평양까지 가서 하는 장사가 잘 될 리 없다는 것을 알고 있는 아내는 쉽게 설득되지 않는다. 더구나 평양이 번화하고 사치가 가득한 곳이라는 것도 아내가 춘풍의 장삿길을 말리는 이유가 되기에 충분하다. 평생을 주색잡기로 가산을 탕진했던 춘풍에게 평양은 장사를 통해 큰 돈을 벌 수 있는 기회의 공간이라기보다 유혹의 공간이 될 가능성이 더 높기 때문이다.

아내의 만류에도 춘풍이 평양 장삿길의 의지를 굽히지 않자, 아내는 함농 속에 넣어 두었던 수기 이야기를 꺼낸다. 그러나 스스로 적었던 '비부지자'라는 말이 무안했던 춘풍은 오히려 아내의 머리채를 잡고 두드린다. 이것은 춘풍에게 수기는 중요한 의미가 있는 약속이 아니었다는 것을 확인시켜준다. 수기는 자신이 거부하고 싶은 현실에 대한 도피의 수단이었을 뿐임을 드러내는 것이다. 아내는 수기 한 장을 통해 치산에 힘쓰지만 그것으로 달라지는 것은 없다. 결국 아내는 남편이 탕진한 가산을 회복하는 일에 이용될 뿐이다. 이것은 아내가 수기를 통해 얻은 것이 가장의 의무일 뿐 권위는 아니었다는데서 그 원인을 찾을 수 있다. 춘풍은 가장의 의무는 아내에게 전가하고 결국 자신이 원하는 바를 이루는 데는 가장의 권위를 내세운 것이다.

자신을 말리는 아내에게 폭력까지 행사하면서 떠난 길이라고 볼 수없을 정도로 춘풍은 들떠있다. 춘풍의 여정에 그려지는 풍경이 춘풍의 그러한 심

16) <이춘풍전>, 334면.

리를 말해 준다.

> 청셕골 지닉가며 좌우 산천 도라보니 이써는 어느 써야 썩 맛참 삼츈이라 골골마다 포포셩은 좌우의 썰어지고 양뉴는 청산을 둘리온딕 황조빅조 는라든다 온갓 초목 무셩흔딕 천황씨 목덕 쇼의 일월 동방 부상느무 원둑 장스 졔빅일의 귀귀가지 양목이며 황셩의 허죠벽간월 과창오운즁 고목느무 쥬루녹일 권렴간의 임 그려다 상사느무 일지느어 창오흐니 쇼당츈슈 회양느무 옥포 풍낭 츄복츈의 월중단계 계슈느무 자단빅단 감주뉴주 펑프진 쟝숑이며 층층폭득 머루·드릐 넌츌이며 휘여진 장숑이며 눌러진 양뉴목은 광풍의 흥을 계워 위정위정 춤을 취고 농츈흐는 비둘기는 펄펄느라 츈경의 우름을 고은 갓 츈흥는안흔딕 양뉴 쌍잉은 가지가지 봄소릐요 느는 느비 우는 식은 츈광을 자랑흔다[17]

아내가 몇 년 동안 치산하여 마련한 집안 재물을 가첩으로 삼아 떠난 장삿길이라고 하기에 너무 설레고 흥겹다. 평생 생산 활동이라고는 해 본 적이 없고, 주색잡기로 가산조차 지키지 못한 사람이 호조 돈을 빌려 장사를 떠날 경우에 가질 수 있는 두려움이나 불안감은 찾아볼 수 없다. 이것은 춘풍에게 평양 장삿길이 많은 돈을 벌어와 지금까지 탕진한 재산을 만회하려 한다는 춘풍의 말과는 달리 평양이라는 새로운 세상에 대한 기대로서의 의미가 더 크다는 것을 말해주는 것이라 하겠다.

평양에 당도한 춘풍은 기녀 추월에게 마음을 빼겨 장사에는 전혀 마음이 없고, 오직 추월에게 돈쓰기에 바쁘다. 춘풍이 일 년에 못 되어 가져간 돈 이천 오백 냥을 모두 쓰자, 그때부터 춘풍을 향한 추월의 괄시가 시작된다.

> 여보시오 니 양반아 셩즁 활양 셩외 활양게을 보고 도라가니 어딕로 가랴시요 가는 노비 부족하면 돈이느 한 돈 봇틔리다[18]

> 여보쇼 이 사람아 즈네 그 말 다시 마쇼 싱긴 거시 멍청이라 창염을 증모르는가[19]

---

17) <이춘풍전>, 334-335면.
18) <이춘풍전>, 342면.
19) <이춘풍전>, 342면.

장삿길에 가져간 돈을 추월에게 탕진하고 내쳐진 춘풍은 절통하지만, 고향으로 갈 면목이 없다. 아내의 만류를 뿌리치고, 호조 돈까지 빌려 호기 있게 떠난 평양길이기에 더욱 그러하다. 오갈 곳 없는 춘풍은 고심 끝에 추월의 집 사환이 되기로 결정한다. 얼마 전까지 대접받는 귀한 손님으로 있다 하루아침에 걸인 행색을 하고 추월의 곁에 있는 것은 죽는 것만 못한 괴로움이었을 것이다. 그러나 춘풍에게서 추월을 원망하는 모습은 나타나지 않는다. 모든 일이 춘풍에게는 가소로운 세상사일 뿐이다. 고향이나 아내에 대한 그리움에 탄식하지만 자신이 잘못했다는 생각이나 후회는 하지 않는다.

춘풍이 추월의 집에 사환으로 기거하려는 것은 그것을 통해 다시 재기를 모색하려는 것이 아니다. 단지 현재 자신의 처지에서 최선의 선택일 뿐이다. 자신에게 주어진 책임에서 벗어나기 위해 한 장의 수기를 통해 가장의 의무를 아내에게 양도했던 것과 마찬가지로 커다란 의미를 담고 있는 것은 아니라고 할 수 있다. 춘풍이 의무는 이행하지 않은 채 권위만 내세워서 떠난 장삿길이고, 자신이 빌려온 호조돈을 갚지 못할 경우에 고향에 있는 아내에게 불이익이 가해질 것을 예상할 수 있지만 그것에 대한 어떠한 해결책도 내놓지 않고 있다. 가장의 이러한 행동은 가족을 다시 갈등의 상황에 놓이게 하는 것이다.

5. 책임 전가를 통한 해결의 모색

춘풍이 평양에 간 후로 춘풍의 아내는 하루도 편할 날이 없다. 장사가 잘되어 남편이 편히 돌아오기만을 밤낮으로 바라던 아내에게 춘풍의 소식이 전해진다. 서울 사람 이춘풍이 평양에 장사 가서 상걸인으로 기생 추월의 집에 사환으로 있다는 것이다. 남편의 평소 행실로 미루어 전혀 뜻밖의 일은 아니었겠지만 가장이 상걸인이 되었다는 소식에 아내는 가슴을 두드렸다.

그런데 춘풍의 아내는 자신의 만류를 뿌리치고 떠난 가장을 원망하기는 커녕 "우리 가장 경셩으로 다려다가 호조 돈 이쳔 양을 한 푼 읍시 다 가푼

후의, 의식 염네 아니 ᄒᆞ고 부부 두리 화락ᄒᆞ여 ᄇᆡᆨ연동낙하"20)려는 생각을 하고, 모든 일의 책임은 기생 추월에게 전가하여 "츄월의 집 ᄎᆞᄌᆞ가셔 ᄂᆡ 숌씨의 다려드려 츄월의 머리 ᄐᆡᆨ을 두 손의 갈ᄂᆞ 잡고 가락가락 쓰드리라."21)며 복수를 계획한다.

아내의 이런 모습은 남편으로 상징되는 가정의 안위를 지키고 싶다는 뜻으로 해석할 수 있다. 남편은 자신이 끝까지 믿고 지켜야 할 대상이며, 그것이 무너질 경우 자신의 존재 역시 아무 의미가 없다고 여기는 것이다. 춘풍의 아내는 철저히 가부장제를 체현하는 인물이다. 남편의 무능함으로 인해 자신이 희생하고 있다는 생각보다 남편의 권위 회복을 기반으로 한 가정의 안위를 우선으로 생각하는 인물이다. 그러기위해서 남편은 절대로 형편없는 존재나 비난 받는 대상이 되어선 안 된다. 남편은 어디까지나 기생 추월의 농간에 희생된 존재여야만 한다. 남편의 권위는 곧 아내의 권위로 인식된다. 아내의 입장에서 남편의 방탕한 생활의 책임이 남편에게 있다는 것을 인정하는 것은 수기까지 써가며 가장의 책무를 아내에게 넘긴 남편의 무책임함과 가산 탕진도 모자라 호조 돈까지 빌려 기생에게 써버린 파렴치함을 동시에 드러내는 일이다. 그러므로 기생 추월을 향한 아내의 복수는 남편의 권위와 체면을 회복시키기 위한 자기방어기제22)인 셈이다.

춘풍의 아내는 남편을 평양에서 데려오기 위해 김승지 댁을 이용한다. 김승지 댁의 맏자제는 작년에 평양감사 부망으로 있다가 내년에는 평양감사를 하고자 하는 인물이다. 그러나 집이 가난하여 부족한 것이 많은 상황이다. 이를 안 춘풍의 아내는 승지 댁 노부인께 모은 돈을 다 드리고 조석으로 극진히 모시는 것으로 친분을 쌓는다. 이렇게 인연을 맺은 노부인의 아들이 평양감사가 되자 춘풍의 아내는 그를 통해 평양에 갈 기회를 얻는다. 춘풍의 아내가 김승지 댁을 통하여 평양에 비장으로 가게 되는 것을 두고 그녀를 정치적인 변화에도 민감한 여성23)으로 평가하고, 그녀가 보여주는 정치

---

20) <이춘풍전>, 346면.
21) <이춘풍전>, 346면.
22) 켈빈 S. 홀 지음, 백상창 옮김, 『프로이트 심리학』, 문예, 1984, 155-175면.
23) 진은진, 앞의 논문, 67면.

적인 행위 역시 능력의 한 부분으로 긍정하고 있지만, 정치의 변화를 예견하고 김승지 댁 노부인을 통해 자신의 목적을 이루려는 행동 역시 여성에게 허용된 것은 아니었다. 춘풍의 아내는 남편을 가정으로 회귀시키려 한다는 대의명분으로 말미암아 적극적이면서 긍정적인 행동으로 인정받는 것이다.

남복을 하고 비장의 직분으로 평양에 당도한 춘풍의 아내는 거지꼴을 하고 있는 남편을 보게 된다. 듣던 대로 추비한 몰골을 한 남편을 보니 추월에게 분한 마음이 더한다. 춘풍의 아내가 추월에게 갖는 마음은 전이이다. 남편을 원망하며 남편의 권위를 스스로 무너뜨리는 일이 된다는 것을 알기에 남편에게 그 책임을 묻지 않으려는 행위이다. 이것은 곧 남편으로 하여금 자신의 정체성을 확인하는 '타자화'이기도 하다. 자신이 지금껏 옳다고 믿고 살아온 것들을 지키기 위해 엉뚱한 곳에 책임을 물어 남편과 자신의 정당함과 억울함을 입증하려는 것이다.

비장은 호조 돈을 빌려가서 주색잡기로 모조리 써 버린 춘풍에게 돈 쓴 곳을 아뢰라고 명하고, 이 일로 추월이 신문을 당하게 된다. 추월이 비장에게 자신의 억울함을 호소해도 소용이 없다. 중장을 견디다 못한 추월은 춘풍에게서 받은 돈에 이자까지 하여 돌려주기로 하고 풀려난다. 비장의 이와 같은 신문은 기생인 추월의 입장에서 보면 억울한 일이다. 춘풍의 아내는 춘풍이 호조 돈 잃은 것에 대한 책임을 전적으로 추월에게 몰아, 추월을 몰인정하고 이해타산적인 인물로 그리고 있다. 그러나 여기서 주목해야 할 것은 비장으로서 춘풍의 아내가 추월을 징치하는 방식이 논리적이지도 않고, 법적인 근거와도 무방하다는 점이다. 단지 인지상정에 의존한 윤리적 방식으로의 접근인 것이다. 더구나 춘풍에게는 이렇다 할 처벌이 내려지지 않고 있다. 이것은 추월에게 죄를 묻는 것이 실제 추월이 죄가 있어서라기보다 남편의 무능력함을 감추기 위한 수단으로 작용하고 있는 것은 아닌지 하는 의문을 갖게 한다.

그렇다면 아내가 비장 복장으로 춘풍과 추월을 상대한 이유는 무엇일까? 먼저 춘풍의 아내가 직접 평양에 가서 남편을 만났다면 춘풍은 곧바로 집에 돌아갈 마음을 먹지 않았을 것이고 추월에게 돈을 돌려받지 못했을 것이다. 그렇다면 비장 복장은 객관적이면서 공권력적인 힘을 상징하는 역할을 하기 때문으로 볼 수 있다. 또한 아내의 모습으로 춘풍의 초라하고 부끄러운 모습을 대면했을 때 생길 수 있은 가장의 권위 실추의 상황을 들 수 있다. 아울러 추월과의 문제 해결이 단순한 질투로 비칠 가능성도 있다. 이러한 염려가 춘풍의 아내로 하여금 비장 복장으로 문제를 해결하게 만들었을 것이다.

결국 춘풍의 아내는 비장의 복장을 하고 남편을 치죄하고, 그 죄값을 추월에게 전가하는 것으로 남편의 권위를 손상시키지 않는 범위에서 갈등의 해결을 모색하고 있는 것이다.

6. 갈등과 해결의 반복을 통한 여성 억압의 열린 구조

비장의 도움으로 위기에서 벗어난 춘풍은 돈을 가득 싣고 의기양양하게 집으로 돌아온다. 춘풍의 아내는 상을 차려 남편을 대접하지만, 춘풍은 평양 작은 집과 비교하며 음식 타박한다. 춘풍의 모습에선 추월의 사환으로 있었을 때 겪은 추비함은 찾아볼 수 없다. 늘 그래왔듯이 아내 앞에선 가장으로 권위를 내세우며 거드름 피우기에 여념이 없다.

예전과 변함없는 춘풍의 모습에 아내는 다시 비장 복장으로 나타나 남편을 속이다 결국 자신이 비장인 것을 알린다. 그런데 여기서 아내가 다시 비장으로 나타나 남편을 속이고 자신이 비장이었다는 사실을 드러냈지만 이것을 통해 남편의 권위를 실추시키려 했다고 보는 것은 무리가 있다. 만약 그럴 의도가 있었다면 평양에서 남편의 죄를 가볍게 다스리거나 추월에게 죄를 전가하지 않았을 것이기 때문이다. 이는 비장이 아내였다는 사실을 안 춘풍의 반응으로도 확인할 수 있다. 춘풍은 "이왕의 ᄌᆞ네 쥴 아라스ᄂᆞ, 의ᄉᆞ을 보ᄌᆞ ᄒᆞ고 그리ᄒᆞ엿"[24]다고 말한다. 아내가 비장 복장으로 자신을 다스리고 자신을 위기에서 구했다는 것이 그에게는 전혀 부끄러운 일이 아니다. 늘 그러해온 것처럼 자신의 행실과 무관하게 권위는 유지되는 것이기 때문

24) <이춘풍전>, 358면.

이다.

이는 가장의 무관심과 무능력함으로 인해 아내가 겪은 수많은 일들을 뒤로 하고 작품이 "그날 밤의 부부 두리 원낭금침 펴쳐 덥고 누어스니 아조 그만 졔법일셰."25)로 마무리되고 있는 것을 통해서도 알 수 있다. 그간의 모든 일이 결국 원앙금침 속에서 해결이 된다는 것을 의미한다. 다음은 작품 말미의 기록이다.

> ᄃᆡ져 일ᄀᆡ 여ᄌᆞ로셔 손슈 남복ᄒᆞ고 호계비장 나려가셔 츄월도 다스리고 츈풍 갓튼 낭군도 다려오고 호조 돈도 슈쇄ᄒᆞ고 부부 두리 종신토록 사라스니 만고의 ᄒᆡ로ᄒᆞᆫ 이린고로 ᄃᆡ강 기록ᄒᆞ여 후셰 ᄉᆞ람의계 젼ᄒᆞᄂᆞ니 만일 여ᄌᆞ 되거든 이른 일 효측하압소서26)

작품 초반의 인물에 대한 서술자의 평가나 작품 결말에 나오는 독서 후기 및 편집자의 논평 등은 독자들이 작품을 어떻게 해석하고 있는지, 혹은 어떻게 해석하기를 바라는지와 같은 의견을 담고 있다. 말미의 기록은 무능하고 무책임한 남편에 대한 비난보다는 어떠한 상황에서도 남편을 위기에서 구하여 가정으로 복귀시키는 데 적극적인 여성에 대한 칭찬 일색이다. 여자라면 춘풍의 아내를 본받아야 한다는 식의 내용은 남성과의 관계에서는 수동적이고 소극적인 모습이 여성의 미덕일지라도, 가정의 문제 해결에 있어서는 적극적이며 능동적인 모습을 갖는 것이 또 다른 미덕임을 드러내는 것이다. 가사를 주장하며 남편을 순종으로 대하는 여성에서, 현실의 문제를 적극적으로 해결하는 능동적인 여성으로의 변화는 지속적인 것도, 주체적인 것도 아니다. 그러므로 이것을 여성 정체성의 변화나 자의식의 확장 차원에서 논하는 것 보다 규범의 순종과 규범의 일탈을 자유자재로 넘나들면서도 가장의 권위를 실추시키지 않고, 여성에게 가정의 수호를 요구하는 사회 구조를 반영하고 있는 것으로 보아야 한다. 이는 구속되어 있던 여성의 해방을 의미하는 것이 아니라 기존보다 다양한 규범적 면모를 제시하면서 여성

---

25) <이춘풍전>, 358면.
26) <이춘풍전>, 359면.

을 그 이데올로기 안으로 억압하려는 구조라고 할 수 있다.

작품 전반에 걸쳐 아내의 역할은 실추된 가부장권의 회복에 있다. 작품 말미의 내용 역시 이러한 춘풍을 통한 남성들의 반성에 대해서는 전혀 언급이 없고 오히려 아내의 행위를 효칙할 것을 유도하고 있다. 더구나 춘풍의 아내는 오로지 가부장의 권위를 세워주는 것으로 자신의 역할을 다하고 있으며, 그것에 대해 회의나 불만을 드러내지 않는다. 춘풍의 아내는 조선조 가부장제 이데올로기가 체득된 인물로 모든 행동의 목표가 가부장권의 유지, 회복에 고정되어 있다. 자신의 능력으로 남편을 위기에서 구하지만 이를 통해 남편을 하대하거나 자신이 가부장이 되겠다고 하지 않는다. 자신은 남편을 중심으로 한 가부장권을 되찾는 역할만 하고 다시 원래의 위치로 돌아온다. 물론 남편을 위기에서 구한 후에 남성을 중심으로 한 가부장권을 부정하는 것만이 여성의식의 성장을 나타내는 것은 아니다. 그러나 춘풍의 아내를 통해 확인할 수 있는 것은 여성의식의 성장보다는 가부장권 아래서 살아왔던 삶의 유지가 행복한 결말이라는 것이다.

<이춘풍전>는 무능력한 남성과 능력이 있는 여성으로 구성된 부부의 갈등과 그 해결의 서사이다. 그러나 무능력한 남편으로 야기된 문제에 적극적으로 개입하여 해결을 모색하는 아내에게는 남편의 능력 유무는 중요한 것이 아니다. 어떠한 문제가 생겨도 아내는 즉시 나서 그것을 해결할 것이기 때문이다. 그러므로 갈등과 해결이 반복되는 과정을 통해서 남편은 계속 갈등의 소지를 갖게 되고, 아내는 반복적으로 갈등과 해결의 구조 속에 놓일 것이라는 예상은 어렵지 않다.

7. 결론

앞서 살펴본 바에 따르면, <이춘풍전>은 춘풍이 부부 사이에 갈등을 야기하고 그의 아내가 그것을 적극적으로 나서 해결하는 구조의 반복을 보여주는 구조로 되어 있음을 알 수 있다. 부모님께서 물려주신 가산을 주색잡기로 탕진하면서 집안을 돌보지 않고, 오히려 가장의 권한을 포기하는 수기를 아내에게 써 줌으로써 집안을 돌봐야하는 책임을 아내에게 전가하고, 그 권한을 이어 받은 아내는 적극적인 치산으로 가정의 위기를 극복하였다.

춘풍이 평양 기생에게 빠져 장사 차 빌려간 호조 돈을 모두 탕진하여 곤란에 빠졌을 때도 아내는 모든 죄를 기생 추월에게 씌워 돈을 돌려받고, 남편을 가정으로 돌아오게 하는 역할을 하였다. 가장으로, 남편으로 아무 역할을 하지 않은 춘풍이지만 그의 아내는 끝까지 가장과 남편의 자리를 춘풍의 것으로 내어주고 있다. 그러면서 자신은 가장과 남편의 빈자리를 계속해서 채우기 위해 애쓰고 있다.

당대 이데올로기는 혼인에 있어 남성과 여성에게 차별적인 의미를 지닌다. 남성에게는 혼인은 종속적 또는 반종속적 지위로부터 독립적이고 권위를 가질 수 있는 지위, 즉 그 명백한 한 역할이 아내와 자녀에게 명령하고 그들의 봉사와 보호를 기대할 수 있게 해주는 지위로의 변천을 의미하였다. 그러나 여성에게는 당연히 언제나 종속적인 의미일 뿐이었다. 사회가 원하는 이상적인 여성은, 항상 최선을 다하여 그녀의 가족에 봉사하고 남편과 조상에게 동시에 복종하는 경건한 어머니이자 아내인 여성이었다. 이로 인해 과부이거나 기생 또는 혼인하지 않은 여성은 스스로 불확실한 경제적 상황에 빈번히 처하게 될 뿐만 아니라 또한 여성다움이라는 바로 그 이상적 모습에 모순되는 존재로 보았다. 그러므로 남성들은 추월과 같은 기생을 풍류의 대상으로만 인정할 뿐 비여성적이고, 위협적이며, 주변적인 사람으로 인지하[27]고, 혼인한 여성 또한 스스로를 그런 여성들과 구별되도록 일련의 노력을 할 수 밖에 없던 것이다.

춘풍으로 비롯된 갈등과 그의 아내를 통한 해결, 해결 후에도 변함없는 가장의 권위는 춘풍으로 하여금 가장으로의 책임의식이나 문제 해결의 능력을 상실하게 하는 요소로 작용할 수 있다. 아울러 춘풍의 아내 역시 갈등과 해결의 반복을 통한 끊임없는 억압 구조 속에 스스로 놓일 수밖에 없게 될 것이다.

따라서 <이춘풍전>을 세태의 변화 속에서 새롭게 형성된 열녀를 통해 여

27) 다이애너 기틴스 저, 안호용·김홍주·배선희 옮김, 『가족은 없다-가족이데올로기의 해부』, 일신 사회과학신서22, 일신사, 1997, 71-72면.

성의 자의식 변모나 각성으로 읽기보다는 남성 중심의 가부장적 이데올로기가 새로운 양식으로 여성의 정체성을 통제하고 있는 것으로 읽어야 한다고 본다.

참고문헌

곽정식, 「<이춘풍전>의 신연구-작중 인물의 역할을 중심으로」, 『국어교육』 51, 한국어교육학회, 1985.

권순긍, 「<이춘풍전>의 풍자성과 근대적 지향」, 『반교어문연구』 5, 반교어문학회, 1994.

김종철, 「배비장전 유형의 소설 연구」, 『관악어문연구』 10, 서울대 국어국문학과, 1985.

나금자, 「<이춘풍전>의 문학치료적 효용 연구-춘풍 처의 서사변화를 중심으로-」, 『태릉어문연구』 15, 서울여대 국어국문학과, 2008.

다이애너 기틴스 저, 안호용 · 김홍주 · 배선희 옮김, 『가족은 없다-가족이데올로기의 해부』, 일신 사회과학신서 22, 일신사, 1997.

서경희, 「<이춘풍전>의 남성과 여성」, 『이화어문논집』 17, 이화어문학회, 1999.

신해진, 역주 조선후기 세태소설선, 월인, 1999.

안창수, 「<이춘풍전> 연구」, 『영남어문학』 10, 영남어문학회, 1983.

여운필, 「이춘풍전과 판소리의 관련 연구」, 『논문집』 24, 신라대, 1987.

이덕무 저, 김종권 역, 『사소절』, 명문당, 1993.

이성권, 「가정소설로 본 <이춘풍전>」, 『우리어문연구』 12, 우리어문학회, 1999.

이이효재, 『조선조 사회와 가족-신분상승과 가부장제문화』, 한울아카데미, 2003.

장경남, 「<이춘풍전>을 통해 본 가부장권의 형상」, 『우리문학연구』 14, 우리어문학회, 2001.

장덕순, 「이춘풍전 연구」, 『국어국문학』 5, 국어국문학회, 1953.

조광국, 「19세기 향락상에 대한 평 · 천민 여성의 자의식 구현의 한 양상-<이춘풍전> <무숙이타령> <삼선기>를 중심으로」, 『한국고전여성문학연구』 1, 한국고전여성문학회, 2000.

조은희, 「<이춘풍전>의 여성의식 변모 양상」, 『우리말글』 26, 우리말글학회, 2002.

주희 · 유청지 엮음, 윤호창 옮김, 『소학』, 홍익출판사, 2008.

진은진, 「고소설에 나타난 여성의 자아 정체성 인식 과정 연구-<이춘풍전>과 <춘향전>을 중심으로」, 『인문학연구』 6, 경희대 인문학연구소, 2002.

최숙인, 「<이춘풍전> 연구」, 『이화어문논집』 5, 이화어문학회, 1982.
최혜진, 「판소리계 소설에 나타난 가족의 형상과 의미」, 『여성문학연구』 13, 한국여성문학학회, 2005.
______, 「<이춘풍전>에 나타난 부부 갈등의 해결 방식과 문학치료적 효용」, 『한국언어문학』 63, 한국언어문학회 2007.
켈빈 S. 홀 지음, 백상창 옮김, 『프로이트 심리학』, 문예, 1984.
하순철, 「이춘풍전의 일고찰」, 『국제어문』 1, 국제어문학회, 1979.

시대를 앞서 간 16세기 중국 이탁오의 여성관

신 용 철*

1. 들어가면서

20세기 세계사에 있어서 가장 큰 사회적 발전중의 하나는 바로 여성의 지위 향상 일 것이다. 오랫동안의 숙제인 참정권을 비롯하여 교육에서 남성과 같은 기회가 주어지고 사회의 활동이 보장되었음은 물론 결혼에서도 남·녀의 동등권이 더 이상 논란거리가 되지 못했다. 그러나 20세기 이전 특히 세기의 중간인 세계 대전이전까지의 봉건시기로부터 전근대에 이르는 동안 이 문제는 항상 심각한 논란의 대상이었고, 새로운 발전의 길을 모색하고 있었다.

그런데 특히 우리가 속한 동아시아의 유교사회에 있어서 여성의 지위가 남성에 비해 매우 낮았다 는 것은 일반적인 견해이다. 특히 동아시아의 중심국가인 중국에서는 13 세기 송 대 이래의 성리학(性理學)이 몽고족의 원대를 거쳐 다시 이민족의 문화를 탈피하여 중국의 문화를 회복한 한족의 왕조인 명대(1368-1644)에 와서 국가와 사회의 정통적 이념으로 더욱 교조화(教條化) 되면서 여성의 지위가 특히 심한 차별을 받았다고 평가된다. 그리고

* 경희대학교

이러한 사회는 커다란 변화 없이 19세기 중엽, 서구의 정치적 압박과 문화적 홍수까지 그대로 계속되었다.

사실 유학에 기반을 둔 중국사회는 그의 경전인 『사서(四書)』『오경(五經)』이나 또는 정통적 역사서 속에서 여성에 대한 기술은 많지 않다. 한편 사회적인 활동 역시 일반적으로 허용되지 않았고 또 교육의 기회가 주어지지 않았으며 삼종(三從)의 덕(德), 부덕(婦德) 및 칠거지악(七去之惡) 등 남성우월적인 성격을 갖는 용어들이 우리들에게 널리 일반화되고 사용되었다.

그러나 이러한 사상은 아무런 저항 없이 형성된 것만은 아니었다. 이 형식화한 외형적 사상의 시대적 조류에 대해 강력하게 저항한 사상가가 있었으니 그가 바로 명대의 자유 사상가 이지(탁오, 1527-1602)였다. 그는 비록 16세기를 살았지만, 많은 경우 20세기가 필요로 했던 그 시대를 초월한 개성의 자유와 해방 사상을 추구한 사상가였다. 뿐 만 아니라, 중국의 여성사에 있어서도 20세기의 진보적 여상사상을 추구 할 정도로 놀라운 면을 보여주었다. 그 때문에 20세기 초 에도 그는 임서(林紓)와 같은 보수적 학자로부터 가장 부도덕한 여성관과 여성관계의 전형으로 혹독하게 비난받을 정도였다.

1602년 이탁오가 "그릇된 학설로서 성인을 모독하고 세상을 현혹시키고 백성을 혼란시켰다."는 어사 장문달(張問達)의 탄핵으로 체포되었을 때의 죄상 역시 여성관계와 여성관의 문제가 거의 그 탄핵문의 3분의 1이나 되는 356자 중 101자였다는 것은 이러한 사실을 잘 말해준다.

위의 탄핵문은 바로 이탁오가 살았던 시대 그에 대한 비판으로서 그의 여성관계와 여성관을 아주 잘 말해주는 것이며, 그 시대가 용납할 수 없던 문제들을 부각시켜주는 것이기도 하다. 국가권력과 사대부의 이탁오의 여성관에 대한 비판과 평가를 보면 대략 이탁오의 자유결혼의 강조, 여성들과 자리를 함께 하여 학문을 강의한 것, 그리고 여인들과 함께 책을 저술한 것이 가장 심각한 죄목으로 지적된 것이다. 탄핵상소에서 보이는 위의 정죄 외에도 여성의 정치적 능력을 긍정한 역시 또 하나의 죄목으로 추가 된 것이다.

그러므로 오늘날 우리가 평가하는 이탁오의 여성관은 대체로 바로 그 글 속에 거론되고 비판된 내용이 된다. 그것을 그 당시에 상황에서와 오늘의 시각에서 고찰하는 것이 이글에서 다루어 질 내용들이다. 16세기 동아시아에서 최대의 사상가로 여겨지는 이탁오의 여성사상은 그러므로 중국 및 동아시아의 사회사상은 물론 여성사에 중요한 페이지를 차지한다. 이에 필자는 우리의 역사와 관계 속 에서 이탁오의 사상과 함께 여성관을 살펴보려고 한다.

우선 서구의 문화와 사상이 들어오며 전통사상이 흔들리기 시작하던 그가 살았던 시대의 배경을 살펴 볼 것이다. 다음으로 그의 부인 황씨는 물론 그와 관련된 유명한 매담연 등 제자들과의 관계를 고찰 할 것이다. 아울러 그의 여러 저서와 글속에서 그가 여성개인이나 집단을 높이 평가한 내용들을 통해 그의 여성관을 정리해 볼 것 이다. 여성문제에 대한 이탁오의 철학적, 역사적, 정치적, 사회적 사상을 고찰할 것이다.

1. 시대적 배경과 이탁오

1) 시대적 배경

남녀의 관계는 중국 사회에 있어서 자주 하늘과 땅으로 비교되었고 다른 한편 양(陽)과 음(陰)으로 비교되기도 했다. 음이 수동적이고 어둡고 여성적이고 밤과 같은 것을 나타내는데 비해 양은 그와 반대로 활동적이고 밝고 남성적이고 하늘과 낮으로 여겨졌다. 그런 까닭으로 남자와 아들의 여자와 딸에 대한 우월성은 공식적으로 항상 인정되었다. 선사시대에 있어서 여성의 지위는 많이 알려져 있지 않다. 그러나 우리는 고대 역사에 있어서 남성의 우위에 대한 기술을 많이 발견할 수가 있다.

중국의 대성인 공자(孔子)는 여성문제에 대하여 "소인(小人)과 여자는 길들이기 어려우니 가까이 하면 버릇이 없고, 멀리 하면 원망 한다"고 하였다. 한편 공자의 뒤를 이은 유교의 성인 맹자(孟子) 역시 남자에 대한 여성의 순종(順從)에 대하여

> 네가 지금 가는 곳이 너의 가정이다. 그러므로 너는 너의 남편에 대해서 거역하

지 말고 공경해야 한다. 여자는 그렇게 하는 것이 옳은 것이다.

라고 했으며, 위의 이러한 성인 이외에 중국 사상 최초로 여성에 관한 저서인 『여계(女誡)』를 썼던 후 한 시대의 대 여류학자인 반소(班昭, 기원후 약 1C경)조차도,

남편은 하늘이니 하늘에 대해서 여자는 거역할 수 없는 것이다. 부인은 그의 남편에 대해 의무를 다해야 하며 그의 시부모에 대해서 복종해야 한다.

고 하였다. 이 의무를 반소는 '무조건적인 복종의 의무(曲從)'이라고 불렀다. 그 며느리가 설혹 그 자신의 의견이 있다 하더라도 그의 시부모에게는 무조건 따라야 하는 것이다. 중국의 여인들은 전통적인 사회에서 삼종과 사덕을 갖추어야 했다. 즉 삼종(三從)은 결혼하기 전 아버지에 대해서, 결혼한 후 남편에 대해서, 남편이 죽은 후에는 그의 장자에 대해서 복종해야 한다. 그리고 사덕(四德)이란 여자의 행동(婦行), 여자의 말(婦言), 여자의 얼굴(婦容), 여자의 부지런함(婦功) 등을 의미했다.

특히 여자에게 매우 불평등한 것이 시집에서 쫓겨 갈 수 있는 7가지 요인(七去之惡)인데 그것은 "여자가 아들을 낳지 못할 때, 그의 시부모에게 효도를 하지 않을 때, 말이 너무 많을 때, 투기가 심할 때는 시가로부터 쫓겨나야 한다." 이것은 여성에게 일방적으로 불평등하고 불리한 것이다. 조상에 대한 제사를 중요시하던 시기에 있어서 아들을 낳지 못하는 부인의 경우,

가장 큰 불효는 가계를 단절시키는 것이다. 그러므로 만약 남편이 자식을 얻지 못하면 그의 부인은 첩(妾)을 둘 것을 권유해야 한다. 제사의 계속은 가장 중요한 가정의 과업이기 때문이다. 주 문왕의 부인 태사(太姒)는 첩을 많이 두게 했고 자손이 심히 많았다.

라고 했다. 우리가 잘 아는 대로 과부의 재혼은 허용되지 않았다. 과부는 그 남편이 죽은 뒤 계속 정조를 지켜야 한데 반하여 남편은 부인이 죽은 후 다른 여자와 결혼할 수 있었다. 남자들은 창녀와 교제할 수 있었지만 여자들

은 낯선 남자와 함께 식탁을 같이 할 수도 없었다. 여성의 교육은 중국 사회에서 여러 예법 상의 제한을 받았다.

좋은 예로써 『여자사서(女子四書)』가 있다. 왕상의 어머니는 청 초에 여자의 교육서인 『여자사서』를 간행하였다. 이것은 앞서 본 반소의 『여계(女誡)』와 당대 송약화의 『여자논어(女子論語)』, 명나라 영락제의 황후인 인현왕후의 『내훈(內訓)』, 그리고 왕상 어머니의 『여범(女範)』을 말한다. 왕왕상의 어머니는 『여범(女範)』의 「정렬(貞烈)」편에서 모범적으로 정조와 덕을 갖춘 22명의 여자를 다루고 있다. 이 여인들은 그의 남편에 대한 정조를 죽을 때까지 변화시키지 않았으며 특히 사후에 있어서도 그러한 정조를 고집했거나 또는 주변으로부터 강요받고 있었다.

즉 어떤 여인은 개가하라는 친정 부모의 권유를 뿌리치기 위해 그의 코를 잘랐으며, 또 다른 여인은 남편의 묘를 찾다가 잘 곳이 없어 여관에 유숙할 것을 간청했으나 주인에게 손을 끌려 밖으로 내보내지자, 집에 돌아와 그가 만졌던 손바닥을 잘라버렸다. 이러한 것을 그의 「정렬」편에서 매우 중요하게 싣고 있다.

이러한 실례들은 중국사에서 얼마든지 많이 볼 수 있었으므로 특히 중국에 있어서 매우 특이한 여성학대의 한 사실은 '전족(纏足)'이었다. 전족이란 다섯 살 되는 여자 아이에게 발을 수건으로 묶어서 정상적인 크기의 반으로 줄이는 것이었는데 이것은 남성들에게 성적 매력을 높여 주는 것이었다고 전한다. 그러한 비참한 예절이 특별한 저항 없이 천년 이상을 계속할 수 있었다는 것은 참으로 놀라운 일이었다. 이 문제에 대하여 20세기 초의 대학자였던 호적(胡適, 1891-1962)은 '중국민족의 치욕'으로 생각하였다.

공자 맹자 시대의 유학이 새로 집대성되고 내용을 정리했던 송나라 시대 여성들의 정조 문제에 대하여 어떤 사람이 그에게 묻기를 대단히 가난하고 고독한 과부가 더 이상 살 수 없다면 재혼해도 됩니까? 라고 묻자, 성리학의 개조인 정이(程頤)는 대답하기를, "굶어서 죽는 것은 극히 작은 일이지만 여자가 그의 정조를 잃는 것은 매우 중요한 일이다." 라고 대답함으로써 뒷날 많은 사람들의 비판을 받기도 했다. 특히 이탁오가 살았던 명대에 이르러서는 "여자가 재주 없는 것이 덕이다(女子無才便是德)"이라고 할 정도로 여성의 교육이나 지적 능력이 무시되었다. 특히 이 시대에 들어와 여성의 정조는 매우 중요했는데 이것은 인구의 증가 등 여러 가지 요인이 있겠지만 정사의 열녀전에 나타나는 숫자에서도 잘 알 수 있다.

우리는 명대에 와서 열녀의 수가 크게 증가함을 볼 수 있는데 이것은 특히 다음과 같은 열녀전 서문에 잘 나타나고 있다.

> 그의 덕행으로 실록이나 또는 지방지에 실린 여인만도 1만 명 보다 적지 않다. (…) 그러나 나는 지금 그들 중 중요한 사람들만을 골라서 장을 만들고자 한다. 우리가 앞선 정사(正史)와 그의 열녀전(列女傳)을 비교한다면 명조는 그 전에 비해 배 이상으로 그 수가 증가하고 있음을 알 수 있다. 더구나 그의 이름이 알려지지 않은 모범적인 여인들도 수없이 많을 것이다. 그러므로 이 장에서는 다만 그들 중 약 10분의 1 만을 선별하는 것이다.

라고 쓰고 있다. 위에서 우리는 이탁오가 살았던 명대 말까지의 상황을 대체로 고찰했지만 그 후의 청대나 중화민국 시대 등에 이르러서도 그러한 상황이 크게 달라진 것은 거의 없다. 이러한 것은 1919년 5.4운동 시기의 여러 선각자들의 여성문제에 대한 비판에서도 잘 알 수 있다. 1890년대의 개혁운동가였던 강유위(康有爲, 1858-1927)도 전족을 민족적 치욕으로 비판한 바 있다. 1917년 이 문제에 대해 구체적 토론이 시작되었는데 여성문제란 특별한 제목을 실은 혁명적 잡지인 『신청년(新靑年)』에서부터였다.

시대	13의 정사	송	원	명(1368-1644)	총계
숫자(명)	245	55	187	308	821

이탁오가 살던 16세기 중반부터 이미 서양의 종교와 문화로서 천주교가 중국에 들어오기 시작했다. 1557년 마카오에 포르투갈 인들이 정착하여 중국과 동양 최초의 식민지를 개척하였다. 신앙으로서 천주교가 서학으로서 뿌리를 내리기 시작하였으며, 천문학이나 망원경, 지도 및 과학기구들이 중국에 새로운 세계가 있음을 알려주었다. 바로 15세기 말 콜럼버스가 아메리카 대륙을 발견하고, 마젤란이 세계 일주를 하면서 바스코 다 가마나 바틀

로뮤 디아즈는 희망봉을 돌아 인도양을 거쳐 인도와 중국에 이르게 된 것이다.

한편 1517년 독일의 말틴 루터는 로마 카톨릭 교회에 대해 종교개혁의 횃불을 들면서 이탈리아와 스페인 등 에서는 반동종교개혁으로 카톨릭의 정화운동을 벌였는데, 이들이 지중해를 중심으로 일어난 지리상의 발견에 힘입어 지리상 새로 발견된 동양으로 진출하기 시작했다. 즉 유럽의 르네상스, 지리상의 발견, 종교개혁의 시대적 사조는 동양에도 영향을 주기 시작한 것이다.

이러한 시대의 성격을 '16 중국의 르네상스'라고 부르는 학자도 있다. 이 내적인 변화의 도전이 바로 양명학의 좌파로 불리는 태주학파(泰州學派)의 사상이었고, 그의 가장 대표적이고 전형적인 사상가가 바로 이탁오였다. 그는 양명학의 기본 이론인 인간 본래의 순순한 마음, 즉 '양지(良知)'를 가장 잘 실천하는 "지행합일(知行合一)"과 "양지현성(良知現成)"의 사상가였다.

2) 16세기 중국의 자유사상가 이탁오

이러한 중국의 시대적 사조를 해안에서 접촉하며 성장한 이탁오에게 강력한 영향을 주었다. 즉 그는 거의 저항 없이 지속된 남성우위의 중국 사회에 있어서 그래도 이 문제에 대해 예리한 비판과 사회적 윤리에 대해 강력한 항의를 제기하고 실천에 옮기려고 노력하였다. 그래서 그는 시대를 초월하는 비판적 진보적 사상가로서 여성관에 있어서도 뚜렷한 위치를 차지하게 되었다. 그가 바로 필자가 본론에서 다루어 보고자 하는 탁오 이지(1527-1602)였다.

그는 그 당시 관직에 나가기 위한 최후의 중요한 고시였던 과거를 거친 진사가 아니었고 다만 지방의 고시인 향시(鄕試)를 거친 거인(擧人)으로서 일생동안 지방학교의 교사나 북경국립대학인 국자감의 교사나 오늘날의 법무부인 형부의 관리를 거쳐 마지막에는 운남성 한 지역의 군수를 끝으로 54세에 관직에서 물러났다.

그는 관직생활 중에도 항상 예리한 비판과 상사와의 충돌로 평탄치 못한 생활을 계속 했으며 54세에 관직을 물러나고 그가 76세에 죽을 때까지 20여 년간 많은 저서를 남기고 여행을 하며 친구를 만나고 학문적 토론회를 가지며 역사상의 그리고 그 당시 살았던 사람들에 대한 부조리와 모순에 대해 가차 없는 공격을 가한 사람으로 유명하다.

그는 중국사에 있어서 여성의 지위 또는 권리 등에 대한 긍정적인 옹호를 통해 중국 여성사에 기여한 바 크다. 한편 조선에서는 임진란을 전후하여 유명한 『홍길동전』을 썼던 허균이 바로 그의 사상을 수용하여 사상전반은 물론 여성사상면에서도 영향을 받은 것으로 평가 된다.

1602년 이탁오에 대한 탄핵 중 여성문제에 대한 내용을 보면,

> (전한 시대 출가하여 부모의 허락 없이 문인 사마여상과 결합한) 탁문군(卓文君)을 훌륭한 배필)을 아주 잘 선택했다(選擇佳偶).고 하였다. ……더욱 한스러운 것은 호북의 마성에 머무르면서, 방자한 행동이 끊임이 없어 불량배를 암자로 끌어들여 기녀를 끼고 대낮에 목욕하였다. 더욱이 사대부의 처와 달들을 암자로 끌어들여 불교의 교리를 강하고, 심지어 금침을 가져오게 하여 암자와 도관(道觀)에서 자는 등, 그 모습은 미친듯했다.
>
> 또 최근에는 『관음문(觀音問)』이란 책을 썼는데, 이 책에 나오는 여인들은 모두 사대부의 부인과 딸들이다. 이에 새로 자라나는 어린 아이들이 이 미치고 방자한 모습을 기뻐하며 서로 선동하여 현혹시키고 있다. 심지어 남의 재물을 약탈하고, 강제로 남의 부인을 끌어들여 함께 자는 등 금수와 같이 행동했다.

한편 그 시대 이탁오의 친구인 경정리의 형으로 호부상서의 대관을 역임한 경정향이 이탁오의 탁문군에 대한 긍정적 평가에 대해,

> 그(이탁오)는 사람이 남. 녀 간의 색(色, 性)을 좋아하는 것이 인간의 본성이라고 했다.
>
> 나 역시 그의 말대로 그것을 인간의 본성이라고 하겠다. 그러므로 사람이 남의 집 담장을 뛰어넘어 들어가는 추함을 천(賤)하다고 말하겠다. 왜냐하면 남. 녀의 구별을 삼가는 것은 성인이 인간의 성품대로 다하는 것(盡性)으로 여긴 대문이다. 그렇기 때문에 서한 시대의 문인 사마상여가 거문고를 연주하여 과부 탁문군을 유혹해 결합한 것을 '인간의 성품대로 거리낌 없이 행동한 것(率性), 이라고 나는 감히

말하지 못하겠다.

더구나 이탁오가 죽은 지, 3백여 년 후, 5.4 신문화운동시기의 문인 임서조차도, 북경대학 교장 채원배(蔡元培)에게 항의하는 편지에서,

> 우리 시대 누가 당대의 여황제 측천무후(則天武后)를 성스러운 왕(聖王)으로, 탁문군을 유명한 여인(名媛)으로 여길 정도로 이탁오의 사상적 찌꺼기를 거론하겠는가?

위에서 본대로 이탁오는 그가 살았던 16세기에 이미 여성문제, 여성관이 어사의 탄핵을 받을 정도였고, 결국 그가 감옥에서 삶을 마감했으며, 그의 저서들이 금서목록에 포함되었음은 물론 심지어 1919년 5. 4 신문화운동 때까지도 비판의 대상이 되었다는 점은 놀라운 일이다. 그리고 바로 이러한 전통사회에서의 비판은 20세기와 오늘날에 있어서 오히려 긍정적인 면에서 연구하고 평가할만한 가치가 잇는 것이다.

2. 이탁오의 여성관계

1) 부인 황 씨와의 관계

이탁오는 1647년 21세에 6살 아래인 고향의 황씨와 결혼하였는데, 1588년 고향에서 혼자 세상을 떠났으니 그들의 부부생활은 42년간 계속되었다. 관직을 사임한 후, 탁오는 구도와 집필을 위해 호북성의 마성(麻城)에 머물면서, 부인을 혼자 고향 천주로 돌려보냈고, 그곳에서 외롭게 죽었다. 그는 뒤에 부인을 회상하면서,

> 서로 만나 40여 년 간 정(情)이 깊고, 고생 속에서 내조(內助)가 컸다. 그는 남편인 자기를 손님처럼 공경으로 대하고(如賓之敬), 밥상을 눈썹까지 들어 올리는 정성(齊眉之誠)을 다해 세상의 도학자들이 따를 수 없었다.

고 칭찬하였다. 그러나 그녀는 "오직 학문 즉 '강학(講學)' 한 가지만은 나를 이해하고 따르지 못했다."고 애석하게 생각하였다. 부인을 애도한 다른 시에서도,

> 장부(탁오)의 뜻이 사해(四海-세상의 일)에 있는데, 당신이 나를 따를 수 없음을 애석하게 생각 한다.

고 하였으니, 안일한 가정의 생활을 버리고, 오직 학문을 위해 생애를 바친 남편인 자기를 이해하고 따르지 못했음을 안타까워 한 것이다. 사실 황씨는 시집와서 어려운 생활에 시조부와 시부모를 모시고, 시동생들의 뒷바라지를 하느라고 고생이 컸고, 관직을 시작한 하남성의 휘현에서는 영양실조로 두 어린 딸을 잃었으며, 퇴임 후에도 황안의 경씨(耿定向) 집에 얹혀 살며 어려움을 겪었다.

이처럼 이탁오가 부인 황씨에 대해, 전통적인 부인의 4덕(德)인, 부인의 언어, 부인의 행동, 부인의 부지런함 등, 부인의 4덕(婦德, 婦言, 婦行, 婦功)을 모두 갖춘 현모양처로 칭찬하고 있는 것은 당시의 전통적인 사대부등에 비해 특별히 다른 점은 없다. 다만 그가 학문을 위해 부인을 홀로 고향에 보낸 것은 오히려 이기적이었다고 하겠다.

그러나 부인 황씨가 그의 학문하는 생활에 대한 이해가 부족함을 아쉬워 한 것은 당시의 상황으로서 더구나 지적인 수준이나 능력으로 보아 어쩔 수 없는 일이었을 것이다. 그리고 그러한 바래임은 아마도 뒷날 마성의 과부 매담연(梅澹然)에게서 기대할 수 있었는지도 모른다.

2) 학문하는 여자 제자들

(1) 저서 『관음문』을 함께 쓴 여자 제자들

이탁오의 당대에는 일반적으로, "여자가 재조가 없는 것이 바로 덕(女子無才便是德)이라고 할 정도로 여성에 대한 사회의 교육은 거의 부정 무시되었다. 남자들의 경우에는 정규의 국·공립학교가 있었고, 특히 오늘날의 세

미나 같은 특별 주제의 학술모임(講學)이 있었으나, 거의 남자들을 위한 것이었음은 물론 이다.

이탁오가 머물던 호북성의 마성등지에서 당시 유행하던 강학을 자주 주도한듯하다. 당시를 기록한 역사가나 그에 대한 탄핵상소에 의하면, 그는 사대부의 여인과 기녀들을 이 학술모임에 참여시켜 커다란 물의를 일으켰다. 물론 얼마나 많은 여성들을 참여시켰는지 구체적으로 알 수는 없으나, 그의 서신 속에는 매담연(梅澹然), 매선인(梅善因), 증연(澹然), 자신(自信), 명인(明因) 등 5명의 이름이 보인다. 그리고 이들과 함께 『관음문(觀音問)』이란 불교 관계의 책을 출간하여 커다란 물의를 일으키게 되었다.

(2) 제자 매담연 과의 관계

친구이며 장군인 매국정(梅國楨, 1542-1605)의 딸로서 과부였던 매담연은 그의 저서 속에 가장 많이 등장하는 여인으로서 불법을 자주 서신으로 논했으며, 이탁오가 그의 재능을 대단히 높게 평가하는 것으로 보아 제자이상의 마음을 가졌던 듯하다. 이탁오의 매담연에 대한 칭찬은,

> 매담연은 출세한 장부로서 그가 비록 여자의 몸이나 남자가 쉬게 그에 미칠 수 없으니, 그는 지금 도를 배움에 있어서 뚜렷한(有端) 지적 식견(知見)이 있어 내 이를 근심하지 않는다. 비록 그가 나를 스승으로 배 한 적이 없으나, -그도 내가 남의 스승이 되기를 긍정하지 않음을 알고 있다. ……
>
> 그러나 때때로 30리 밖에서 사람을 보내 내게 불교의 교리를 물으니, 내 어찌 그에 대답하지 않을 수 있겠는가? 또 묵묵히 나를 스승으로 섬기니, 내 비록 세간의 반개 제자도 받아들이지 않는 터이지만, 역시 그에 청에 대답하지 않기는 어려워 그의 가르침을 청함에 답하고, 그는 나를 스승으로 부르니, 나도 역시 그를 담연 선생(澹然師)사로 불러 답한다. 그렇다고 내가 남의 스승이 되지 않으려는 스스로의 계(戒)를 결코 어긋나게 하지는 않을 것이다.
>
> 아, 아 서로 만나지도 못하고 서러 스승이 됨은 물론, 서로를 스승이라 부르니, 이 또한 특이하지 않은가?

이 글에서 우리는 이탁오와 매담연의 특수한 관계를 알 수 있음은 물론 이탁오와 매담연이 서로를 매우 존경하고 있음을 확실히 알게 된다. 당시의

저명한 사학자 전겸익(錢謙益, 1582-1644)의 기록에도 매국정과 그 딸과 매담연과 며느리 등이 이탁오로부터 불법을 배우고 있었다고 썼다. 또 다른 이탁오의 서신에서도,

> 담연은 후세에 그의 이름을 크게 널리 떨칠 것입니다. …… 그는 참으로 총명하며, 참으로 맹렬하며, 참으로 정대(正大)합니다. …… 이 곳을 떠나 4방 몇 만 리를 두루 돌아다니면서도 단 한 사람의 지성(至聖), 대현(大賢)을 을 만나지 못했는데, 지금 돌아와서 (매담연을 포함한) 공의 형제와 자매를 만나게 되니, 초(楚, 호북성 지역) 지역으로 돌아옴이 결코 헛되지 않습니다.

여기서 웬만하면 남을 칭찬하지 않는 이탁오가 매담연을 지극한 성인이나 위대한 현인에 비교함은 참으로 놀라운 일이다. 이에 대해 그의 사상적 논적들은 이탁오에게,

> 그 여인의 지혜가 춘추시대 공자가 방문했던 위 영공(魏 靈公)의 부인 남자(南子)에나 미치느냐?

고 힐난하였다. 이에 대해 경정향 등 사대부의 격렬한 비난이 일어나자, 탁오는『焚書』속에,「여인이 도를 배움에 있어서 남자들보다 못하다는데 대한 답서(答以女人學道爲見短書)」라는 유명한 서신을 썼다. 이탁오에 대한 이러한 비난은 학술적 논의를 넘어 지방관의 이탁오를 머물던 마성에서 축출하고 그가 죽음을 위해 건립한 불탑을 부셔 버렸다. 한편 비난이 매담연의 아버지 매국정에 이르고 이탁오는 마성에서 축출되었으며, 매담연은 자결함으로서 비극적 종말을 고하였다.

그 당시 가족을 고향으로 보낸 이탁오는 깊은 산속 불사인 지불원(芝佛院)에서 학문에 전심하며 특히 역대의 인물들을 종횡무진으로 포폄하는 외로움속의 투쟁적 생활에서 매담연과 같이 그를 따르는 총명한 제자에 대한 애착과 기대감이 매우 컸을 것 이다. 더욱이 신앙과 학문의 동도자로서 그녀는 그가 아쉬워한 부인 황씨 에게서 기대할 수 없었던 삶과 학문에 용기를 얻었을 것이다.

그래서 나는 매담연 이야말로 이탁오에게 이태리 르네상스 시기의 대시인 단테(Dante Alighieri, 1256-1321) 의 베아트리체(Beatrice Portinari)에 대한 이상적 여성상이었으리라 상상해 본다.

그 후, 이탁오는 이 여성과의 관계에 대해 친구에게 쓴 서신에서 대담하게,

> 산에 사는 산돼지나 노루 등 산짐승들도 자기의 짝을 찾는데, 왜 사람에게는 그것이 불가능하냐?

고 항의하면서, 더 나아가서,

> 중국의 경전에 자기 자신을 속이지 않으면 바로 도에 이른다 (毋自欺, 則近道矣). 라고 했으니, 마음속에서 하고 싶은 바를 행하는 내가, 道에 가까운 것이고, 마음속으로는 하고 싶어도 사회 윤리의 속박이 두려워 행하지 못하는 그의 비판자 들 이야말로 道와는 거리가 먼 사람들이다.

라고 대담하게 일침을 가하였다. 이 점에서 그는 당대와 후일에 여성관계에서 금수와 같은 행위로 비판받게 충분하였다고 여겨진다. 청대 초, 그의 전반적인 저서들을 정죄하여 『사고전서(四庫全書)』 속에 금서목록(禁書目錄)에 포함시킨 기윤(紀昀, 1724-1805)이 이탁오를 가리켜,

> 공자를 배격하고 (높이고 낮추는) 별도의 기준(褒貶)을 세워 먼 옛날부터 전해오는 선(善)과 악(惡)의 자리를 뒤바꾸지 않은 것이 없었다.

고 혹평하였는데, 이 경우 그의 여성관에서도 더욱 두드러진다고 할 것이다.

3. 이탁오의 진보적 여성관

1) 부부관계의 철학적 접근, 「부부론」

이탁오는 그의 초기 저서인 『초담집(初潭集)』에서 「부부(夫婦)」를 제일 앞에 놓고, 「부자(父子)」, 「스승과 친우(師友)」, 「군신(君臣)」의 순서로 다루면서 부부편의 총론을 썼는데 이것이 그의 부부에 관한 철학적인 접근이다. 그는 이 「부부론」에서,

> 부부는 사람의 시작이다. 부부가 있은 후에 부자가 있으며, 부자가 있은 후에 형제와 상하가 있다. 부부의 관계가 바르면, 그 후에 만사와 만물이 바르지 않은 것이 없으니, 부부가 만물의 시작임은 이와 같다.
>
> 그러므로 극단적으로 말하면, 천지는 하나의 부부이니, 이러한 까닭으로 천지가 있은 후에 만물이 있는 것이다. 그런즉 천하의 만물은 모두 둘에서 나오고, 하나에서 나오지 않는 것이 확실하다. ……그래서 내가 사물을 연구하려면 먼저 부부로부터 시작한다. ……
>
> 무릇 성명(性命)의 올바름은 커다란 화합인 太和에서 바르게 되고, 태화의 합은 천지(乾坤)에서 합해지고진다. 여기서 하늘이 남편이고, 땅이 아내가 된다. 그러므로 성명이 각각 스스로 바르게 되면 바르지 않은 것이 없다. 그러면 부부란 도대체 어떠한 관계이기에 이와 같은 것인가, 이와 같은 것인가!

부부관계를 인간의 모든 관계에서 가장 중요시한 것은 매우 파격적이다. 사실 모두 인정하면서도 그렇게 하지 못했다. 그러나 이탁오는 오륜의 맨 앞에 놓았으며, 「부부편」을 4권이나 썼다.

그의 작은 제목도 흥미로운데, 제 1권에서 합의 결혼(合婚), 죽은 영혼의 결혼(幽婚), 배필을 사별(喪偶), 질투하는 부인(妬婦), 제 2권에서 여자의 능력인 재식 언어, 문학을 다루었고, 제 3권에서 현명한 남편(賢夫), 현명한 부인(賢婦), 용감한 남편(勇夫), 속된 남편(俗夫), 제 4권에서 불교의 측면에서 고통속의 여인들(苦海諸媼)과 저 세상의 여인들(彼岸諸媼)을 다루고 있다.

부부관계의 총론으로서 중국적 철학의 기초위에서 부부 관계의 중요성을

조명하고 특히 모든 관계의 앞에서 다룬 점은 특기할만하다.

2) 여성지위의 역사적 접근, 「여성이 도를 배우는데 남자보다 식견이 부족하다는데 대한 답서(答以女人學道爲見端書)」

「여성이 도를 배우는데 있어서 식견이 부족하다는 데 대한 답변서(答以女人學道爲見端書」라는 매우 제목이 긴 서신에서 이탁오는 그의 여성관을 매우 뚜렷하게 보여주고 있다. 그는 누군가의 그의 여성에 관한 태도를 비난받고 그에 대해 서신을 보냈던 것으로 생각된다. 위의 글이 이탁오의 여성 특히 부부관계의 철학적 접근이라면, 이 서신은 사회의 통념을 비판하며 여성의 사회적 지위를 역사적으로 고찰하는 매우 중요한 논리적인 주장이락 할 것이다.

그것은 아마도 그가 마지막 관직을 위해 중국 최남단의 운남성(雲南省)으로 갈 때 처자식을 3년 동안 맡겼던 호북성의 친구인 경정리(耿定理)의 형 경정향(耿定向, 1524-1596)일 가능성이 크다. 그는 이 서신의 첫 머리에 "주신 서신에서 부인의 식견은 도를 배우는데 모자란다고 하셨는데 정말 그럴까요? 실로 그럴까요?"로 시작되는 장문의 서신에서 탁오는 계속해서,

> 어제 주신 서신속의 가르침에는 여자의 소견이 모자라서 도를 배우기에 부족하다고 말씀하셨습니다. 그럴까요! 그럴까요! 대개 부녀자들은 어려서부터 문지방을 넘어 박에 나가는 일이 거의 없는데 비해, 남자들은 뽕나무 활이나 쑥대궁이 화살을 들고서라도 박에 나가 사방을 돌아다니기 때문에 그의 소견에 우월함과 열등함이 생길 수 있는 것은 아주 당연합니다. 그러므로 짧은 여자들의 식견은 문지방을 넘어서지 못하는 때문이고, 원대한 식견은 환하고도 넓은 벌판에서 깊이 성찰할 수 있어서 만들어 진 것 입니다.
>
> …… 견식이 짧은 사람은 그저 길거리에 떠도는 소문이나 시정잡배의 유치한 말이나 들을 뿐 이지만, 견식이 원대하면 덕이 높은 대인에게 마음으로 깊이 승복하고 성인의 말씀을 감히 업신여기지 못하며 특히 속세인의 좋고 나쁨이란 입방아 따위에는 흔들리는 법이 없습니다. 나는 식견의 우월하고 열등함을 다진다면 응당 이와 같아야 하지, 오직 부녀자의 식견이 열등하다고 단정하는 데 그쳐서는 안 된다고 생각합니다.

> 그러므로 사람에는 남녀가 있다고 하면 옳지만 견식에 있어서 남녀의 구별이 있다면 어찌 옳겠습니까? 사람의 식견의 우월함과 부족함이 있다고 한다면 옳지만, 남자의 식견은 모두 우월하고 여자의 식견은 모두 모자란다고 하면 이 어찌 옳겠습니까?
>
> …… (그러면 지금부터 천천히 우리의 역사에서 식견 있는 여인들을) 고찰해 봅시다. 주나라 무왕의 왕후인 읍강(邑姜)은 한 부녀자의 몸이지만, 주공(周公). 태공(太公)같은 주나라 10대 위대한 정치인의 서열에 오를 수 있으며, 주나라 문왕의 왕후인 문모(文母)는 성스러운 여성으로서 『시경』의 국풍(國風) 중 주남(周南). 소남(召南의 기풍을 바로잡아 산의생(散宜生). 태전(太顚)중등과 더불어 문왕을 보좌한 4 명신과 견줄만합니다.
>
> …… 당대의 기생 설도는 원래 촉 지역의 사람이었습니다. 그런데 당대의 유명한 시인 원진(元稹, 779-831)이 그녀에 관한 소문을 듣고, 일부러 서천으로 벼슬길을 자청하여 서로 만났지요. 설도가 이에 붓을 놀려 「사우찬(四友贊)」을 짓고 그 듯에 화답하니 원진은 그저 탄복할 뿐이었습니다. 원미지는 당대 덕종연간의 걸출한 인재였는데, 어찌 그리 남에게 탄복할 인물이겠습니까!

라고 아주 논리적으로 지적 능력 면에서의 남녀평등을 주장한다. 특히 서두에서 그는 남녀의 차이는 생후 가정이란 내적인 것과 사회란 외적인 생활권의 환경에서 오는 것이지 그것을 무조건 남녀의 장단점으로 비교할 수는 없다고 못을 박는다. 세상이 식견이 우수하고 열등한 사람이 있는 것은 당연하지만, 여성의 식견이 남성에 비해 열등하다고 주장하는 것은 어불성설이라고 단호하게 부정하는 것은 당시에는 참으로 탁월한 견해이며 용기였다.

그는 특히 중국 사상 유명한 주 무왕의 왕후였던 읍강(邑姜)이나 문왕모(文王母)는 남성 이상으로 존경을 받는데 그들이 가내에 있어야만 한다는 입장에서 보면 죄인이 아니냐고 힐문한다. 또 당대의 유명한 기녀 시인 설도(薛濤, 768-831)의 재능을 크게 칭찬하고 있다.

이탁오가 이 서신에서 인용했던 여인들 즉 무왕의 왕후 읍강이나 문왕의 왕후, 방공(龐公), 설도 등은 모두 일반 사회인은 아니므로 그의 한계성을 갖는 점은 지적하지 않을 수 없다. 따라서 이런 문제에 대해 탁오의 여성관을 크게 평가하지 않는 사람들도 있다.

그러나 이탁오에 관해 많은 연구를 한 용조조(容肇祖), 주겸지(朱謙之), 시마다겐지(島田虔次), 주작인(周作人, 1885-1958) 모두 탁오의 진보적 여성관이라고 크게 찬양하고 있다. 특히 Cheng, Eng-Chew는 이 서신을 가리켜 "탁오 이전에는 여성의 지적 능력의 동등을 위해 싸운 사람이 하나도 없었고 탁오 이후에도 거의 없었다. 고 평하였다.

설사 탁오의 여성관이 오늘의 시대적 관점에서 많은 취약성을 갖고 있다고 하더라도 그 당 시 사회적 상황에서의 용기나 또 그러한 문제점들을 저서를 통해 공개하고 비난했다는 것은 대단한 의미를 갖는 것이다.

3) 여성에 대한 정치적 접근-'여성 정죄론'의 극복

한편 중국 역대의 사가들은 왕조의 멸망 원인을 나라 안의 근심과 나라밖에서 오는 침입(內憂外患)이라 보았다. 그런데, 나라 안에 근심이 생기는 중요한 요인이 요망한 여인이 군왕을 유혹하는 것이라고 흔히 생각해왔는데, 이미 한대의 기록에 "하 왕조는 말희(妹喜), 은 왕조는 달기(妲己), 주 왕조는 보사(褒姒)때문에 망했다." 는 내용이 보인다. 이미 『시경』에도 "현명한 남편은 성을 쌓지만, 현명한 부인은 성을 무너뜨린다."고 했다.

이렇게 부당하고 편파적인 전통적인 유교의 여성관에 대한 이탁오의 반박은 실로 문제의 본질을 통쾌하게 지적하고 있으니, 여인의 요망한 목소리와 자태(聲色)가 사람(특히 군주)을 미혹시킨다는 논의에 대해,

> 그러나 한의 무제(武帝, 재위 B.C. 140-87)는 웅대한 재능으로서 만여 리의 땅을 개척하고 위의 무제 조조(曹操, 155-220)는 영웅으로서 중원에 할거하였지만, 이들이 어찌 여인의 목소리와 아름다움을 좋아하지 않았던가? …… 내 이로서 보건대 만약 하 왕조에 말희나, 오(吳)나라에 서시(西施)가 없었더라도 나라가 서고 멸망하는 것은 피할 수 없었을 것이다.

라고 비난하고 더 나아가서,

> 어떤 사람이 현명하지 못하면, 비록 여자의 요망한 목소리와 자태에 빠지지 않아도 나라는 망하고 가정을 망하게 하고 몸을 망하게 함이 틀림없다. 생각이 짧고 모

> 자란 사람들이 오로지 술과 여자를 좋아하는 데만 (그 멸망의 원인을) 돌리려 함은 그 본(本)을 제대로 살리지 못하는 것이니 이는 세속의 유자들이 통치의 이치에 대해서 논의해서는 안 되는 까닭이다.

라며 세속의 유자들이 흥망의 본질적 원인에 대하여 잘못 파악하고 있음을 예리하게 파헤친 것으로, 비슷한 논의는 다른 곳에서도 보인다. 당대 황소(黃巢, -884)의 난을 평정한 후 황제 희종(僖宗, 재위 874-888)이 희첩들의 부정을 정죄한 데 대해 힐문한 여인의 말을 자신의 의견 없이 인용하고 있으니,

> 당신들은 미친 듯이 흉악한 적의 반역에 임해 국가의 백만 대군으로도 종사를 지키지 못해 파촉(巴蜀, 사천성 지방))으로 피난했습니다. 지금 폐하는 적에게 항거하지 못한 책임을 오히려 일개 아녀자에게 돌리고 있으니, 도대체 그 지체 높은 재상과 장군들은 그 동안 어디에 있었습니까?

라는 것으로 실로 듣고 읽는 자의 폐부를 찌르는 명언이 아닐 수 없다. 여성의 정치 찬여에 대한 비판과 정죄란 측면에서 측천무후에 대한 이탁오의 평가 역시 매우 파격적이었다.

이탁오의 생각으로는 사람(여자)의 재능이란 덕을 완성하는데 불가결한 것으로 여겨졌다. 그런데 『초담집』에서는 "덕행(德行)은 빈자리(虛位)이며 언어, 문학, 정사는 실체이다." 라고 주장한다. 즉 언어, 문학, 정사의 재능을 통해서 덕행은 가능해 진다는 뜻이다.

그런데 이탁오의 정사의 능력에 대한 평가는 그의 측천무후(則天武后, 통치 627-649)에 대한 서술에서 전형적으로 나타난다. 우리가 잘 아는 대로 칙천 무후는 중국 사상 유일한 여황제이며 특히 새로운 제국을 세웠던 것으로도 유명하다. 그의 부군인 고종황제로부터 정치적 실권을 탈취하고 많은 적대자들을 참혹하게 죽이며 잔인한 찬탈자(簒奪者)로 평가 정죄되었으나 재능 면 에서 탁오는 그녀를 크게 찬양하였다. 좀 긴 문장이기는 하나 탁오의 측천무후에 대한 평을 인용해 본다.

> 만약 당시의 대신들이 모두 한 초의 진평(陳平)이나 강후와 같이 황제에게 반역할 혐의가 없었더라면 무씨는 실로 현명한 군주였으니 한 대의 여 태후 에 비교될 바 아니다. 옛 부터 오늘에 이르기까지 여러 군왕들을 살펴 보건대 측천무후처럼 능력 있는 사람을 가려 쓸 줄 아는 자가 과연 있었던가? 또한 인재에 대한 사랑과 양육을 마음으로 하고 백성을 편안하게 할 것을 생각함에 있어서 측천무후와 같은 사람이 있었던가?
> 이는 실로 만세에 공감(公鑑)으로 어긋나지 않을 것이다. 무릇 훌륭한 왕에게 귀한 것은 사람의 능력을 아는 것을 어려움으로 하고 인재를 아껴 양성(愛養)함을 귀하게 여기는 데 불과한 것이다. (…) 군주의 행동은 일반인과 다르니 일반인은 작은 염치를 가지고 다투며 작은 행위에 긍지를 갖지만 군주는 오직 천하와 사직을 안정시키는데 전력할 뿐이다. 라는 한나라 시대 가의(賈誼)의 말은 옳도다

여기서 우리는 측천무후에 대해 이탁오가 정치적 재능을 아주 높이 평가하고 있음을 알 수 있다. 정치적 능력 면에서 인재를 귀히 여기고 인재를 아꼈다고 지적한다. 그가 인재를 중히 여기는 무후의 능력을 높이 평가한 것은 683년 서기 668년 고구려를 멸망시켰던 당나라의 명장 이세적(李世勣)의 손자 이경업이 양주에서 반란을 일으켰을 때 격문을 쓴 낙빈왕(落賓王)에 대해 "이렇게 재능 있는 사람이 불우하여 그와 같은 일을 하게 한 것은 재상의 잘못"이라고 말함에서도 잘 알 수 있다.

그는 측천무후에 대해 부군인 당나라의 고종과 비교하여

> 고종(高宗)보다는 10배 낫고 그의 아들인 중종(中宗)보다는 1 만 배나 낫다고 격찬하며 정치가 스스로에게서 나오고 밝게 살펴서 잘 판단(明察善斷)했으므로 당시의 영현(英賢)들이 앞을 다투어 쓰이고자 했다.

고 주장한다. 무후가 뒷날의 역사가들에게 비난을 받지만 이탁오는 그 당시의 정치적 상황의 본질적 요인을 찾아야 한다고 주장한다. 즉 고종의 정치적 무관심과 훌륭한 인재를 임용할 수 없었던 점을 지적하는 것이다. 특히 장손무기(長遜無忌) 같은 중신들은 "한몸 죽여 인(仁)을 이룬다는 살신성인(殺身成仁)이란 미명으로 성인의 명교(名教)만을 지켰으며" 군주에 대해 굳이 거역하면서 간하는 것만이 충성인 줄로 잘못 생각했다고 비난한다.

여기서 이탁오는 이적이 무후가 권좌에 오를 때 가장 큰 역할을 했다고 거론되는 이세적(李世勣)의 말 한마디가 나라를 망쳤다는 비난을 부정한다. 즉 설사 포악한 군주라도 현실성 없는 반항보다는 그와 협력하면서 올바른 방향으로 이끌어가야 한다는 탁오의 정치철학과 역사관을 보여주고 있는 것이다. 역사상 유교의 사학자들이 측천무후를 일개 여자가 정치에 참여하녀 국정을 농단하며 제위를 찬탈했다고, 정죄하는 것을 정면으로 반박한 대표적인 사례이다.

이것은 곧 실용적 업적이 사회 통속적 윤리보다 앞서야 한다는 그의 실무의 업적(事功)을 중시하는 사상인 것이다. 이러한 그의 철학과 인물론에서 여자황제 측천무후에 관한 평가가 가능해 지는 것이다. 탁오의 이러한 평가에 대해서 중화민국초기의 유명한 문인이었던 임서(林紓, 1852-1924)는,

> 그들 소위 신 도덕자(新道德者)들(당시 북경대학의 진보적 사상가 진독수(陳獨秀), 오우(吳虞), 호적(胡適) 등)은 무조(武曌, 무측천)를 성왕, 탁문군(卓文君)을 유명한 여인(名媛)이라고 부르니 이는 또한 이탁오의 남은 침 찌꺼기를 본받는 것이니 탁오는 금수와 같은 행위를 했으므로 이런 말이 나오게 되었다.

20세기 초 까지도 이탁오가 탁문군의 재가나 측천무후의 정치적 능력을 높이 평가한데 대한 혹독한 비난이 계속되고 있었음을 잘 알 수 있다.

4) 사회적 접근 - 자유와 평등관 교육, 결혼 능력 긍정

위에서 보듯이 이탁오는 여성들의 자유와 능력을 긍정하는 내용의 글들을 도처에서 발견할 수 있다. 그는 『초담집』에서 내용을 「부부」·「부자」·「사우(師友)」·「형제」 및 「군신」의 五倫 관계에 의해 분류하고, 특히 「부부」편 4권을 맨 앞에 놓고 있다.

그의 목차내용은 「합의에 의한 결혼」·「죽은 혼령간의 결혼」·「배필을 잃음」·「투기하는 부인」·「재주와 식견」·「언어」·「문학」·「현명한 남편」·「현명한 부인」·「용감한 남편」·「속된 남편」·「고통 속에 사는 여인들(苦海諸媼)」·「불제자의 여인들(彼岸諸媼)」으로 구분하고 있다. 「부부」편을 제

일 먼저 취급한 것이나 그의 「부부편 총론」은 아주 훌륭한 논문이다.

이 「부부편」에서는 177개의 짤막한 고사를 다루면서 그 인물과 이야기들에 대하여 이탁오는 자기의 다른 견해를 비평적 각주처럼 덧붙이고 있다. 여기서 우리가 볼 수 있는 이탁오의 여성관이 갖고 있는 긍정적인 몇 가지 특징은 첫째로 그가 탁문군의 출가와 자유결혼을 비롯하여 극중 홍불(紅佛)의 이정(李靖)과의 결합을 칭찬한 것처럼, 문모(文母)의 허락 없이 주준(周浚, 250-300)과 결혼한 이락수(李絡秀)를 능력 있는 여인 이라고 하며, 부친의 원수를 찔러 죽인 조아(趙娥)와 아버지가 해를 당한 후 그의 어린 동생들을 잘 보호해서 성장시킨 이문희(李文姬) 등에 대해서

> 그들의 재주와 지혜가 실로 다른 사람들을 크게 능가하는 여인들이었다. (그럼에도 불구하고) 사람들은 어째서 여자라고 (경시하며), 세상의 아버지들도 어째서 반드시 여자이기 때문에 그들을 경시할 수 있겠는가

라고 그녀들의 능력을 칭찬하였다. 특히 이탁오는 「부부편」의 「재조와 식견을 논 한다(才識論」에서 다룬 25명의 부인을 통 털어,

> 재주와 지혜가 다른 사람을 능가하고, 식견이 아주 뛰어나 가히 한 성(城)을 지킬 만하고 그 속에 품은 마음이 믿을 만하여 부탁할만하니 그들의 정사(政事)의 능력은 어떻겠는가? …… 그들이야말로 참된 남자로다! 참된 남자로다! …… 다시 탄식해 말하되 남자가 이에 따르지 못하리라!

고 말한다. 재능 있는 여인상으로서 위(魏) · 서진 시대의 허윤(許允)의 부인 완씨(阮氏)는 부군 허윤이 체포되어 죽임을 당했을 때 기지를 발휘하여 위기를 모면하거나 그의 아이들을 잘 보호했는데, 탁오는 이를 가리켜 "한 아녀자의 몸으로서 (능히 공자학파의 4과 중(덕행) 언어 · 문학 · 정사의 재능을 갖추지 않은 것이 없는 자"라고 찬양한다.

사람의 재능이란 이탁오에게 덕을 완성하는 데에 불가결한 것으로 보여졌다. 이 문제를 『초담집』에서는 "덕행은 빈자리이며, 언어 · 문학 · 정사는 실제의 행위이다." 라고 주장하고 있다. 즉 언어 · 문학 · 정사의 재능을 통해

서만, 덕행은 실현이 가능하다는 뜻이다. 이러한 기초 위에서 탁문군의 자유결혼에 대한 긍정, 측천무후의 정치적 능력의 찬양 등이 가능해지는 것이다. 이탁오의 결혼에 대한 자유와 남녀의 평등관으로 가장 많이 인용 거론 되는 탁문군과 사마상여에 대한 논제를 살펴보자.

그는 「사마상여(司馬相如)를 논 한다」는 글에서, 사마상여가 탁문군과 자유로운 결합 을 열렬히 긍정하고 있다. 즉 전한 무제 때, 집을 뛰쳐나가 부모의 허락 없이 자유로이 결합했던 과부 탁문군을, "훌륭한 배필을 잘 선택했으며, 세상에서 가장 시집 잘 가는 방법"이라고 칭찬했다. 그러나 당시 탁문군의 아버지는 이를 부끄러워해서 딸로 여기지 않겠다고 절교하였다.

그러나 뒤에 사마상여가 문인으로 크게 성공함에 그제서야 너무 늦게 달이 사마상여를 만 난 것을 후회할 정도였다. 이를 가리켜 이탁오는 아버지가 기뻐해야 할 일인데 부끄러워한 것 을 조소하였다. 그리고 이에 대해 탁오는 그 당시에 있어서 탁문군이 맹광처럼 그의 아버지 탁왕손에게 자유로운 결혼을 요청했다 해도, 탁왕손은 확실히 딸의 말을 듣지 않았으리라고 단정한다. 이를 탁오는 전반적으로 평하여,

> 탁문군의 아버지 탁왕손은 사마상여의 재산 없음만 보고, 그의 사람됨을 보지 않았고, 그의 가난함만 보면서 사마상여의 풍부한 재능을 보지 못했다. 그러므로 만일 탁문군이 아니었다면 누가 능히 이를 알았겠는가? 그러므로 사마상여는 중국의 옛날 유명한 남녀의 결합처럼 탁문군 에게는 양홍(梁鴻)이었다.
>
> 설사 당시에 탁문군이 맹광 처럼 그의 아버지 탁왕손에게 간청했다 해도 그의 아버지는 틀림없이 듣지 않았을 것이다. 아! 세상을 제대로 볼 수 없는 도량이 좁은 소인이 어찌 세상의 큰 일을 충분히 도모할 수 있을 것인가? 헛되이 좋은 배필을 잃고, 훌륭한 인연을 헛되게 하는 것보다는 오히려 탁문군 처럼 스스로 자기의 배필을 결정하는 것이 옳았던 것이다. 탁문군은 작은 부끄러움을 참고 커다란 인생의 계획을 세웠다고 할 수 있지 않겠는가? 같은 소리는 서로 응하고, 같은 기운은 서로 구하며, 같은 밝음은 서로 비치며, 같은 종류는 서로 부르듯이 구름이 용을 좇고, 바람이 호랑이를 좇아 봉으로 돌아가 황을 구하는 것이 어찌 잘못된 것인가?

사마상여의 재능을 탁왕손이 알아보지 못한데 비해 그의 딸 탁문군이 오

히려 그의 뜻을 스스로 결정한 것을 칭찬하고 있다. 이를 이탁오는 후한의 유명한 부부의 전형으로 일컬어지는 맹광과 양홍의 사실과 비교하고 있다. 탁왕손 같은 소인은 조그만 일에 구애되어 큰 것을 보지 못하므로, 탁문군의 결정이 아주 현명했다는 것이다. 그리고 이 두 남녀의 결합을 『주역』을 인용하여, "같은 소리에 서로 응하고, 같은 기운에 서로 구하는" 자연스러운 현상으로 보았다.

그러므로 탁문군과 사마상여의 결혼에 대한 이탁오의 긍정은 먼 훗날까지 일반 유학자나 도덕가들에 의해 인륜을 어긴 대표적 사상으로서 자주 인용 비판되었다. 이러한 이탁오의 주장은 경정향 등 그의 논적으로부터 '여색을 좋아함(悅色)'과 탁문군이 집을 뛰쳐나가 부모의 허락 없이 결혼한 것도 '성품대로 따르는 것(率性)이냐'고 힐난을 받았다.

위의 「사학유신 상마상여(詞學儒臣 司馬相如)」(장서 37권)은 이탁오의 여성관과 자유결혼관 이나 사회사상 및 남녀평등사상에 있어서 반드시 읽어야 할 중요한 글 중의 하나이다. 그의 여성에 대한 능력긍정이나 또는 여성과 남성이 동등하다는 사상, 그리고 여성교육 및 능력 있는 여성에 대한 찬양들은 결국 그의 반 공자 및 유교공격과 연계되어 1602년 그에 대한 탄핵상소문 356자 중 101자가 여성에 관계된 것으로 나타났다. 이것이 바로 그 당시까지 누구도 공개적으로 제기하지 못했던 여성의 능력이나 여성의 평가 및 교육 등에 대한 그의 대담한 도전을 유교의 교의에 충실한 당국이 공적으로 인정한 것이었다. 이러한 이탁오의 여자의 교육과 사회적 지위에 대한 여성관을 독일 중국학자 오토 프랑케는 "몇 세기를 앞선 사상"으로 평가하였다.

특히 그는 마성의 지불원에 있을 때, 결혼 한 아들 귀아(貴兒)가 물에 빠져 죽었는데, 다시 결혼하라는 주위의 권유를 뿌리쳤음은 물론 아들을 애도하는 시에서, '며느리도 재가를 해야겠다.'고 매우 진보적인 자유로운 결혼관 보여주고 있다. 이론적이거나 다른 사람의 문제 아닌 자기 자신의 가정일에서도 이 점에서 그는 진보적인 여성 결혼관을 가지고 있음을 보여준다.

끝내면서

16세기 중국의 대표적 자유진보사상가로서 이탁오는 그의 여성관에 있어서도 그 시대를 초월한 반봉건적인 진보적 여성사상을 보여주고 있다. 위에서 중요한 원문을 인용한 것처럼, 부부론」에서 부부관계의 철학적인 면을 보여준다. 즉 인관관계의 가장 중요함을 역설하고 자연스러운 관계임을 강조한 것을 보았다.

다음의 「여자가 도를 배움에 있어서 남자보다 식견이 모자란다는데 대한 답서」 항의조의 긴 서신에서는 비판자의 발상이 잘못되었음을 지적하고, 특히 역사상의 출중한 능력을 가지고 업적을 남긴 여자들을 들어 반박하고 있다. "세상에 식견이 우수하고 열등한 사람이 있다면, 옳지만, 여자의 식견이 남자의 것 보다 열등하다는 것은 말이 되지 않는다."는 비판은 얼마나 시원하며 핵심을 찌르는 말인가?

한편 국가멸망에 있어서 군왕을 미혹시킨 여인들에게 책임을 지우는데 대해 이탁오의 반박은 단호하고 명백하다. 그의 " 전한의 무제와 삼국시대의 조조는 여인들을 좋아해도 위대한 업적을 세우는데 전혀 장애가 되지 않았으니, 하. 은. 주 같은 역대의 나라들도 근왕을 미혹하는 여인이 없어도 나라는 흥하고 망한다."고 유가의 역사가 들을 비난한다.

특히 유교의 사가들이 당 제국을 찬탈하였다고 정죄하는 측천무후의 능력을 높이 평가함으로서 여성에 대한 편견을 배격하였다. 그리고 이것은 20세기 까지도 비판의 대상이 되었다. 그의 여성문제에 대한 사회적 접근으로 우리는 그의 초기 저서인 『초담집』에서 다양한 여성들의 능력을 사회적 활동에서 높이 평가함을 보았다. 유교학파의 4개 분야인 덕행, 언어, 문학, 정사에서 여성들의 능력을 평가하였다.

전근대의 봉건 시대에 있어서 가장 중요한 문제의 하나인 여성의 자유결혼 문제로서 탁문군의 경우 그는 참으로 놀라운 견해를 보여주고 있다. 성숙한 남녀의 자연스러운 결합을 강조한 그는, "세상을 제대로 볼 수 없는 부모를 기다리기 보다는 탁문군처럼 스스로 그의 훌륭한 배필을 만나는 것이 가장 잘 시집가는 방법"이라고 한 것은 참으로 파격적 이었다.

이러한 그의 사상은 당시 세상을 살아가는데 그대로 삶에 반영되고 그로 해서 심한 비판을 받았다. 사대부의 부인 및 딸들을 비롯하여 여인들에게 글을 가르치거나 함께 책을 저술하는 것은 당시로서는 용납될 수 없는 일이었다. 수많은 저서를 통해 여성의 지위를 긍정하고 여성의 활동을 찬양한 것은 그 시대의 사대부들에게는 세상을 어지럽히는 행위였다. “먼 옛날부터 전해 오는 선과 악의 표준을 뒤바꾸지 않은 것이 없다.” 고 매도하고 금서목록에 넣을 정도였다.

따라서 그 자신의 자유로운 사상이나 그가 읽은 많은 역사서속에서 유능한 여성상을 발견하여 자기 행동의 사상과 철학으로 했으며, 매담연 같은 우수한 제자들과의 관계와 경험을 통해 그의 여성관이나 사상을 확립했던 것으로 보인다. 이점에서 이탁오는 20세기와 오늘날에도 여전히 우리에게 여성관이나 그의 생활에서 하나의 훌륭한 모범이 되기에 충분하다.

이탁오는 유교사회에서 여성의 지위에 대해 비판하고 이의를 제기한 유일한 인물은 물론 아니었다. 그러나 그는 이 당시에 있어서 그 문제를 매우 ‘명확한’ 언어로 저서를 통해, 남녀의 공학으로 또는 저술을 통해 실천적으로 표현했던 사상가였다.

이탁오는 부부생활에 있어서, 그의 사상과 비교한다면 확실히 성공적이지는 못했다. 그의 고도의 합리적 지성과 자유로운 지적탐구의 삶은 부인에게 오히려 실망과 커다란 손실을 주었다. 그의 일상생활에서 우리는 양면성과 모순성이 같이 있음을 발견하게 된다. 한편으로는 전통적 부녀상인 ‘현모양처’를 말하면서 다른 한편으로는 높은 지성을 갖춘 여인상을 찬양한다. 그것은 오늘날까지도 계속되는 어머니와 그 밖의 활동영역이라는 여성의 이중적 역할에 관한 논란과도 궤도를 같이 한다.

그의 여성관이 매우 진보적이었음에도 불구하고, 여전히 상당한 약점과 모순을 내포한다. 즉 그는 이 문제를 아직 전반적 사회문제로서 조직적인 논의를 전개하지 못했다. 다음으로 그의 여성관이 다른 사상처럼 불교의 영향을 크게 받고 있다는 점이다. 그의 『초담집』 「부부편」에서 분류한 작은 제목 중 「고통의 바다 속에 사는 여러 여인들」 · 「불가의 여인들」에서 보이듯이 불교의 ‘괴로움’ 속에서 ‘피안’에의 동경과 같은 제한적 성격을 드러내고 있다. 이에 대해 이탁오가 현실에서 피안으로 도피하였다고 비판을 받기도 한다.

하나의 또는 어떤 그룹의 여인상을 평가하고, 자기철학에 접근시켜 논했으나 보다 세부적이고, 더욱 전체적인 분석과 전개를 하지 못했다고 보겠다. 이러한 논점은 그 당시 중국의 유교사회 속에서 어쩔 수 없는 한계성을 이탁오가 보여주는 것이기도 하다. 즉 이탁오가 사회의 고착된 인습에 대한 비판자 이상의 역할을 하기 어려웠다는 한계와 허약성을 드러낸다.

그러한 당시의 제한된 상황 속에서 그의 여성문제에 대한 도전이 비록 커다란 인정과 성과를 거두기 어려웠다 할지라도, 이 문제를 제기하고 이에 접근하여 널리 인지시켰다는 점에서 그의 공헌은 결코 가볍게 평가될 수 없는 것이다. 그러므로 여성문제에 대한 이탁오의 견해와 인식은 전 생애 동안 비상히 부지런하게 도를 추구하며 도달하였던 한 열정적 철학자의 구도 과정이기도 하다. 따라서 이탁오의 여성관은 그 당시 사회에 대한 비평이며 동시에 그의 철학의 중요한 일면이기도 하다. 이 점에 있어서도 이탁오는 실로 위대한 선구자적 자유인으로 그의 사상은 여상관계나 여성관에 영향을 미쳤고, 반대로 그의 시대를 초월한 여성관은 또한 그의 자유 진보적 개혁사상의 중요한 면을 이루기도 하였다.

그처럼 공자의 교조적인 사회적 윤리나 차별적인 여성관에 대한 비판과 여성 교육 및 사회적 지위에 대한 긍정 등을 포함한 이탁오의 진보사상을 독일의 저명한 중국학자 오토 프랑케는 "몇 세기를 앞선 사상 및 16세기 중국사상투쟁사의 한 장" 이라고 높이 평가하였다. 어쨌든 그의 투철한 인간의 평등의식이나 개성의 중시는 그의 여성관에도 커다란 영향을 주어 여성과의 교섭, 또는 그 평가에 두드러진 면을 보여주고 있는 것이다. 한편 그가 가졌던 사상의 근원과 또는 여성관의 기원도 이 때문에 간단히 설명하기는 어렵다. 그가 자주 이야기하는 '솔성(率性)'과 '양지(良知)', '자비(慈悲)'와 '평등(平等)', '하나를 이루는 원리(致一의 道)' 등이 모두 그에게 중요한 사상적 배경이 된다.

다른 한편 그는 많은 역대의 역사책을 읽으면서 능력 있고 지혜로운 여인들에 감복하고 다른 한편 그가 접할 수 있던 여성들로부터의 체험은 그의 여성관을 형성시키는데 매우 중요한 요인이 되었을 것이다. 또 그가 태어난 복건성(福建省) 천주(泉州)의 풍속에서 여성 활동의 능동적인 면을 찾는 사람도 있다.

물론 그의 여성관은 진보적이면서도 상당한 약점과 모순을 내포한다. 즉 그는 이 문제를 전반적 사회문제로서 또는 조직적인 논의를 전개하지 못한 점이다. 다음으로 그의 여성관은 다른 사상처럼 불교의 선의 영향을 크게 받고 있는 것이다. 그의 『초담집(初潭集)』의 「부부편」에서 분류한 작은 제목 중 「고해제온(苦海諸媼)」, 「피안제온(彼岸諸媼)」 등의 '고해(苦海)'나 '피안(彼岸)'은 불교의 용어들이다. 하나의 또는 어떤 그룹의 여인상을 평가하고 자기의 철학에 접근시켜 논하면서 전체적인 분석과 전개를 하고 있지는 않은 것이다. 물론 그것이 그 당시 중국 유교 사회의 상황 속에서 어쩔 수 없는 한계성일 수도 있다.

중국이란 문화의 한계, 16세기란 시대적 한계, 또는 유학이 갖는 한계 및 이탁오 개인의 한계가 분명 존재한다. 그것은 오로지 이탁오 개인에게만 해당되는 것은 물론 아니다. 16세기의 사회에 있어서 이탁오가 시도한 비판과 남녀평등의 시도는 매우 성공적 이었다. 고만 평가할 수는 없지만, 나름대로 중요한 의미와 역사적으로 공헌 한 바, 적지 않다. 사실 그 당시에 있어서 세계 어느 곳을 막론하고 여성의 문제가 오늘날에 비교될 정도로 활발히 논의되거나 또 평등에 이를 수는 없었기 때문이다.

그럼에도 불구하고 그가 죽은 지 300여 년이 지나 5.4 신문화운동을 준비하던 중국 현대사의 격동기에 있어서 정치적, 사회적 또는 여성문제에 관해 혁명적 시도를 감행하던 사상 투쟁가들에게 16세기 중국 반봉건사상의 선구자 또는 진보적 여성관을 가졌던 사람으로 평가됨은 물론 그들에게 중요한 선구자로서 인용되고 또 존경되었다는 것은 매우 의미 있는 일이다. 이것은 아마도 그가 그 시대에 달성할 수 없었던 사상과 시도들이 무려 3세기를 지나서야 빛을 보게 되었다는 것을 의미한다.

이러한 점에서 이탁오는 중국과 동아시아 사상의 근대화나 남. 녀의 평등 문제에 있어서 매우 중요한 사상사적 공헌을 우리는 높이 평가 할 수 있을 것이다.

복선화음가류 가사의 주제
-〈김씨계녀사〉와 〈복선화음가〉를 중심으로-

유 선 영[*]

Ⅰ. 서론

복선화음가류 가사는 '계녀가사'의 변형적 작품군으로서, 시집가는 딸에게 자신과 괴똥어미의 일생을 비교해 이야기하면서 자기를 본받고 괴똥어미를 경계할 것을 훈계한 가사들을 말한다. 흔히 '계녀가사'하면 '序詞-事舅姑-事君子-睦親戚-奉祭祀-接賓客-胎敎-育兒-御奴婢-治産-出入-恒心-結詞의 13개 항목을 고루 갖춘 가사만을 생각하기 쉬우나, 자신의 경험을 바탕으로 진술하게 딸에게 시집살이의 어려움과 슬기로운 대처 방법 등을 가르친 가사들도 많이 발견된다. 복선화음가류 가사도 이렇게 자신의 경험을 서술하되, 단편적 항목의 나열이 아닌 유기적 질서를 갖춘 서사적 작품으로 구현하고 있는 점이 주목되었다.[1]

그러나 복선화음가류 가사는 계녀가사의 일군으로 인정되지만, 가장 많은 변화를 보이고 있는 군으로 인정되어 있다.

---

* 경희대학교

1) 서영숙, 『복선화음가류 가사의 서술구조와 의미: <김씨계녀스를 중심으로>』, 『조선후기 가사의 동향과 모색』, 역락, 2003, 253면.

또한 서영숙에 의해 복선화음가류 가사의 유형이 계녀형과 전기형으로 잘 분류되었다. 이러한 분류는 많은 연구자들에게 그대로 받아들여지고 있음을 확인할 수 있는데, 이는 복선화음가류 가사 중에서도 전기형과 계녀형은 구조적인 면에서부터 뚜렷한 차이를 드러내고 있기 때문이다. 특히 김석회(2005)[2]는 서영숙이 복선화음가류 가사를 계녀형과 전기형으로 나눈 것에서 더 나아가 복선화음가를 계녀형을 다시 세 유형으로, 전기형을 두 유형으로 세분화하여 나누고 있음을 볼 수 있다. 본고에서는 서영숙의 복선화음가류 가사의 유형 분류법을 그대로 받아들이고, 계녀형의 대표로 <김씨계녀사>를, 전기형의 대표로 <복선화음가>를 연구의 대상으로 삼겠다.

기존의 복선화음가류 가사의 연구에는 그 주제와 관련된 논의가 많이 이루어졌는데 그 방향은 크게 세 가지로 나눌 수 있다. 첫째는 이 작품이 여성을 억압하는 도구로 사용되었다는 논의[3]와 둘째로 여성의 자기 인식과 자기 목소리내기라는 평가,[4] 셋째로 이 작품을 사대부가(士大夫家) 규방문화 속 잔잔한 교양의식의 발로[5]로 해석하는 시각[6]이다.

그런데 복선화음가류 가사의 주제를 정확하게 파악하기 위해서는 어느 한 방향에 치우쳐서 논의해서는 그 전모를 드러내기에 적절치 못하다고 생각한다. 따라서 본고에서는 기존의 연구에서 복선화음가류 가사의 주제를 밝히기 위해 구조, 담화양식, 인물형상 등을 논의한 것들을 바탕으로 이것들을 모두 통합하여 복선화음가의 주제를 재검토하고자 한다.

---

2) 김석회, 「문학사의 맥락에서 본 복선화음류 가사의 인물형상」, 『고전문학과 교육』 제9집, 한국고전문학교육학회, 2005.

3) 장정수, 「복선화음가 연구-여성형상과 치산의 의미를 중심으로」, 『19세세기 시가문학의 탐구』, 고려대학교 고전문학 한문학 연구회, 집문당, 1995; 이형래, 「복선화음가 연구」, 부산대 석사학위논문, 2000.

4) 서영숙, 「복선화음가류 가사의 서술구조와 의미」, 『한국여성가사연구』, 국학자료원, 1996; 이동연, 「조선후기 여성치산과 <복선화음가>」, 『한국고전여성문학연구』 제4집, 2002.

5) 김석회(2005), 앞의 책. 77면.

6) 성무경, 「복선화음가류 가사의 이본현황과 텍스트 소통」, 『신발굴 자료를 통해 본 가사문학의 재인식』,2002; 성무경, 「복선화음가류 가사의 이본현황과 텍스트 소통」, 『조선후기 시가문학의 문화담론 탐색』, 보고사. 2004.

II. 복선화음가류 가사의 유형

서영숙은 복선화음가류 가사의 유형을 크게 전기형과 계녀형으로 나누었다. 계녀 부분이 간략히 다루어지고 주인물의 일생에 중점을두고 있는 작품군과 계녀 부분이 큰 비중을 차지하는 작품군[7]으로 전자의 경우를 전기형, 후자의 경우를 계녀형으로 구분하였다. <김씨계녀ᄉᆞ>는 계녀형 작품군의 대표적 작품으로서 복선화음가류 가사의 세 요소라 할 수 있는 김부인의 일생, 계녀, 괴똥어미의 일생을 골고루 갖추고 있다는 점에서 선본으로 꼽을 만하다.

김석회는 서영숙의 논의를 받아들이고 이에 더 나아가 계녀형과 전기형을 하위 항목으로 세분화하여 구별하였다. 우선 계녀형은 복선형, 복선화음형, 복선화음확대형의 세 유형으로 나누었고, 전기형은 '괴똥어미 유지형'과 '괴똥어미 탈락형'이다. 또한 괴똥어미 탈락형은 다시 여주인공 일생담으로 끝나는 '여주인공 일대기형'과 여주인공을 넘어 남편의 일대기로 확대되는 '가문서사 확대형'으로 나누었다. 김석회는 이 분류를 표로 제시[8]하였는데 다음과 같다.

<table>
<tr><td rowspan="3">계녀형</td><td colspan="2">복 선 형</td><td><부인셩힝녹></td></tr>
<tr><td colspan="2">복 선 화 음 형</td><td><김씨계녀ᄉᆞ></td></tr>
<tr><td colspan="2">복선화음확대형</td><td><여자행실록(女子行實錄)></td></tr>
<tr><td rowspan="3">전기형</td><td colspan="2">괴똥어미 유지형</td><td><복선화음가(福善禍淫歌)></td></tr>
<tr><td rowspan="2">괴똥어미 탈락형</td><td>여주인공 일대기형</td><td><복선화음녹이라></td></tr>
<tr><td>가문서사 확대형</td><td><홍씨본 복선화음가></td></tr>
</table>

위의 표에서도 알 수 있듯이 본고에서 살피기로 한 <김씨계녀ᄉᆞ>는 계녀형, <복선화음가>는 전기형에 속하는 작품임을 알 수 있다. <김씨계녀ᄉᆞ>와 <복선화음가>는 작품의 내용에서 계녀부분과 주인공의 일생이 차지하는 비

7) 서영숙, 앞의 책, 254면.

8) 김석회(2005), 앞의 책, 82면.

율에서도 차이를 보이고 있다. <김씨계녀ᄉᆞ>는 총 486구의 장편 가사로서, 김부인의 일생과 계녀부분, 괴똥어미의 일생부분이 182구, 140구, 164구로서 고른 균형을 갖추고 있다. 이는 <복선화음가>가 이씨부인의 일생, 괴똥어미의 일생, 계녀사가 각각 406구, 81구, 12구로 이씨부인의 일생의 비중이 방대한 것과 비교할 때 <김씨계녀ᄉᆞ>는 계녀부분을 강조하고 있음을 알 수 있다. 또한 작품의 구조에서도 <김씨계녀ᄉᆞ>와 <복선화음가>는 차이를 보이고 있다. 전자에서는 <김씨부인의 일생- 계녀사- 괴똥어미의 일생- 계녀사>로 구성되어 있는데, 후자는 <이씨부인의 일생- 괴똥어미의 일생- 계녀사>로 구성되어 전자가 계녀사가 반복되어 강조되고 있는 것과 대조적으로 후자에는 계녀사가 마지막에 한 번만 나오고 있다.

이를 더 잘 이해하기 위해 서영숙이 사용한 도식을 참고하기로 하겠다.

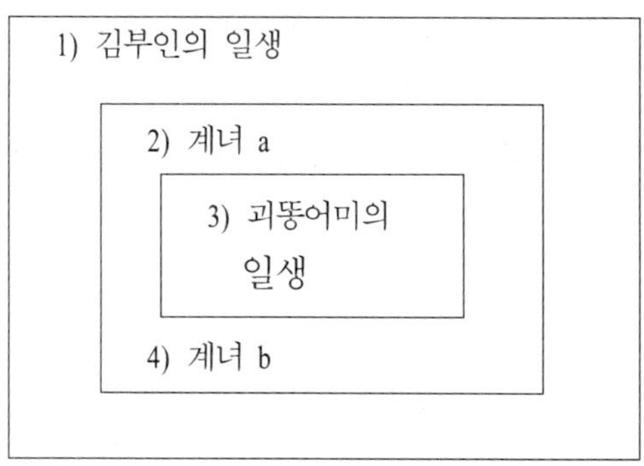

〈계녀형 작품〉

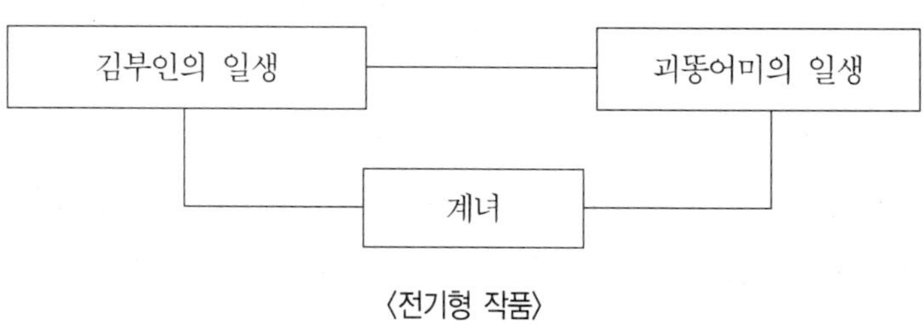

〈전기형 작품〉

위의 도식에서 알 수 있는 것과 같이 계녀형인 <김씨계녀ᄉᆞ>에서는 괴똥어미의 일생이 계녀a와 계녀b 사이에 위치해 있어 전체적으로 계녀사의 한 부분으로 포함되어 있는 반면에 전기형작품인 <복선화음가>에서는 김부인 이야기와 괴똥어미 이야기가 독자적으로 연결되어 있어 더 생략이 가능한 형태를 취하고 있다. 즉, 복선화음가류 가사 중 전기형 작품은 다른 계녀사로부터 출발한 가사이지만 전기형 가사는 계녀가사(誡女歌辭)로부터 이탈을 보여주고 있다. <복선화음가>류 자체가 변격 계녀가에 속하는 것이긴 하지만, 그래도 계녀형 이본들의 경우는 계녀훈 중심으로 서술이 통제되어 있고 그 초점과 방향이 계녀사로 집약되는 특징을 보이고 있었다. 그러나 이들 전기형에 이르면, 서술의 초점이 흐려지거나 주제적 관심 자체가 달라져 버리는 양상을 드러내고 있다.[9)]

III. 복선화음가류 가사의 주제

복선화음가류 가사의 주제에 대해서는 위에서도 밝힌 것처럼 유교적 여성억압 이데올로기라는 해석의 시각과 여성의 자기 목소리내기라는 진보적인 시각, 사대부가 규방문화 속 잔잔한 교양의식의 발로로 해석하는 시각이 있어 왔다.

첫째의 논자들이 이 작품을 보수화된 노년여성이나 음험한 남성작가의 노회한 교술 기획으로 보는데 비해, 둘째의 논자들은 이 작품을 가부장제의 강고한 벽을 허무는 여성들 자신의 전략적인 '목소리 내기'로 읽은 것이라 할 수 있다. 이에 비해 셋째 논자는 이러한 페미니즘적 찬반 논의를 접고, 대신 이본현황과 텍스트 소통의 분석을 토대로 이 작품이 사대부가 여성의 자긍이나 교양의식의 유로(流露)임을 입증코자 했다.

첫째로 이 작품이 여성 억압적 기획임을 강조하는 해석이 있다. 이 작품에서는 여성 치산(治産)이며 고진감래(苦盡甘來)적 결말은 여성들의 도덕성에 낭만적인 보상을 안기는 형태일 뿐 가부장제적 유가이념의 강고한 틀을

9) 김석회(2005), 앞의 책. 106면.

그대로 강제하는 구도일 뿐이라는 것이다.

다른 계녀가류와 달리 <복선화음가>에는 치산이 뚜렷이 강조되고 있다. 장정수[10]는 이러한 점을 부각시켜 '노동의 결과 획득한 부는 엄청나게 과장되어 있는데 이는 이 작품에서 부(富)가 도덕성에 대한 보상의 의미라고 해석했다.[11]

이러한 계녀가사에서 보다 과장되게 표현되는 치산의 과정은 당시 여성들에게 경제적인 부분까지도 책임져야하는 강박관념을 심어주는 역할을 했을 것으로 보인다. 이형래는 이는 오히려 유교적 이데올로기의 강화를 위한 수단으로 여성에게 치산을 강요한 것으로 보았다. 또한 윤리적 규범을 근거로 하여 그 위에 여성에게 치산까지 떠맡김으로써 가문과 남성중심의 사회에 복종할 것을 강요하고 있다고 하였다. 또한 복선화음가의 이본들이 많이 발견되는 당시 지방출신은 대부분 6, 7품의 관직에 머물러 있을 뿐, 특히 정3품 당상관으로 승진하는 것은 거의 불가능하였다. 당시의 벌열들은 인사권을 가지고 있는 이조와 병조를 장악하고 있었기 때문에 실질적으로 경상도의 향촌 양반이 중앙의 요직을 맡는 것은 불가능하였다.[12] 이러한 경상도 향촌 양반의 경제적 상황이 복선화음가에서 여성의 치산을 강조하는 계기가 된 것으로 보인다. 그런데 <복선화음가>에는 결말부분에 남편이 장원급제하는 모습이 나온다. 이 당시 향촌 양반이 장원급제를 하여 집안을 일으킨다는 것은 남성의 희망사항이지 현실적으로 가능한 일이 아니었다. 그런데도 <복선화음가>는 남편의 장원 급제가 나오는데 이는 여인이 온갖 고생을 다하고 치산을 한 결과 부자가 된 후에 일어나는 것으로 되어 있다. 이는 여성에게 경제적 희생을 강요하여 그 속에서 남성의 출세가 가능하다는 것을 설파하기 위한 것으로 보인다. 그것은 곧 양반의 유지, 남성이 중심이 되는 가문의 유지를 노린 '남성중심주의'의 책략인 것이다.

---

10) 장정수, 「<복선화음가>에 나타난 치산의 의미와 실질」, 『19세기 시가문학의 탐구』, 집문당, 1995; 이형래, 「<복선화음가>의 존재의미와 쟁점적 문제」, 『문창어문논집』, 문창어문학회, 2004, 64면에서 재인용.

11) 이형래, 「<복선화음가>의 존재의미와 쟁점적 문제」, 『문창어문논집』, 문창어문학회, 2004. 64면.

12) 이형래(2004), 앞의 책, 75면.

유교 이념을 중시하는 조선시대에는 남성과 여성에 대한 차별이 있었고, 여성을 교육하는 기관 또한 특별히 정해져 있지 않았다. 단지 시집가는 여성을 위해 직계가족이 교육을 시켰던 것이다. 계녀가사가 바로 그러한 여성교육의 일면을 담당하였다. 이정오[13]는 이러한 여성 교육의 일환으로 계녀가사에 주목하였는데, 그에 따르면 계녀가사를 통한 여성교육에는 이미 남성과 여서의 차별의식이 깔려있다. 즉, 인간으로서 교육을 실시한 것이 아니라 여성으로서의 역할을 배우는 교육이었던 것이다.

특히 일상 생활에서 습득되기에는 미흡한 교육이 곧 출가 후의 역할에 대한 교육이다. 이것은 실제 현장에서 실시될 수 없음으로 하여 결혼전는 실습하기가 불가능하다. 따라서 이상적인 시집살이를 위한 교육은 따로 또 시행되어야만 했다. 이 교육은 대단히 중요한 것이어서 이것이 잘못되면 본인 자신뿐만 아니라 친정 가문의 불명예를 초래할 수도 있다고 인식되었다. 물론 성장하면서 알게 모르게 보고 듣고 배워 익힌 교육이 이미 교양으로서 축적되었다고는 하나 어머니, 즉 교육 담당자로서 피교육자인 딸에 대한 우려가 곧 계녀사를 제자하게 한 직접적인 동기가 된다. 계녀가의 제작 시기와 아울러 이런 내용의 우려가 나타난다.

둘째는 이 작품의 진보적 의의를 인정하는 해석시각이다. 논자들은 이 작품이 계녀가의 전통윤리를 외피화(外皮化)해 두고 텍스트의 내부나 이면이나 행간 속에 여성들 자신의 욕망이나 꿈을 다양하게 내장하고 있다는 점을 주목하거나, 가사의 장르운동에 비추어 이 작품이 전형 계녀가로부터의 진화(進化)라는 사실을 강조한다.

셋째는 이 작품을 사대부가 규방문화 속 잔잔한 교양의식의 발로로 해석하는 시각이다. 작품 소통의 실질에 입각하여 본다면, 이 작품은 가부장제 이념을 의식화하는 세뇌 기능을 수행했다기보다는 '고난을 헤쳐 나온 여성의 자긍이나 올바른 행실에 관한 품위 있는 교양의식'의 표출과 그 수용으로 이해하는 것이 온당하다는 것이다. 이 논자는 그 논거의 하나로 <복선화음가>류에서 화자와 청자 관계가 어긋나 있거나 이중화되어 있는 이본들이

13) 이정오, 「誡女歌에 나타난 朝鮮時代 女性敎育관」, 『여성문제연구』, 대구가톨릭대학교 사회과학연구소, 1990. 235면.

많다는 점을 주목, 이 가사의 텍스트 양상 자체가 정통 계녀가로부터 일반 사대부가사로의 상승적 변이를 반영하고 있는 것으로 해석하기도 했다. '내려주기' 관습 속에 그 소통의 범주가 극도로 제약되어 있던 정통 규방가사가 의장을 바꿔 가면서 사대부 가사와 마찬가지로 일반 교양물로서 소통되어 나간 자취의 반영이라는 것이다.

김석회는 「조선후기 향촌사족층 여성의 삶과 시집살이 서사-<망실안인윤씨행장>, <삼한습유>, <복선화음가>의 경우」에서 복선화음가의 주제를 여성들의 도덕성에 낭만적인 보상을 안기는 형태일 뿐 가부장제적 유가이념의 강고한 틀을 그대로 강제하고 있다는 면에서 여전히 여성억압적으로 작용한 것임을 강조하는 견해와 가사의 장르운동에 비추어 이 작품의 진보적 의의를 인정하거나, 계녀가의 전통윤리를 외피화해 두고 텍스트의 내부나 이면이나 행간 속에 여성들 자신의 욕망이나 꿈을 다양하게 내장하고 있다는 점에서 그 진복적인 의의를 찾는 견해 두 가지로 나누어 설명하였다.

Ⅳ. <김씨계녀ᄉᆞ>와 <복선화음가>의 차이

<김씨계녀ᄉᆞ>와 <복선화음가>는 전형 계녀사에 의해 파생된 복선화음가류 가사로서 같은 유형에 속하지만, 복선화음가류 가사에서도 계녀형과 전기형으로 나뉘어져 성격이 다름을 알 수 있다.

위에서 본 것과 같이 <김씨계녀ᄉᆞ>와 <복선화음가>는 400구 이상의 장편가사로 전형 계녀사에서 취하는 일반적인 구조 중에서도 치산(治産)이 강조되어 있는 특징을 가지고 있다.

이동연은 전기형과 계녀형을 '주인공의 일생' 부분을 비교하여 치산형 여성인물이 전기형에 어떻게 형상화 되어 있는가를 살펴보았다.[14]

---

14) 이동연, 「조선후기 女性治産과 <福善禍淫歌>」, 『한국고전여성문학연구』, 한국고전여성문학회, 2002, 296.

계녀형
ㄱ) 성장(15행)
ㄴ) 출가(18행)
ㄷ) 가난타령(37행)
ㄹ) 치산(26행)
ㅁ) 치산 후 행복(16행)

전기형
ㄱ) 성장(9행)
ㄴ) 출가(54행)
ㄷ) 가난타령(39행)
ㄹ) 치산(21행)
ㅁ) 치산 후 유족한 풍경(29행)
ㅂ) 남편의 장원급제(44행)
ㅅ) 행복한 말년(11행)

전기형에는 가난타령 이상으로 서술 분량이 할애되어 있는 대목들이 나온다. ㄴ) 출가 및 ㅂ) 남편의 장원급제 대목이다. ㄴ) 출가는 계녀형에도 있던 대목이 확장된 경우이고, ㅂ) 남편의 장원급제는 계녀형에는 없고 전기형에만 나오는 대목이다.

계녀형에는 나오지 않던 '화려한 혼례 행렬', '폐백시 들려오는 사람들의 걱정', '오라버니의 감탄' 대목들이 삽입되어, 주인공의 혼사 장면이 보다 극적으로 그려지고 있다. 그리고 이러한 설정의 효과로 시가에는 부정적 이미지가, 그리고 주인공에게는 긍정적 이미지가 덧입혀지게 된다. 즉 시가는 남루하고 남들의 걱정거리가 되는 곳으로, 반면 주인공은 화려한 혼례행렬이 따를 정도로 부유한 집 딸이나 '윤리수행의지'가 남달라 '감탄'의 대상이 되는 인물로 부각되는 것이다. 서술 확장으로 인해 시가의 남루함은 더욱 남루해지고 주인공의 부유함과 고결함은 더욱 빛나게 되는 식인데, 결국 이것은 독자의 흥미를 윤리 대신 주인공 쪽으로 향하게 한다. 시가가 남루하면 남루할수록 윤리의 당위성은 의심되기 마련이고, 따라서 주인공의 윤리수행의지는 더욱 돋보이게 되기 때문이다. 이 대목에서 주인공의 입을 통해 발설되는 장황한 여성윤리 사설들 역시, 계녀형에서와는 달리, 윤리 자체의 정당성을 주장하기보다 주인공의 고결함을 표현하기 위한 극적 장치의 하나로 그 기능이 변질되는 듯하다.

ㅂ) 남편의 장원급제 대목은 계녀형에 없던 대목으로 전기형 서술자들에 의해 첨가된 대목이다. 여기서도 서술은 주인공 위주라 할 수 있다. 주인공이 누워있는데 시아버지가 전령사로 등장하며, 남편의 장원급제 역시 가문의 영광이라는 범주로보다 주인공의 화려한 가마행렬 장면으로 귀결되며 주인공의 나이인 "연광이 사십이라"를 이 대목의 결구로 삼고 있기 때문이다.

또한 복선화음가류 가사가 전형 계녀가사의 일군으로 파생되었다고 하였는데, 전형 계녀가사는 남성중심의 이데올로기가 강조되고 있음을 부인할 수 없다. 전형 계녀가사를 계승한다고 볼 수 있는 중요한 부분은 계녀사의 유무와 강조 정도라 할 수 있을 것이다. 그런데 앞에서 보았듯이 <김씨계녀ᄉ>에서는 계녀사가 2번에 걸쳐 반복적으로 나오고 있어 강조되고 있는 반면에, <복선화음가>에서는 계녀사가 마지막에 짧게 한 번만 나오는 것을 확인할 수 있다. 이렇게 전형 계녀가사의 주제를 논하는데 상당히 중요한 부분을 차지하던 계녀사의 강조 정도가 다른 것은 <김씨계녀ᄉ>와 <복선화음가>에 대한 재론의 여지를 갖게 한다.

V. 맺음말

복선화음가류 가사는 전형 계녀가사에서 출발한 작품이다. 따라서 전형 계녀가사가 가지고 있는 조선시대 여성 교육적인 성격이 그대로 반영되어 있다고 볼 수 있다. 이러한 생각과 관점이 그 동안 복선화음가 연구에서 복선화음가류 가사의 주제를 유교적 이데올로기를 유지하기 위한 여성억압적인 시각의 반영으로 나타났으리라 생각된다.

그런데 이러한 여성억압적인 모습을 강조하기 위해 복선형인 김씨부인과는 대비되는 인물은 화음형 인물 괴똥어미가 등장하게 된다. 여기서 우리는 초점을 어디에 두느냐에 따라 복선화음가류 가사의 주제가 달라지는 것을 확인할 수 있다. 즉, 화음형인 괴똥어미의 못된 행실로 인해 패가망신하는 것과 대조적으로 유교적 이념에 순응하고 치산까지 맡아서 잘 감내해 내는 김씨부인이 결국 복을 받는 것으로 초점을 맞춘다면 이는 분명히 여성에게 억압적인 도구로서 복선화음가류 가사들이 사용된 것으로 보아야 할 것이다.

그러나 괴똥어미의 행실이 윤리적으로 잘못되거나 반인륜적인 행동 보다는 자유분방적이고 자신의 의지대로 행동하는, 즉 자신의 목소리를 내는 적극적인 인물 유형으로 본다면 복선화음가류 가사의 주제는 진취적인 여성의 자신의 목소리 내기로 달라질 것이다.

그러나 이러한 해석에는 여전히 복선화음가류 가사에 전제되고 있는 여성 억압적인 요소들을 설명할 길이 없어 지나친 확대해석으로 비판 받아왔다.

따라서 본고에서는 복선화음가류 가사를 묶어서 살필 것이 아니라 복선화음가류 가사를 기존의 연구에서 유형분류를 해 놓은 것을 참고하여 <김씨계녀사>와 <복선화음가>의 주제를 다시 재고해 보았다.

이렇게 볼 때 <김씨계녀사>는 여성 억압적인 모습이 더 많이 남았있는 전형 계녀사와 닮아 있으며, <복선화음가>에는 진취적 여성의 모습이 등장하고 있다고 판단하였다. 물론 진취적 여성의 목소리 내기라는 주제가 기존의 논의에서 지나친 해석이라 비판받은 것은 타당한 것이라 생각되지만 오늘날의 진취적인 태도와 조선 시대의 진취적 태도에는 분명히 차이가 있으리라 생각된다. 괴똥어미의 일생을 강조하는 것에서부터 여성의 자기 표현, 자기 욕구의 인식이 싹튼 것이라 생각한다.

즉 동일한 복선화음가류 가사도 계녀형과 전기형이 근본 창작의도는 동일할지라도 그 주제를 드러내는 과정에서 조금 더 발전적이고, 개방적이 사고가 반영된 것이라 생각된다.

참고문헌

김석회, 「문학사의 맥락에서 본 복선화음류 가사의 인물형상」, 『고전문학과 교육』, 제9집, 한국고전문학교육학회, 2005.

서영숙, 「복선화음가류 가사의 서술구조와 의미」, 『한국여성가사연구』, 국학자료원, 1996.

_____, 「복선화음가류 가사의 서술구조와 의미: <김씨게녀ᄉᆞ를 중심으로>」, 『조선후기 가사의 동향과 모색』, 역락, 2003.

성무경, 「복선화음가류 가사의 이본현황과 텍스트 소통」, 『신발굴 자료를 통해 본 가사문학의 재인식』, 2002.

_____, 「복선화음가류 가사의 이본현황과 텍스트 소통」, 『조선후기 시가문학의 문화담론 탐색』, 보고사, 2004.

이동연, 「조선후기 여성치산과 <복선화음가>」, 『한국고전여성문학연구』 제4집, 2002.

이정오, 「誡女歌에 나타난 朝鮮時代 女性敎育관」, 『여성문제연구』, 대구가톨릭대학교 사회과학연구소, 1990.

이형래, 「복선화음가 연구」, 부산대 석사학위논문, 2000.

_____, 「<복선화음가>의 존재의미와 쟁점적 문제」, 『문창어문논집』, 문창어문학회, 2004.

장정수, 「복선화음가 연구-여성형상과 치산의 의미를 중심으로」, 『19세세기 시가문학의 탐구』, 고려대학교 고전문학 한문학 연구회, 집문당, 1995.

_____, 「<복선화음가>에 나타난 치산의 의미와 실질」, 『19세기 시가문학의 탐구』, 집문당, 1995.

남성의 애욕에 대한 풍자와 여성의 한(恨) 풀이

장 영 창*

1. 서론

우리는 문학 작품을 통해 당대의 정서(情緖)와 가치관(價値觀)을 배우며, 당대의 삶의 문제와 해결방법을 이해하고, 이를 바탕으로 간접체험과 대리만족을 통해 현재적 삶의 지혜(智慧)를 얻고자 한다. 마치 문학 작품을 통해, 우리는 거인의 어깨에 올라탄 소년처럼, 당대의 복잡하고 난처한 문제 상황에서 헤어 나와 좀 더 멀리 볼 수 있는 혜안(慧眼)을 얻을 수 있다. <숙영낭자전>이라는 고전 문학 작품도 현재 우리에게 많은 해결책을 시사(示唆)해주고 있다. '부부간의 애정이 중요한가, 아니면 가문의 번성이 중요한가' 하는 문제에 대한 답을 야담을 통해 깨달을 수 있다. 그리고 고전 소설을 통해 '효와 애정의 갈등을 어떻게 해결할 것인가'를 그리고 서사민요를 부름으로써 '억울한 여성의 한(恨)의 슬픔을 어떻게 표현하는지'를 배울 수 있다.

기존의 연구사를 간략히 살펴보면, <숙영낭자전>의 연구는 김일렬을 비롯하여 수많은 연구가 진행되어 왔음을 알 수 있다. 이러한 연구 결과물을 작품의 내재적 연구, 작품의 외재적 연구 그리고 장르간 비교 연구로 나누어

* 경희대학교

정리하면 다음과 같다.

첫째, 작품의 내용 연구로서 <숙영낭자전>을 처음으로 종합적으로 연구한 사람은 이희숙을 들 수 있다. 이희숙[1]은 <숙영낭자전>을 실학사상에 의한 인간애의 각성에 영향 받은 염정소설로 보면서. 숙명론과 도선사상이 두드러지게 나타난다는 사실을 구체적인 작품분석을 통해서 논증했다. 김일렬[2]은 <숙영낭자전>을 '부모와 자식의 갈등을 통해 효를 비판하고 애정을 강조하는 의미를 담고 있는 작품'으로 의미 부여하면서 문학적 가치를 긍정적으로 새롭게 평가했다. 신화비평적 방법론을 사용한 연구자들은 김충실,[3] 손경희,[4] 성현경[5]을 들 수 있다.

둘째, 작품의 외재적 연구를 들 수 있다. 우선 창작 지역에 대한 연구를 들 수 있는데 작품의 내용에 근거하여 경북 안동으로 추정하였다. 김태준[6] 신기형[7] 김일렬[8]을 들 수 있다. 이희숙[9]은 이 작품의 작가를, 작품의 내용에 근거하여 하층민도 상층지식인도 아닌 인물로서 여성일 것이라 추정했다. 창작 시기에 대한 논의는 김태준[10]이 하였다. 김일렬[11]은 경판 28장본 간기의 '咸豊庚申'이 1860년(철종11)이니 창작시기는 아무리 늦어도 그 이전임이 확실하다고 보았다.

셋째, 장르간 비교 연구를 정리하면, 기존의 다른 작품과의 관계를 최초로 연구한 사람은 김태준이다. 그는 『조선소설사』[12]에서 <재생연(再生緣)>

1) 이희숙, 「숙영낭자전고」, 『한국어문연구』 8, 한국어문학회, 이화여자대학교, 1968.
2) 김일렬, 「고전소설에 나타난 가족의식」, 『동양문화연구』 1, 동양문화연구소, 경북대, 1974.
3) 김충실, 「숙영낭자전에 나타난 시련에 대한 연구」, 『이화어문논집』 7, 한국어문학연구소, 이화여자대학교, 1984.
4) 손경희, 「숙영낭자전 연구」, 연세대 석사학위논문, 1986.
5) 성현경, 「<숙영낭자전>과 <숙영낭자가>의 비교-소설의 판소리화 과정 연구-」, 『판소리 연구』 6, 판소리학회, 1995.
6) 김태준, 『조선소설사』, 학예사, 1933.
7) 신기형, 『한국소설발달사』, 창문사, 1960.
8) 김일렬, 「도선적 신비속의 역사적 현실」, 『숙영낭자전연구』
9) 이희숙, 「숙영낭자전고」, 『한국어문연구』 8, 한국어문학회, 이화여자대학교, 1968.
10) 김태준, 『조선소설사』, 학예사, 1933.
11) 김일렬, 「조선조 소설에 나타난 효와 애정의 대립-숙영낭자전을 중심으로-」, 서울대 박사학위논문, 1984.
12) 김태준, 『조선소설사』, 학예사, 1933.

과의 비교를 통해 <재생연(再生緣)>이 <숙영낭자전>으로 번역되었다고 하였다. 손경희는 <숙영낭자전>의 내용과 유사한 내용을 지닌 <과거자잠종기처(科擧者潛蹤其妻)>[13]를 최초로 확인하였다. 김일렬[14]은 28장본 · 20장본 · 18장본 · 16장본으로 축약되면서 순서대로 출판했으며 이들 중 16장본을 대본으로 하여 활자본이 만들어졌으리라는 견해를 나타내었다. 성현경[15] '수경낭자전'과 '숙영경낭자전'으로 분류하였다. 김종철[16]은 판소리와의 관계를 연구하였고, 김일렬[17]은 서사민요 <옥단춘요>와의 관계를 분석하였다.

기존의 연구사를 정리한 결과 야담과 소설, 소설과 서사민요, 소설과 판소리에 관한 장르 비교는 부분적으로 진행되었다. 그러나 야담과 고전소설과 서사민요를 전체적으로 연결하여 분석하는 연구는 시행되지 않았다. 작품 연구에 있어서 주제의식과 향유의식이 분석되었는데 이는 주로 고전소설에 한정되었으며 그 내용도 '효와 애정의 갈등', '천정연분의 장애와 극복'에 관한 것인데, 이 논문에서는 <과거자잠종기처>, <숙영낭자전>, <옥단춘요>의 서사 비교를 중심으로, 야담과 고전소설과 서사민요의 주제의식과 미적 정서의 변모를 살펴보고자 한다.

2. <과거자잠종기처>, <숙영낭자전>, <옥단춘요>의 서사 비교

야담 <과거자잠종기처 (科擧者潛蹤其妻)>[18] 이야기의 서사 구조를 간략

---

13) 손경희, 「숙영낭자전 연구」, 연세대 석사학위논문, 1986,

14) 김일렬, 「조선조 소설에 나타난 효와 애정의 대립-숙영낭자전을 중심으로-」, 서울대 박사학위논문, 1984,

15) 성현경, 「<숙영낭자전>과 <숙영낭자가>의 비교-소설의 판소리화 과정 연구-」, 『판소리 연구』 6, 판소리학회, 1995.

16) 김종철, 「판소리 숙영낭자전 연구」, 『난대 이응백박사 고희기념논문집』, 1992.

17) 김일렬, 「소설의 민요화-숙영낭자전과 옥단춘요를 대상으로-」, 『어문론총』 16, 경북대 국어국문학과, 1982.

18) 이래종 역주, 『태평한화골계전』, 태학사, 1998, 57면.
星州有士族子 新婚甚欽 而廢學 父詔曰 少之時 戒之在色 况男女際情摯 有别乃成家道宜 遊學京師 立揚顯親 生辭出萬 隣舍 每夜踰垣 潛蹤其妻 乳媼告 翁曰 家內 有大異事 自措大如 京師

하게 정리하면 다음과 같다.

① 성주(星州)에 사족의 아들이 있다.
② 아내와 사랑에 취하여 공부를 중단한다.
③ 시부가 젊어서 색(色)을 경계해야 한다며, 그리고 집안을 현양(顯揚)하고, 입신양명하여 부모의 이름을 드러내기 위해 서울로 가서 과거보기를 권한다.
④ 아들이 과거를 보러 가다가 돌아와 월장(越牆)하여 아내 방에 잠적해 들어갔다.
⑤ 유모가 "신부가 간부와 흉계를 꾸민다"고 고한다.
⑥ 시부가 흰 막대기가 부숴지도록 때리고, 죽었나 확인하려고 보니 자기 아들임을 알게 된다.
⑦ 시부가 자신의 오해(誤解)를 한탄하며, 아들이 아내를 지극히 사랑하는 것을 인정해 준다.

①에서는 도입부로 공간적 배경과 등장인물에 대한 설명이 서술되어 있다. 이것은 서사의 일반적인 현상이다. 야담은 전체 이야기의 스토리 전개에 집중하기에 공간적 배경이 어떠한 공간인지, 등장인물이 누구인지 구체적인 묘사를 하지 않는다. 배경과 등장인물 설명보다 전체 이야기의 중심부에 청자나 독자의 관심을 집중시키는 서사 전략이다.

②에서는 '공부를 중단한다'는 말로 현상황이 심상치 않음을 설명한다. 시부의 입장에서는 부부간의 사랑도 좋지만 어느 정도 절제(節制)하고 학업에 전념하기를 바라고 있었다. 그런데 공부에는 전혀 관심을 갖지 않게 되자 이것이 문제가 되어 시부가 아들에게 잘 타이른다. 시부는 젊어서 색(色)을 경계해야 한다며, 그리고 집안을 현양하고, 입신양명하여 부모의 이름을 드러내기 위해 서울 가길 권하면서 아들부부가 떨어져야하는 문제 상황이 발생하는 것이 야담 ③이다.

부모님의 명령으로 어쩔 수없이 사랑하는 아내와 이별은 했지만 그래도

新婦 與外人 私通 暮夜 蹤迹詭秘宜 早斷之 翁曰 如無在驗 何一日媼迹之 執告 翁曰 男子已踰牆矣 翁持白梃大 叫曰 何物 死狗敢 爾 一棒當擊碎矣 宜速就 死更視之乃生也.
翁相持痛哭曰 幾殺兒矣 吾聞 飲甘醴者雖多不醉 愛厥妻者 雖昵無傷 吾過矣 任汝所爲.

보고 싶어서, 아들이 과거를 보러 가다가 돌아와 월장하여 아내 방에 잠적해 들어갔다. 자기 아내 방에 들어 가는 것은 당연한 일이지만 밤 늦게 월장하는 것은 사회적 금기(禁忌)를 어기는 것에 해당된다. 그래서 뜻하지 않던 문제가 발생하는 것이 야담 ④이다.

⑤에서 유모가 "신부가 간부(姦夫)와 흉계(凶計)를 꾸민다"고 고함으로써 사건이 일파만파로 커지게 된다. 월장하든, 야심한 밤에 만나든 부부만의 문제라면 아무런 흠이 없는 것이지만 이것이 제 3자가 보았을 때, 사건의 상황이 달라진다. 여기에서 유모는 신부를 모함하고자 하는 의도는 없다. 오히려 잘못된 일을 바로 잡고자하는 선한 마음 또는 신부 때문에 집안에 무슨 문제가 생길까 걱정하는 마음으로 시부에게 고(告)하는 것이다.

⑥에서는 유모의 보고를 들은 시부가 노여워하며 월장한 낯선 남자를 사회적 금기를 깬 악한으로 생각하여 죽도록 때린다. 그런데 그 악한이 바로 자기 아들이었다. 사건이 급격히 반전(反轉)된다.

⑦에서는 시부가 자신이 오해한 것을 한탄하며, 아들이 며느리를 지극히 사랑하는 것을 깨닫고 아들 부부의 사랑을 인정해 준다. 이것은 시부로 표상되는 구세대의 가치관보다 신세대로 표상되는 아들 부부의 소박한 사랑이 더 중요하다는 것을 의미한다.

<숙영낭자전>의 기본 서사구조를 보면 다음과 같다.

① 백상군과 부인 정씨는 명산대찰에서 기도를 드려 어렵게 낳은 외아들 선군이 장성하자 혼처를 구하고 있었다.

② 이때 옥연동에 적강한 선녀 숙영이 자신과 연분이 있음을 꿈으로 알려 준 이후, 선군은 상사병에 시달렸다.

③ 선군이 부모의 만류를 뿌리치고 옥련동으로 찾아오자 숙영은 선군에게 하늘이 정한 기간 3년을 기다리라고 하였다.

④ 그러나 선군은 숙영의 말을 듣지 않고 기어이 혼인을 강요하여 남매를 낳고 금슬의 낙을 누렸다.

⑤ 선군은 아내와 헤어지기 싫어, 과거를 보라는 부명(父命)을 거역하다가 아내의 권유로 과거 길을 떠났다.

⑥ 그러나 선군은 숙영을 연연한 나머지, 두 번이나 밤중에 집으로 몰래 되돌아와 몰래 아내방으로 들어갔다.

⑦ 백상군이 선군을 외간 남자로 오인한 틈을 타, 시비 매월이 숙영을 음해하여 누명을 씌웠다.

⑧ 숙영이 분함을 못 이겨 자결했는데, 시체가 움직이지 않아 장례를 치를 수 없었다.

⑨ 백공은 선군이 숙영의 죽음 때문에 상심할 것이 두려워 임 진사의 딸과 서둘러 약혼해 두었다.

⑩ 과거에 급제한 선군이 꿈을 통해 숙영의 소식을 알고 돌아와, 사건의 전모를 밝히고 매월을 죽여 원수를 갚는다.

⑪ 숙영 낭자는 며칠 뒤 옥황상제의 은덕으로 재생하여 선군과의 미진한 연분을 잇게 된다.

⑫ 선군은 숙영의 권유로 자신과의 약혼 때문에 정절을 지키고 있는 임소저를 제2부인으로 취했다.

⑬ 세 사람이 부귀영화를 누리다가 같은 날 함께 상천(上天)하였다.

①~⑤의 장면을 보면 처음부터 만남까지 하나의 내용으로 묶어서 선연(仙緣)에 의한 만남이라고 할 수 있다. 숙영은 적강한 선녀로, 선군은 귀한 집 아들로 설정되어 있다.

⑥~⑨의 장면을 보면 억울한 누명과 죽음의 내용으로 선군이 부모님의 명령에 의해 어쩔 수 없이 과거를 보러 길을 떠나게 되고, 숙영은 매월로부터 억울한 누명을 쓰고 죽음에 이르게 된다.

⑩~⑬의 장면에서는 억울하게 죽게 된 원한을 해소하고 죽음에서 재생하여 사랑하는 선군과 재회하여 행복하게 살게 된다는 내용이다. 선군은 숙영의 원한을 적극적으로 풀어 주고, 옥황상제의 허락으로 숙영이 재생하게 된다.

<숙영낭자전>은 인간과 선인(仙人)이 결혼하는 이야기에서 결연 설화의 내용과 죽은 사람이 다시 살아나는 이야기에서 재생 설화의 내용 그리고 관리가 누명을 벗겨 주는 이야기가 첨가된 신원 설화의 세 가지 유형의 설화로 구성되어 있다. 결연 설화는 '나무꾼과 선녀 이야기'를 비롯한 많은 민담에서 찾아볼 수 있으며, 재생 설화는 죽음과 재생을 통해 시련의 극복을 나

타내는 상징적 이야기로 옥중의 춘향을 연상케 하는 이야기 요소로 볼 수 있으며, 신원 설화도 관리의 올바른 처리로 억울한 백성이 구제받는 이야기로 <춘향전>의 어사 출도 장면과 성격이 유사함을 알 수 있다. 그리고 전체적 구성도 '만남-시련(누명과 죽음)-재생과 재회'로 되어 있어 <춘향전>의 구성과 동일한 원리가 적용되고 있다.

조동일은 1970년에 서사민요를 채록[19]하면서 <옥단춘요>와 내용이 비슷한 서사민요 10곡을 채록했다. 그리고 제목을 <옥단춘아>라고 했다. <옥단춘요>의 전문을 살펴보면 다음과 같다.

> 춘아춘아 옥단춘아 술상이나 차려온나
> 우리도 한잔먹고 과게를 가건마는
> 과게를 가건마는 너버리고 내갈소냐
> 어이갈고 어이갈고 부모명령 할수없다.
> …(중략)…
> 낭금새야 옥단춘 어들가고 흔적없노
> 가삼속에 뜨는말을 어데가서 회포하리
> 죽은들이 다이보리 살은들이 다이보리
> 보고지고 보고지고 옥단춘이 보고지고
> 귀에쟁쟁 눈에삼삼 언지보리 언지보리
> 눈물뿌려 하즉하니 아니나는 눈물이가
> 자리굽에 솟인낡이 일신들 잊으리요
> 부모앞에 눈물나니 기야사실 보구파고
> 가삼속에 있는말을 어데가여 회포하리
> 자나깨나 옥단춘아 버들잎에 옥단춘아
> 너를한번 다시보면 온갖회포 하잤드니
> 어데가서 다시보리 보고지고 보고지고
> 또보고 또보고 보고짚다.[20]

19) 조동일, 『서사민요연구』, 계명대출판부, 1979, 191면. 당시에 채록한 제목을 보면 다음과 같다.
A. 시집살이 B. 우리선비 C. 진주낭군 D. 첩의집에 E. 부모죽은 F. 삼촌집에 G. 이내방에 H. 한번가도 I. 신부죽은 J. 이행실이 K. 큰쾌자를 L. 주은댕기 M. 생가락지 N. 옥단춘아

서사민요 <옥단춘요>의 전문을 분석하여 구조화 하여 설명하면 다음과 같다.

① 제1행~제4행 : 부모명령으로 과거를 보러가게 되어 남편이 아내와 이별하게 되어 술상을 내오라고 하다
② 제5행~제13행 : 과거를 보러 가다가도 아내를 보고 싶어서 몰래 돌아와 아내를 만나다
③ 제14행 : 과거에 급제하고 하루하루 시간만 보내게 되다
④ 제15행~제19행 : 아내를 만나기 위해 돌아오다가 꿈에 옥단춘이 죽는 꿈을 꾸다
⑤ 제23행~제24행 : 아내의 죽음을 알게 되다
⑥ 제25행~제51행 : 죽은 아내에 대해서 슬퍼하다.
⑦ 제25행~제28행 : 이별주도 같이 나누지 못하고 죽어서 애통해 하다
⑧ 제29행~제37행 : 가슴속에 있는 옥단춘을 보고 싶어 하다
⑨ 제38행~제39행 : 옥잠과 낭금새를 보며 옥단춘을 그리워하다
⑩ 제40행~제51행 : 가슴속에 뜨는 말을 어디가서 회포하냐며 슬퍼한다

서사민요 <옥단춘요>는 고전소설 <숙영낭자전>의 서사를 기본 바탕으로 하여 만든 서사민요이다. 내용분석을 하면서 고전소설<숙영낭자전>과의 관련성을 살펴보면 다음과 같다.

장면 ①에서는 부모 명령으로 과거를 보러가게 된다. 이 사건은 고전소설 <숙영낭자전>의 서사를 바탕으로 한 것임을 알려 주는 대목이다. 선군과 숙영이 헤어지는 계기가 과거시험 때문인 것은 야담에서부터 내려오며 고전소설과 판소리에서도 이것을 기본으로 하고 있다. 역시 서사민요에서도 부모님의 명령에 의해 과거 보러 가는 것을 아내와 이별하는 것이라 생각하여 이별의 서운함을 술로 달래는 장면이다.

②에서는 과거를 보러 가는 도중에 과거 시험은 뒷전으로 하고 아내가 보고 싶어서 몰래 돌아와 운우지정의 회포를 푼다는 내용이다. 아내(숙영)가 '왜왔어요 왜왔어요 낭군님이 또왔어요'라고 다급하게 묻자 남편(선군)은

20) 조동일, 『서사민요연구』, 계명대출판부, 1979, 362~364면.

'옥단춘이 너를두고 내가갈수 차마없어 돌여섰다 술상이나 차려온나'라며 아내와 떨어지는 것을 못내 아쉬워하는 대목이 나온다. 이 부분 역시 고전소설의 내용을 그래도 서사민요화 한 것이다.

③에서는 과거에 급제하고 하루하루 서울에 머물러 있게 된다. 고전소설에서는 과거 시험 보는 장면과 급제 후 한림학사에 임명되는 경사스러운 부분으로 묘사되어 있다. 그런데 서사민요에서는 이 부분을 '과게를 해가주고 하루하루 있다보니'라며 마치 머물러 있기 싫은 것을 어쩔 수 없이 하루 이틀 서울에 머물러 있는 것처럼 서술함으로써 과거에 급제한 것 때문에 집에 빨리 내려가지 못한다는 불평이 드러나 있는 부분이다.

④에서는 과거급제 후 아내를 만나기 위해 돌아오다가 꿈을 꾸게 된다. 그런데 꿈속에서 옥단춘이 죽는 불길한 꿈을 꾼다. 고전소설에서는 백선군이 숙영에게 보낸 편지에서 이러한 사실이 표현되어 있다. '낭ᄌᆞ의 화샹이 이ᄉᆞ이 날노 변ᄉᆡᆨᄒᆞ니 무슴 연고 분명 이시미로다. 수심 되면 식불감미ᄒᆞ고 침불안셕ᄒᆞ니이 아니 가련ᄒᆞᆫ가. 일각이 여삼츄나 환노의 ᄆᆡ인 몸이 ᄯᅳᆺ과 갓치 못ᄒᆞ도다.' 역시 이 부분도 고전소설의 내용을 서사민요화 한 것이다.

⑤에서 꿈속에서와 같이 실제로 아내가 죽음을 알게 된다.

⑥에서 보면 알 수 있듯이 <옥단춘요>의 내용 중 절반 이상이 죽은 아내에 대해서 슬퍼하는 내용이다.

이것을 좀 더 세분화 하면 ⑦에서 보면 이별주도 나누지 못하고 죽게 되어 사별하게 됨을 애통해 하고 있다.

⑧에서는 절절하게 가슴속에 있는 옥단춘을 보고 싶어 한다. 그 애석함이 마음을 너무도 아프게 하고 있다.

⑨에서는 옥잠과 낭금새를 보며 죽어서 볼 수 없는 옥단춘을 그리워한다. 옥잠은 고전소설 <숙영낭자전>에서 숙영낭자가 자신의 정절을 증명할 때 사용했던 것이다.

낭금새는 숙영의 주검에서 칼을 뽑을 때 나오는 청조를 의미한다. 숙영낭자의 죽음 전후로 나오는 옥잠화소와 청조화소를 활용하고 있다. 특히 '낭금새야 옥단춘 어들가고 흔적없노'라고 낭금새에게 옥단춘의 향방을 물어보면서 슬픔의 마음을 처절하게 표현하고 있다.

⑩에서는 가슴속에 절절하게 맺힌 한스러움을 알 수 있다. 과거에 급제하여 금의환향(錦衣還鄕)했더니 옥단춘은 죽고 없는 것이다. 그렇기에 더욱 보고 싶은 마음이 절절하고 애처로운 것이다. '귀에 쟁쟁 눈에 삼삼'이란 표현에서 충분히 느낄 수 있다. 결국 이 서사민요는 고전소설의 내용을 전제로 하고 있음을 알 수 있다.

3. 야담과 고전소설의 숙영낭자이야기의 변용 양상 - 남성의 애욕(愛慾)에서 여성의 애환(哀歡)으로

야담 <과거자잠종기처>의 내용을 고전소설의 향유자들이 수용하고 변모시켰다는 직접적인 자료는 없다. 그러나 서사구조와 모티프의 유사성을 비교해 보면 야담에서 고전소설로의 서사적 변모가 되었음을 유추할 수 있다. 야담 <과거자잠종기처>의 서사와 고전소설<숙영낭자전>의 서사를 비교해 보면서 어떠한 변화가 생겼는지 살펴보면 다음과 같다.

첫째, 야담에서는 성주라는 공간적 배경과 신혼재미에 취한 부부가 등장한다. 고전소설에서는 안동에 살고 있으며 집안은 양반집인데 아들이 없어 고민하다가 정성을 들여 얻은 귀한 아들이라는 구체적인 설명을 통해 구체적인 형상화 하였다.

둘째, 등장인물과 갈등이 다변화된다. 야담에서는 시부, 두남녀, 유모만 나온다. 그리고 악인이 없다. 악인이 없기에 심각한 갈등이 전개되지 않는다. 고전소설에서는 선악의 대비가 뚜렷하게 드러난다. 매월과 돌쇠로 지칭되는 악인의 간계, 이로 인한 숙영낭자의 죽음, 선군의 처절한 응징의 복수가 나타난다.

셋째, 세속적인 욕망을 성취하고자 하여 사건이 발생한다. 인간은 자신의 개인적인 욕망을 추구하는 존재이다. 야담과 소설에서는 과거를 보아 집안을 현양하게 하고자 하는 시부의 세속적인 욕망과 아들 부부의 사랑에 대한 본능적 욕망이 갈등을 일으키게 된다. 고전소설에서는 이러한 세속적 욕망이 중첩되어 나타난다. 선군이 숙영에 대한 사랑의 본능을 참지 못하고 숙영낭자와 인연을 맺어, 하늘이 정해준 금기를 범하게 된다. 매월에 대해서 단순히 자신의 사랑에 대한 본능을 푸는 대상으로 잉첩(媵妾)으로 만들어 세속적 욕망을 풀고자 했다. 숙영낭자가 선군을 설득하여 과거를 보러가게 했는데 선군은 아내를 보고 싶은 세속적인 마음을 절제하지 못하여 몰래 월장하여 아내방에 들어오게 된다. 이렇게 여러 가지 세속적인 욕망 추구가 결국은 복잡한 문제를 만들고 사건을 만들게 되는 것이다.

넷째, 표현이 비교적 자유롭고 풍부하게 늘어났다. 야담은 한문으로 기록된 문장체이기에 딱딱한 표현이 많다. 그러나 고전소설은 대중적인 연행물로 전기수에 의해 낭송되다가 필사를 거쳐 목판본으로 제작된 것이기에 야담의 문장체보다는 표현이 더 자유롭고 풍부하게 그리고 세밀하게 첨가되었다. 특히 당시에 성행하던 다양한 장르의 표현방식을 차용하기에 더 많은 표현력을 얻을 수 있다. 편지를 통해 사랑의 애틋한 마음을 자유롭게 표현하고, 제문을 통해 아내의 죽음에 대한 가슴어린 슬픔과 원수에 대한 복수의 비장함을 드러내었다.

다섯째, 서사의 초점이 '남성'에게서 '여성'으로 이동한다. 서거정이 야담을『태평한화골계전>에 채록하기 전에는 일반 대중 사이에 퍼진 단순한 재미있는 이야기였을 것이다. 말하는 사람도 듣는 사람도 일반 평민이었다. 그런데 서거정이 이것을 한문 단편으로 기록하면서 향유층이 달라졌다. 야담을 서술한 사람도 야담을 읽는 독자도 모두 식자층이다.『태평한화골계전>에 전고를 포함한 이야기가 많다는 것도 일반 평민이 대상이 아니라 양반을 대상으로 한다는 것을 의미한다. 야담은 짧은 이야기지만 이 이야기를 알기 위해서 필요한 배경지식은 식자층이 아니면 알기 어렵다. 그 정확한 전고(典故)를 알고 있어야 그 이야기의 묘미가 드러나게 된다. 이러한 전고를 통해 식자층들의 동류의식을 확인하고 지적 즐거움을 누렸다.[21]

이러한 야담이 필사본과 방각본을 거쳐서 여성들이 주로 읽는 독서물로 변화하였다. 향유층이 변하면서 그 내용도 변하게 되었다. 양반과 남성이 야담의 중심축이라면 고전소설에서는 숙영과 매월로 이야기의 중심축이 하나

21) 박경신, 「서거정의 설화문학」,『서거정 문학의 종합적 검토』, 한국정신문화연구원, 1998, 237~242면, 277~305면.

더 생겼으며, 야담에서는 시부가 서사의 일관된 흐름을 유지하고 있다면, 고전소설에서는 '선군과 숙영의 만남과 이별'이 서사의 일관된 흐름을 유지하면서, '숙영의 죽음과 재생'이 첨가됨으로 인해 이야기의 중심축이 '여성'으로 전환되었다.

여섯째, 중심 내용을 살펴보면, 남성의 애욕(愛慾)에서 여성의 애환(哀歡)으로 변하였다. 또한 미학적 측면에서는 골계적인 내용이 비극적인 내용으로 변모하였다. 야담에서는 시부가 오해하여 아들을 죽도록 때리고, 이것을 잘못했다고 말함으로써 남성의 성적 탐닉이 부부간의 사랑으로 승화되었다. 고전소설에서는 야담에 없는 내용이 첨가 되었다. 매월의 간계로 숙영낭자가 시련을 당하게 되고, 간통했다는 누명으로 인해 숙영이 원통함을 이기지 못해 자살한다는 비극적 내용이 첨가 되었다. 통간했다는 누명이 옥잠으로 인해 일단은 해결되었지만, 육례를 갖추지 않고 혼전 결합했다는 '자책감'은 외부의 도움으로 극복할 수 없는 숙영 자신의 내면적인 문제였다. 특히 숙영이 의지할 남편 선군도 없는 사이에 생긴 문제라 그 고민의 강도가 컸다. 숙영에게는 친정도 없기에 이러한 어려운 문제를 해결할 방법이 없었다. 결국 숙영은 자신의 결백을 옥잠으로 확인하고서도, 그 여성의 내면적 고민과 사회적 편견을 극복하지 못한 채 자살을 시도하게 되는 것이다.

그러나 좀 더 심도 있게 내면을 꿰뚫어 보면, 여기서 숙영이 보여준 자살은 단지 육례를 올리지 못한 비정상적 결혼 때문만도 사통의 누명에 대한 오해만도 아닐 것이다. 왜냐하면 남편 선군만 오면 모든 것이 해결되기 때문이다. 그럼에도 죽음을 택한 것은 남성중심의 사회 현실과 여성의 폄하에 대한 비판을 자살이란 극단적인 행위로 표명한 것이다.

4. 고전소설과 서사민요의 숙영낭자이야기의 변용 양상 - 절망적 울부짖음과 체념으로 수렴되는 문학적 한(恨)풀이

민요라는 장르의 기본정서는 한(恨)이라고 할 수 있는데, 그 한(恨)의 시작은 '시집살이의 고됨'이나 '노동의 고됨'에서 대부분 시작된다. 이것은 사회적으로 남존여비와 삼종지법(三從之法)이라 하여, 남녀는 태어남과 동시에 귀천이 갈라져서 차별대우를 받게 된다. 남편을 하늘로 받드는 것이 아내의 도라는 '여필종부(女必從夫)'의 유교 논리 그리고 남성의 다처주의와 여성의 재가금지라는 불합리한 제도는 '한(恨)'의 또 다른 사회적 요인이 되었다. 이와 같은 사회적 시대적 배경은 여성을 가정이라는 울타리 속에서 평생을 지내도록 했으며, 억눌리고 폐쇄된 자아를 형성하게 했다. 이러한 억눌린 생활 속에서 억눌린 감정을 그나마 가장 쉽게 해소할 수 있는 방식은 노래였다. 생활 속에서 느꼈던 이런 저런 감정들을 하소연 할 상대조차 없었으니 여성의 맘속에는 이러한 감정의 결정체가 누적되고 또 누적되어 '한'이 되는 것이다. 다만 노래를 통해서 불만스러운 현실에서 그나마 벗어날 수 있는 것이다.

<옥단춘요>는 아내와의 영원한 이별에 대한 한(恨)을 표현한 것이다. 남편이 아내의 죽음에 대한 슬픔을 표현한다.

> '과게를 가건마는 너버리고 내갈소냐
> 어이갈고 어이갈고 부모명령 할수없다.'[22)]

과거를 가지만은 내가 원해서 과거를 보러 가는 것이 아니고 부모님이 가라고 해서 어쩔 수 없이 가게 되었다는 말로 이는 옥단춘과 헤어지는 이유를 부모의 명령이라 어쩔 수 없다고 하소연함으로써 옥단춘의 죽음에 대한 죄책감과 한탄을 간접적으로 드러내는 것이다.

> '옥단춘이 눈에삼삼 귀에쟁쟁
> 말소리는 듣건마는 형우는 없어질다'[23)]

보고 싶은 간절한 마음을 표현한다. 눈과 귀에는 들리지만 형체는 없다는

---

22) 조동일, 『서사민요연구』, 계명대출판부, 1979, 362면.
23) 조동일, 『서사민요연구』, 계명대출판부, 1979, 362면.

모순어법을 통해 표현하고 있다. 보고 싶은 간절한 마음으로 인해 마치 환청과 환상을 보는 듯하고, 실체를 찾으려고 하면 실체는 없는 것이다.

> '이별주나 먹었이면 여한이나 없거니와'[24]

미리 이별의 상황이라도 알았으면 이별의 슬픔이 덜 하겠는데 갑자기 이별을 당한 것이라 마음속에 한이 맺힌다는 것이다. 그런데 누가 이별의 상황을 미리 알 수가 있겠는가. 이것은 이별주도 먹지 않았으니 한(恨)이 지극하다는 역설적인 표현법이다.

> '낡에나는 착화주요 돍에나는 신선주야
> 우리두 한잔먹고 온갖회포 할라했디'[25]

구체적으로 해 보지 못한 상황을 제시하면서 슬픔의 마음을 더 구구절절이 표현하는 기법이다. <옥단춘요>는 절망적인 울부짖음을 통해 자신의 슬픔을 토로한다. 그러면서 죽음이라는 큰 장벽 앞에서 체념하게 된다. 보고 싶어함과 체념이 반복되면서 아내 죽음의 한(恨)을 애절하게 보여준다.

옥단춘요는 아내가 자살한 슬픈 노래인데 왜 서사민요로 불리게 되었을까? 왜 비극적인 이야기를 노래로 불러서까지 되새김질했을까? 노래를 부르는 것인지 한탄하는 것인지 모르게 감정이 복받쳐 오르면서 부르는 노래이다. <모심기 노래>의 노동요에서는 적당한 흥분이 육체의 움직임을 유연하게 할 수 있다. <시집살이요>는 노동의 효율성에 직접적인 영향을 미치기보다 스트레스 해소법에 적당하다. 슬프고 답답한 일상적인 내용을 속살거리듯 부르며 스트레스를 해소하는 것이다. <옥단춘요>는 자신이 감당할 수 없는 슬픔의 감정을 극대화하고 절망적 슬픔의 읊조림과 체념으로 자신의 한을 푸는 기능을 하는 것이다. <시집살이요>가 약자의 발언 수단이었다면 <옥단춘요>는 약자의 한풀이 수단이었다.

---

24) 조동일, 위의 책, 363면.
25) 조동일, 위의 책, 363면.

서사민요에서의 주제는 '옥단춘의 죽음에 대한 슬픔과 이에 대한 한(恨) 풀이'이다. 부모님이 과거를 보러 가라는 명령 때문에 아내와 이별하게 되는 첫 번째 슬픔을 맞게 된다. 과거에서 급제하여 이제 만나려고 하는데 죽음으로 인해 더 큰 슬픔에 빠지게 된다. 겹치는 슬픔으로 인해, 보고 싶다는 강렬한 마음이 생기지만, 죽음을 돌이킬 수 없기에 좌절의 슬픔이 배어날 뿐이다.

> 자나깨나 옥단춘아 버들잎에 옥단춘아
> 너를한번 다시보면 온갖회포 하잤드니
> 어데가서 다시보리 보고지고 보고지고
> 또보고 또보고 보고짚다.[26)]

서사민요에서는 장르 특성상 대부분 자신의 신세 한탄이 많이 나온다. 그래서 대화 부분이 매우 적다. 서사민요 <옥단춘요>에서는 아내를 떠나게 된 경위를 부모명령이라 할 수 없다며 대화로 설명하며, 남편이 과거보러 가다가 돌아오니 부인이 왜 돌아왔냐고 걱정하며 묻자, 남편은 보고 싶어서 돌아왔다고 애절한 사랑을 대화로 표현하고 있다.

> "춘아춘아 옥단춘아 술상이나 차려온나
> 우리도 한잔먹고 과게를 가건마는
> 과게를 가건마는 너버리고 내갈소냐
> 어이갈고 어이갈고 부모명령 할수없다."
> …(중략)…
> "왜왔어요 왜왔어요 낭군님이 또왔어요"
> "옥단춘이 너를두고 내가갈수 차마없어 돌여섰다"[27)]

야담은 전반적으로 해학미(諧謔美)를 드러내고 있는 반면에 서사민요는

---

26) 조동일, 『서사민요연구』, 계명대출판부, 1979, 363~364면.
27) 조동일, 『서사민요연구』, 계명대출판부, 1979, 362~363면.

처음부터 끝가지 슬픔으로 일관하고 있다. 고전소설은 고난과 해결이 반복적으로 교차 되어 이에따라 슬픔과 기쁨이 상응하게 나타난다. 판소리에서는 전반적으로 숙영의 죽음으로 인한 슬픔 그리고 구약여행의 고난이 한참 지속되다가 마지막에 환생하여 잠깐 기쁨을 느끼는 구조로 되어 있어 전체적으로 슬픔의 기조를 유지하고 있다. 이것을 정리하면 다음과 같다.

서사민요는 일인칭화자가 자신의 경험을 현재시제로 표현하는 형식을 취하고 있다. 창자가 작중화자의 구실을 하면서 청자에게 자신의 말을 직접 전달하기 때문에 작품과 청자는 직접적인 관계를 맺게 된다. 평민여성들이 고난의 생활 속에서 누적되어 온 감정과 시름을 풀기 위한 방법으로 일인칭화자가 자신의 감정을 토로하듯이 직접 표현하고 있다. 이러한 표현방식은 들으면서 함께 공감하게 되고 스스로 부르면서 자신의 아픔을 해소하는 데에도 적절한 것이다. 일인칭 현재형의 독백형식은 청자에게 직접 호소하는 방식일 뿐 아니라 창자 자신의 울적한 감정을 문학적으로 치유하는 데에 아주 효과적인 것이다.

귀머거리 삼년, 벙어리 삼년, 장님 삼년이라는 옛 말이 있다. 이것은 옛 여성들이 시집살이의 어려움을 단적으로 표현한 것이다. 시집가서 보고 듣는 것을 함부로 발설하지 못하고 일방적으로 침묵을 강요당한 것으로 볼 수 있다. 고된 시집살이와 무의미해 보이는 삶 그리고 힘든 노동에 대한 불평도 제대로 하지 못하는 상황을 의미한다. 이렇게 말하지 못하고 보지도 못하고 소식도 듣지 못하는 상황에서는 불만이 지속적으로 쌓이게 된다. 이러한 상황을 혼자 감당할 수 없는 사태가 되면 엉뚱하게도 혼잣말이 튀어 나오게 된다. 이러한 혼잣말 속에는 나 아닌 다른 사람에게 말을 걸고 싶어 하는 심리를 드러내는 것이다. <옥단춘요>에서는 이와 같이 자신의 슬픔을, 자신의 한탄을 낭금새에 토로하는 부분이 있다.

낭금새야 옥단춘 어들가고 흔적없노[28)]

28) 조동일, 『서사민요연구』, 계명대출판부, 1979, 363면.

낭금새는 숙영의 주검에서 칼을 뽑을 때 나오는 청조를 의미한다. 옥단춘이 죽어서 어디에 있는지 가르쳐 달라는 의미로 낭금새에게 말하고 있는 것이다. 근본적으로 낭금새에게 물어본다고 하여도 낭금새가 말해 줄 것이 사실상 불가능하지만 그래도 답답한 마음에서 토로하는 한(恨)풀이이다. 낭금새와의 대화 시도는 죽은 사람과의 의사소통 채널이 부재하기 때문이다. 자신의 답답함을 풀길이 없기에 낭금새에게 하소연하는 것이다. 이러한 것은 자신의 처절한 외로움을 의미한다. 결국 옥단춘을 향한 깊은 절망과 한(恨)의 표출이라고 볼 수 있다.

5. 결론

이 논문은 선인들이 남겨놓은 <숙영낭자전> 서사의 장르적 미학적 특성에 관한 연구이다. 그동안 여러 선학(先學)들이 개별적으로 작품 분석도 하고, 설화와 고전소설의 영향 관계, 이본간의 정밀한 비교, 서사민요와 판소리에 영향을 준 고전소설의 자장(磁場) 등을 연구하고 분석하면서 다방면에서 연구의 디딤돌을 놓아 주었다. 이러한 선학들의 연구에 힘입어 야담, 고전소설 그리고 서사민요의 장르를 통합적(統合的)으로 연결하고, 체계화(體系化) 시켜 보았다. 특별히 <숙영낭자전>의 기존 연구인 '효와 애정의 갈등'에서 더 나아가서, 숙영의 억울한 죽음에 집중하여 '여성의 한(恨)'과 '해원(解寃)'이 어떻게 이루어지는지를 분석했다. 지금까지의 연구 결과를 요약하면 다음과 같다.

2장에서는 야담과 고전소설과 서사민요의 서사구조와 특징을 서술하였다. 3장에서는 야담의 소설적 수용과 변모를 살펴본 결과 '남성의 애욕(愛慾)에서 여성의 애환(哀歡)으로' 주제의식이 변모하는 것을 알게 되었다. 야담 <과거자잠종기처>의 서사와 고전소설<숙영낭자전>의 서사를 비교해 보면서 어떠한 변화가 생겼는지 살펴보았다. 양반과 남성이 야담의 중심축이라면, 고전소설에서는 숙영과 매월로 이야기의 중심축이 하나 더 생겼으며, 야담에서는 시부가 서사의 일관된 흐름을 유지하고 있다면, 고전소설에서는 '선군과 숙영의 만남과 이별'이 서사의 일관된 흐름을 유지하면서, '숙영의 죽음과 재생'이 첨가됨으로 인해 이야기의 중심축이 '여성'으로 급격히 전환되었다. 그리고 중심 내용이 남성의 애욕(愛慾)에서 여성의 삶, 즉 슬픔의 질곡(桎梏)으로 그리고 골계적(滑稽的)인 내용에서 비극적(悲劇的)인 내용으로 변모하였다. 이것을 표현하는 방식도 야담 <과거자잠종기처(科擧者潛蹤其妻)>는 줄거리 중심으로 이야기를 빨리 진행한 반면, 고전소설에서는 서술자의 진술을 통한 장면 구현방식, 대화를 통한 사건의 구체적 상황 구현방식 그리고 편지와 제문의 화소(話素)를 활용한 구체적 상황 구현방식을 사용하여, 이야기가 하나의 장면을 보여주듯 세밀하게 묘사하는 방식으로 변모하였다.

4장에서는 서사민요의 <숙영낭자전> 수용 양상을 탐구하였다. 서사민요의 특징은 슬픈 노래를 부르면서 슬픔의 한(恨)을 토로(吐露)하는 것이었고 그러함으로써 한(恨)풀이를 하는 것이었다. 노래를 읊으면서 죽은 옥단춘의 수난, 고통, 억울함, 한(恨)에 동참하고 있는 것이다. 노래를 부르며 스스로 감정이입(感情移入)하고 또 다시 슬픔에 젖어 노래를 부르는 것이었다. 그러면서 스스로 넋두리도 하며, 자신의 한탄(恨歎)을 사물에 토로하기도 한다. 낭금새와의 대화 시도로 옥단춘이 죽었다는 슬픔을 넋두리한다. 죽은 사람과 이야기 할 수 없기 때문에 낭금새라는 사물에 슬픔의 한(恨)을 하소연 하는 것이다. 이러한 것은 자신의 처절한 외로움을 의미하며 결국 옥단춘을 향한 깊은 절망과 한(恨)의 표출이라고 볼 수 있다.

지금까지 <과거자잠종기처>, <숙영낭자전>, <옥단춘요>가 남성의 애욕(愛慾)에서 여성의 애환(哀歡)으로 주제가 변모하는 것을 살펴보았다. 또한 풍자적 해학에서 여성의 한(恨)풀이로 미학적 정서가 변모하는 것을 알 수 있었다. 이러한 장르변화에 따른 내적 발전이 다른 작품에서도 있을 것이라 생각하면서 다음 연구는 후일을 기약하고자 한다.

경희대학교 인문학연구원 여성문화총서

여성문화의 새로운 시각 7

2010년 2월 22일 인쇄
2010년 2월 27일 발행

발행인 김 기 혁
발행처 경희대학교 인문학연구원
서울시 동대문구 회기동 1번지
전화 (02) 961-0212
인쇄처 도서출판 월인
서울시 강북구 흰구름길 19-3
등록 제6-0364호 / 등록일 1998년 5월 4일
전화 (02) 912-5000 · 팩스 (02) 900-5036

ISBN 978-89-8477-461-2 93810

값 11,000원